桥涵水力水文

（第2版）

主　编　郭丰敏
副主编　李瑞涛　程　胜
参　编　张熙影　姚晓荣　李冬松　卢　颖
　　　　唐昕彤　刘　杰　冯陶然　张　明
　　　　任广峰　李　杨　张宝成　李　葳
　　　　杨　龙
主　审　张　新　申　建

北京理工大学出版社
BEIJING INSTITUTE OF TECHNOLOGY PRESS

内容提要

本书是高等教育课程改革项目的研究成果。全书以模块化编写，分为水力学、桥涵水文和桥涵设计基础三个项目，用十个模块诠释静水力学、动水力学、明渠水流及大、中、小桥等设计的所有知识点。每个模块后都有相应的复习思考题，同时配套《学习评价手册》，方便学生学习。

本书可以作为高等院校道路桥梁与渡河工程及土木工程类相关专业的教材，也可供从事路桥设计、施工、工程监理和养护工作的工程技术人员参考使用，还可作为相关行业的资格考试参考用书。

版权专有　侵权必究

图书在版编目（CIP）数据

桥涵水力水文 / 郭丰敏主编. —2版. —北京：北京理工大学出版社，2020.6（2020.7重印）
ISBN 978-7-5682-7944-4

Ⅰ.①桥… Ⅱ.①郭… Ⅲ.①桥涵工程—水力学—高等学校—教材 ②桥涵工程—工程水文学—高等学校—教材 Ⅳ.①U442.3

中国版本图书馆CIP数据核字（2019）第253349号

出版发行 /	北京理工大学出版社有限责任公司
社　　址 /	北京市海淀区中关村南大街5号
邮　　编 /	100081
电　　话 /	（010）68914775（总编室）
	（010）82562903（教材售后服务热线）
	（010）68948351（其他图书服务热线）
网　　址 /	http://www.bitpress.com.cn
经　　销 /	全国各地新华书店
印　　刷 /	北京紫瑞利印刷有限公司
开　　本 /	787毫米×1092毫米　1/16
印　　张 /	18.5
字　　数 /	460千字
版　　次 /	2020年6月第2版　2020年7月第2次印刷
定　　价 /	49.00元（含学习评价手册）

责任编辑 / 李玉昌
文案编辑 / 李玉昌
责任校对 / 周瑞红
责任印制 / 边心超

图书出现印装质量问题，请拨打售后服务热线，本社负责调换

第2版前言

随着我国交通基础建设事业与高等教育事业的快速发展，教育教学改革的不断深入，同时随着我国"十三五"规划的制定和落实，新一轮的路桥建设高潮正在兴起，各级政府对路桥建设的投入力度也在不断加大，为满足广大读者的需求，我们编写了本书。

本书以模块式教学理念为指导，将水力学及桥涵水文方面的知识由浅至深进行了编写，具体讲解了公路桥涵工程跨越河流时所遇的静水、动水的力学基本规律，已经解决的水力现象和计算水力问题；大、中、小桥的桥位勘测和设计的基本问题等。

本书的编写力求以职业能力为本位，以应用能力为中心，以解决实际问题为宗旨，紧密联系工程实际，为培养适应我国公路与城市道路建设所需要的有理想、懂理论、能实践、敢担当的技术及德育兼修的人才打下坚实的基础。

本课程是公路工程技术、公路试验检测、市政养护及轨道交通等专业的专业基础课。由于本书是重要的、实用性很强的专业教材，因此在学习本书时，要求学生具有一定专业基础知识，如工程地质与土质、建筑材料、土力学与地基基础工程、工程制图、工程力学等基础知识，才能学习本门课程。

为了适应当前的高等院校的教学安排，全书共分三个项目、十个模块，推荐学时数为48～52学时。本书在编写过程中，结合最新行业及国家和国际相关标准或规范规程，力求将最新的、最前沿的知识通过教材传递给学生。本书是在2010年出版的教材的基础上加以完善和修订，在增加新内容的同时吸纳了新疆兵团勘测设计院（集团）有限责任公司的工程实践经验。

本书内容上重点突出，主次分明，深浅适度。为了便于学生学习，每章后附有复习思考题，还另附有《学习评价手册》，以便学生更好地巩固教学内容，达到理想效果。考虑到我国国情和地区性差异，并考虑各院校具体情况，教师在教学过程中可以对本书内容做适当增减。若在教学过程中积极使用现代化教学手段，配备相应的教学软件及教学课件，可使教学效果更佳。

本书由郭丰敏担任主编，李瑞涛、程胜担任副主编，张熙影、姚晓荣、李冬松、卢颖、唐昕彤、刘杰、冯陶然、张明、任广峰、李杨、张宝成、李葳、杨龙参与了本书部分章节的编写工作；具体编写分工为：总说明、模块三、模块七、模块八、模块十及阅读延伸由郭丰敏编写；模块一的单一、三、四，模块四和模块六的单元一、二由李瑞涛编写；模块二的单元一、二、三由李杨、张宝成共同编写；模块五、模块九和模块六的单元三、四由程胜、张熙影共同编写；模块二的单元四和模块十中的单元二由姚晓荣、李冬松、卢颖、唐昕彤共同编写，模块一中的单元二及书中的课后复习思考题由刘杰、冯陶然、张明、任广峰共同编写。本书配套《学习评价手册》由郭丰敏、程胜、李葳、杨龙共同编写，全书由郭丰敏统稿，由张新和申建主审。

  在本书编写过程中，书末参考文献的作者们对本书的完成给予了巨大的支持，在此一并致以真诚的谢意！由于编者水平和经验有限，书中难免有疏漏和错误之处，敬请读者批评指正。

编　者

第1版前言

本书以水力学作为基础,进而深入到桥涵水文以及桥涵设计基础,以水力学的原理和解题方法,对桥涵的设计流量、设计水位、水工建筑物尺寸的大小等均进行了深入讲解,以最新颁布的《公路桥涵设计通用规范》(JTG D60—2004)、《公路圬工桥涵设计规范》(JTG D61—2005)为主要依据,介绍了桥涵的构造及设计原理。

本书根据编者们多年的教学和工程实践经验,对上述规范作了必要的解释和说明,介绍了实用的计算方法。本书通过调研及邀请企业一线路桥施工设计养护等人员共同进行研究,对道路与桥梁工程的施工设计进行岗位能力分析,根据岗位能力要求,将水力学及桥涵水文理论课程内容分解为与岗位能力相对应的水力学、桥涵水文和桥涵设计基础三个教学项目,主要通过各个学习情境介绍了静水力学、动水力学、明渠均匀流、明渠非均匀流、堰流等;也介绍了河流的基本概况、水文统计的基本知识、水文调查、大中桥设计流量的推算、桥位的选择和勘测、桥面中心的最低标高、冲刷的计算等内容。

本书重点突出,主次分明,深浅适度。为了便于学生学习,在每个情境后附有例题、复习思考题或习题,以便于学习者更好地掌握教学内容。考虑到我国的国情和地区性差异,并结合院校具体情况,教师在授课过程中可以对本书内容作适当增减。教学中应该积极使用现代化教学手段,配备相应的教学辅件,增进教学效果。

参与本书编写的人员有:郭丰敏、李瑞涛、程胜、崔岩、孟凡成、李继伟、李晓红、齐丽云、汤红丽、车广侠、王雨楠、慕平、闫淑杰、陈立春、王祥瑞、张立华、赵万英、张泽,以及上海岩土勘察设计院的党海燕也在本书编写的过程中给予大力支持和帮助。

本书由郭丰敏、李瑞涛、程胜担任主编,王祥瑞、崔岩担任副主编。具体分工如下:郭丰敏编写总说明和项目一的学习情境一、二、四;李瑞涛编写项目二的学习情境二、项目三的学习情境三;程胜编写项目一的学习情境三;王祥瑞编写项目一的学习情境五;崔岩、张立华编写项目三的学习情境三中子学习情境一、二;孟凡成、李继伟、李晓红、车广侠、齐丽云、慕平、陈立春、赵万英共同编写项目二的学习情境一;汤红丽、闫淑杰、张泽、党海燕、王雨楠共同编写项目三的学习情境三中子学习情境三、四以及所有课后习题。

全书由郭丰敏统稿。在编写过程中特聘了吉林大学环境与资源学院资深教授李同斌,吉林省水利水电勘测设计研究院的卢长伟院长兼高工担任本书的主审工作,对于本书后附的参考文献的编著者在此一并表示衷心的感谢!

由于编者水平有限,再加上时间仓促,书中难免出现不妥和疏漏之处,恳请广大读者批评指正。

编　者

目 录

总说明 ································ 1
  一、本课程的学习目的与任务 ········ 1
  二、液体的主要物理力学性质 ········ 2
  三、作用在液体上的力 ·············· 6
  四、水力学的研究方法 ·············· 7
  小结 ································ 7
  复习思考题 ························ 8

项目一 水力学 ························ 9

模块一 水静力学 ···················· 9
单元一 静水压强及其特性 ·········· 9
  一、静水压强 ······················ 9
  二、静水压强的特性 ················ 10
单元二 液体平衡微分方程 ·········· 10
  一、液体平衡的微分方程 ············ 10
  二、等压面 ························ 11
单元三 重力作用下静水压强分布规律 ··· 11
  一、重力作用下静水压强的基本公式 ·· 11
  二、压强的分类及量测 ·············· 13
  三、水头和单位势能 ················ 13
  四、压强的量测 ···················· 14
  五、静水压强分布图 ················ 16
单元四 平面壁上的静水总压力 ······ 17
  一、利用压强分布图求矩形平面上的
     静水总压力（即图解法） ········ 17
  二、利用解析法求任意平面上的静水
     总压力 ························ 18
  小结 ······························ 21
  复习思考题 ························ 21

模块二 水动力学 ···················· 22
单元一 概述 ······················ 22
  一、描述液体运动的两种方法 ········ 22
  二、液体运动的基本概念 ············ 23
  三、运动液流的分类 ················ 24
单元二 恒定流的连续性方程 ········ 24
单元三 恒定流的能量方程 ·········· 25
  一、液流的能量转化现象 ············ 25
  二、恒定流能量方程的意义 ·········· 26
  三、水力坡度 ······················ 27
  四、恒定流的能量方程的应用条件及
     注意事项 ······················ 27
  五、水流阻力与水头损失 ············ 29
单元四 恒定流的动量方程 ·········· 34
  小结 ······························ 36
  复习思考题 ························ 37

模块三 明渠水流 ···················· 39
单元一 概述 ······················ 39
  一、明渠边界的几何条件 ············ 39
  二、明渠均匀流的水力特性及其形成条件 ··· 41

单元二 明渠均匀流的基本公式 ……41
一、基本公式 ……41
二、过水断面的水力要素 ……43
三、水力最优断面 ……45
四、允许流速 ……46

单元三 明渠均匀流的水力计算 ……48
一、直接求解法 ……48
二、试算法 ……49
三、复式断面渠道的水力计算 ……50

单元四 明渠非均匀流概述 ……51
一、明渠水流的三种流态 ……52
二、断面比能与临界水深 ……52
三、临界坡、缓坡和陡坡 ……56

单元五 非均匀渐变流水面曲线的定性分析 ……58
一、明渠渐变流的基本微分方程 ……58
二、棱柱形渠道中恒定非均匀渐变流水面曲线定性分析 ……58

单元六 水跌与水跃 ……62
一、水跌 ……62
二、水跃 ……62

小结 ……63
复习思考题 ……64

模块四 堰流与下游消能 ……66

单元一 堰流及其分类 ……66

单元二 堰流的基本公式 ……67
一、基本计算公式 ……67
二、堰流的水流特点和过流能力 ……69

单元三 泄水建筑物下游的消能 ……78
一、消能的形式 ……78
二、消能池 ……79
三、闸下出流 ……82

小结 ……82

复习思考题 ……82

阅读延伸 ……83

项目二 桥涵水文 ……100

模块五 河流概论 ……100

单元一 水循环与径流形成过程 ……100
一、自然界水循环 ……100
二、径流形成过程 ……101
三、影响径流的主要因素 ……103

单元二 河流与流域 ……103
一、河流 ……103
二、流域 ……108

单元三 泥砂运动 ……110
一、泥砂运动的分类 ……110
二、泥砂的主要特性 ……110

单元四 形态观测与水文调查 ……111
一、水位测量 ……111
二、流速测量 ……113
三、河道断面测量 ……114
四、水文调查 ……114

小结 ……119
复习思考题 ……119

模块六 水文统计基础 ……121

单元一 水文统计的意义 ……121
一、水文现象的基本特性 ……121
二、水文现象的分析研究方法 ……122
三、随机变量 ……123

单元二 随机变量及其概率分布 ……125
一、随机变量的概率分布 ……125
二、随机变量的统计参数 ……126

单元三 水文频率曲线线型 ……128

一、正态分布……128
二、对数正态分布……129
三、皮尔逊Ⅲ（P-Ⅲ）型曲线……130
四、经验频率曲线……132
五、频率与重现期……133
单元四 频率曲线参数估计方法……133
一、矩法……133
二、三点法……134
单元五 水文频率计算适线法……135
一、目估适线法……135
二、三点适线法……136
小结……140
复习思考题……140

项目三 桥涵设计基础……141

模块七 大中桥设计流量推算……141
单元一 资料的准备和分类……141
一、资料的来源……141
二、水文统计对资料的要求……141
三、资料的分类……142
单元二 资料中特大洪水的处理……142
一、频率的计算……142
二、频率曲线参数估计……144
单元三 缺乏观测资料的规定频率流量推算……147
单元四 不同断面流量间的关系……149
一、水文断面与桥涵位断面各种流量、水位间的关系……149
二、桥位处设计水位、设计流量的推算……150
小结……151
复习思考题……151

模块八 大中桥桥位勘测设计……156
单元一 桥位选择和桥位调查……157

一、桥位选择……157
二、桥位调查……158
单元二 桥孔长度和桥孔布设……159
一、桥孔长度计算……160
二、桥孔布置的原则……161
单元三 桥面中心标高的确定……162
一、桥面标高的计算……162
二、引道路堤最低设计标高……163
三、各种壅高值的计算……165
四、调治构造物……167
小结……168
复习思考题……168

模块九 桥梁墩台冲刷……178
单元一 概述……178
单元二 桥下一般冲刷……179
一、非黏性土河床一般冲刷……179
二、黏性土河床的一般冲刷……181
三、桥台冲刷……181
单元三 桥墩局部冲刷……182
一、非黏性土河床桥墩局部冲刷公式……183
二、黏性土河床桥墩的局部冲刷公式……187
单元四 墩台基底最小埋置深度……187
小结……189
复习思考题……189

模块十 小桥涵勘测设计相关知识……193
单元一 小桥涵勘测设计内容……193
一、小桥涵的界定……193
二、小桥涵类型……194
三、小桥涵的设计原则……195
四、小桥涵勘测设计内容……196
单元二 小桥涵位置选择与勘测调查……196
一、择位原则……196

- 二、小桥的定位与布设 ········ 196
- 三、涵洞的定位与布设 ········ 197
- 四、水文勘测与调查 ··········· 198
- 五、小桥涵位置测量 ··········· 199
- 六、小桥涵现场勘察内容 ······ 200

单元四 小桥涵的布置 ········ 201
- 一、小桥涵布置要求 ··········· 201
- 二、小桥孔径计算 ··············· 202
- 三、涵洞孔径计算 ··············· 209

小结 ································· 209
复习思考题 ······················· 209

附录A 皮尔逊Ⅲ型曲线的离均
系数Φ_P值表 ············· 211

附录B 皮尔逊Ⅲ型曲线的模比
系数K_P值表 ············· 215

附录C 皮尔逊Ⅲ型曲线三点法的
S与C_s关系表 ············ 222

附录D 非黏性土的容许不冲刷
平均流速V_{max} ············ 224

附录E 全国分区C_v值表 ······ 228

附录F 全国分区C_S/C_v经验关系表 ····· 233

附录G 各类河段上桥位总体布设的
一般要求 ················· 235

参考文献 ·························· 237

总说明

学习目标

掌握本课程的学习目的和任务、方法。

能力目标

通过本课程综述的问题,掌握液体的主要物理性质。

一、本课程的学习目的与任务

公路沿线所设置的桥梁和涵洞,不仅是用来跨越河流、沟渠和承受车辆及人群荷载的承重构造物,同时,又是在河流上担负着排水输沙、防止冲刷、保证道路与桥梁安全使用、畅通无阻的泄水建筑物。因此,在公路桥涵设计中,以承受车辆荷载为主进行的结构设计属于《桥涵设计》课程的内容,这将在后续的课程中学习,而满足泄水等水力水文要求进行的总体设计,则属于本课程研究和解决的主要问题。

在公路桥涵的总体设计中,包含选择桥涵的位置、桥涵的孔径、桥面中心的最低标高和基础底面的最浅埋置深度,以及相应的调治构造物等。为了解决这些专业技术问题,必须掌握和了解有关河床演变的趋势,以及泥砂的运动情况、洪水情况、水流自身的作用规律及其对构造物的作用规律等,同时,还必须掌握有关洪水位和流速、设计流量、设计水位等水力水文要素的分析和计算方法。本课程正是围绕这些问题,循序渐进地展开论述的。

"桥涵水力水文"课程由三个部分组成。第一部分为水力学,主要包括水静力学、水动力学、明渠水流以及消能设施的水力计算;第二部分为桥涵水文,主要包括河流基本知识、形态勘测与水文调查、桥涵的各种设计流量的推算方法;第三部分为水力水文知识在公路桥涵设计中的具体应用,主要包括各种大中桥桥位布置、桥孔长度的确定、桥面中心设计标高、桥下冲刷深度及各种桥涵孔径的确定方法等。

本课程的学习目的是:学习掌握水力水文的有关知识,能够进行综合分析,并依据相关的公路桥涵规范规定,较全面地为路基排水、桥涵设计和施工,提供必要的水力水文方面的数据和结论依据,同时,熟悉掌握一般桥梁的桥位设计方法和步骤等。

本课程主要研究水体的平衡、运动规律、水文现象,以及根据公路桥涵的总体设计,进行水力水文计算的基本理论和方法。要求学生通过学习本门课程,能够确定公路桥涵的水力荷载,进行输水能力计算、陡坡消能设施的水力验算和宽顶堰的水力计算。能够进行形态勘测和水文调查,并且运用所收集的资料推求桥涵断面的设计流量及设计水位;能够合理选择桥位,能够确定桥梁的所需跨径和桥面中心的最低标高,确定最大冲刷线标高和墩台基底的最浅埋置深度,同时配置相应的调治构造物;能够通过查表或计算确定小桥涵孔径,并合理选择进出水口的处理方法。

二、液体的主要物理力学性质

水力学是研究液体机械运动规律的科学。液体受力而作机械运动,其状况取决于液体自身的物理性质,本节仅讨论液体的主要物理力学性质。

1. 惯性、质量和密度

(1)惯性(Inertia):液体具有保持原有运动状态的物理性质;

(2)质量(Mass)(M):质量是惯性大小的量度;

(3)密度(Density)(ρ):单位体积所包含的液体质量。

若质量为 M,体积为 V 的均质液体,其密度为

$$\rho = \frac{M}{V} \tag{0-1}$$

对于非均匀质液体:

$$\rho = \rho(x, y, z) = \lim_{\Delta V \to 0} \frac{\Delta M}{\Delta V} \tag{0-2}$$

密度的单位:kg/m^3;密度的量纲:$\rho = [ML^{-3}]$。

液体的密度随温度和压力变化,但这种变化很小,所以水力学中常把水的密度视为常数,即采用一个大气压下,4 ℃ 纯净水的密度($\rho = 1\,000\ kg/m^3$)作为水的密度。

2. 重力和重度

(1)重力(Gravity)(G):液体受到地球的万有引力作用,称为重力。

$$G = Mg \tag{0-3}$$

式中 g——重力加速度。

(2)重度(Unit Weight)(γ):单位体积液体的重力称为重度或容重。

$$\gamma = \frac{G}{V} = \frac{Mg}{V} = \rho g \tag{0-4}$$

重度的单位:N/m^3;重度的量纲:$[\gamma] = [ML^{-2}T^{-2}]$,液体的重度也随温度变化。空气和几种常见液体的重度见表 0-1。

表 0-1 空气和几种常见液体的重度

流体名称	空气	水银	汽油	酒精	四氯化碳	海水
重度/(N·m^{-3})	11.82	133 280	6 664~7 350	7 778.3	15 600	9 996~10 084
测定温度/℃	20°	0°	15°	15°	20°	15°

在 1 个大气压下,纯净水的密度和重度随温度的变化见表 0-2。

表 0-2 纯净水的水密度和重度

t/℃	0°	4°	10°	20°	30°
密度/(kg·m^{-3})	999.87	1 000.00	999.73	998.23	995.67
重度/(N·m^{-3})	9 798.73	9 800.00	9 797.35	9 782.65	9 757.57
t/℃	40°	50°	60°	80°	100°
密度/(kg·m^{-3})	992.24	988.07	983.24	971.83	958.38
重度/(N·m^{-3})	9 723.95	9 683.09	9 635.75	9 523.94	9 392.12

在水力计算中，常取 4 ℃纯净水的重度作为水的重度，$\gamma=9\,800$ N/m³。

3. 黏性和黏度

黏性(Viscosity)：正在运动的液体具有的抵抗剪切变形能力(相对运动)的物理性质，也称为黏度或黏滞性。

由于液体具有黏性，液体在流动过程中，就必须克服流层之间的内摩擦力作功，这就是液体运动必然要损失能量的根本原因。因此，液体的黏性在水动力学研究中具有十分重要的意义。

1686 年，著名科学家牛顿(Newton)做了如下试验：在两层很大的平行平板间夹一层很薄的液体(图 0-1)，将下层平板固定，而使上层平板运动，则夹在两层平板间的液体发生了相对运动。

图 0-1 牛顿实验

实验发现，两层平板之间液体的内摩擦力 F，与接触面面积 A 成正比，与液体相对运动的速度梯度 U/δ 成正比。因平板间距 δ 很小，可认为液体速度呈线性分布 $U/\delta \sim du/dy$。

$$F \propto A \frac{du}{dy} \tag{0-5}$$

引入比例系数 μ，可将式(0-5)写成等式，即

$$F = \mu A \frac{du}{dy} \tag{0-6}$$

这就是著名的牛顿内摩擦定律。

式中，μ 为动力黏度(或动力黏性系数)(Dynamic Viscosity)，其值的大小与液体种类和温度有关。黏性大的液体 μ 值高，黏性小的液体 μ 值低。

牛顿内摩擦定律也可用单位面积上的内摩擦力 τ 来表示，即

$$\frac{F}{A} = \tau = \mu \frac{du}{dy} \tag{0-7}$$

可以证明，流速梯度 $\dfrac{du}{dy}$，实质上代表液体微团的剪切变形速率。

如图 0-2 所示，从图 0-1 中将相距为 dy 的两层液体 1—1 及 2—2 分离出来，取两液层之间矩形微团 $ABCD$，经过 dt 时段后，该液体微团运动至 $A'B'C'D'$。因液层 2—2 与液层 1—1 间存在流速差 du，微团除平移运动外，还有剪切变形，即由矩形 $ABCD$ 变成平行四边形 $A'B'C'D'$。AD 或 BC 都发生了角变位 $d\theta$，其角变形速率为 $\dfrac{d\theta}{dt}$。因为 dt 为微分时段，$d\theta$ 也为微量，可认为

$$d\theta \approx \tan(d\theta) = \frac{du\,dt}{dy}$$

故

$$\frac{d\theta}{dt} = \frac{du}{dy}$$

因此，式(0-7)又可写成：

$$\tau = \mu \frac{du}{dy} = \mu \frac{d\theta}{dt} \quad (0-8)$$

表明黏性也是液体抵抗角变形速率的能力。

牛顿内摩擦定律只适用于一般流体，对于某些特殊流体是不适用的。一般把符合牛顿内摩擦定律的流体称为牛顿流体，如水、空气、汽油、煤油、甲苯、乙醇等。不符合的称为非牛顿流体，如接近凝固的石油、聚合物溶液、含有微粒杂质或纤维的液体（如泥浆）等，其差别如图0-3所示。本教材仅讨论牛顿流体。

图 0-2　液体运动　　　　　　图 0-3　差别

μ 的单位为牛顿·秒/米^2(N·s/m^2)或帕斯卡·秒(Pa·s)，或称为泊司，其单位换算关系为

$$1 \text{ 泊司} = 0.1 \text{ 牛顿·秒/米}^2$$

动力黏度的量纲：

$$[\mu] = [ML^{-1}T^{-1}]$$

液体的黏性还可以用 $\nu = \frac{\mu}{\rho}$ 来表示，ν 称为运动黏性系数或运动黏度(Kinematic Viscosity)。其单位是米^2/秒(m^2/s)。

运动黏度的量纲：

$$[\nu] = [L^2 T^{-1}]$$

水的运动黏性系数 Δz 可用下列经验公式计算：

$$\nu = \frac{0.01775}{1 + 0.0337t + 0.000221t^2} \quad (0-9)$$

其中 t 为水温，以℃计，ν 以 cm^2/s 计。为了使用方便，在表0-3中列出不同温度时水的 ν 值。

表 0-3　不同水温时的 ν 值

温度/℃	0°	2°	4°	6°	8°	10°	12°
ν/(cm^2·s^{-1})	0.017 75	0.016 74	0.015 68	0.014 73	0.013 87	0.013 10	0.012 39
温度/℃	14°	16°	18°	20°	22°	24°	26°
ν/(cm^2·s^{-1})	0.011 76	0.011 8	0.010 62	0.010 10	0.009 89	0.009 19	0/008 77
温度/℃	28°	30°	35°	40°	45°	50°	60°
ν/(cm^2·s^{-1})	0.008 39	0.008 03	0.007 25	0.006 59	0.006 03	0.005 56	0.004 78

任何实际液体都具有黏性，因此液体在流动过程中，就必须克服黏性阻力做功损失能

量。所以,黏性在水动力学研究中具有十分重要的意义。

在水力计算中,有时为了简化分析,对液体的黏性暂不考虑,而引出没有黏性的理想液体模型。在理想液体模型中,黏性系数 $\mu=0$。由理想液体模型分析所得的结论,必须对没有考虑黏性而引起的偏差进行修正。

4. 压缩性和膨胀性

压强增高时,分子间的距离减小,液体宏观体积减小,这种性质称为压缩性,也称弹性。温度升高,液体宏观体积增大,这种性质称为膨胀性。

液体的压缩性大小可用体积压缩系数 β 或体积弹性系数 K 来量度。设压缩前的体积为 V,压强增加 Δp 后,体积减小 ΔV,体应变为 $\frac{\Delta V}{V}$,则体积压缩系数为

$$\beta = -\frac{\frac{\Delta V}{V}}{\Delta p} \tag{0-10}$$

当 Δp 为正时,ΔV 必为负值,故式(0-10)右端加一负号,保持 β 为正数。β 的单位为米²/牛顿(m²/N),量纲为 $[\beta]=[M^{-1}LT^2]$。

体积弹性系数 K 是体积压缩系数 β 的倒数,即

$$K = \frac{1}{\beta} = -\frac{\Delta p}{\frac{\Delta V}{V}} \tag{0-11}$$

其单位为牛顿/米²(N/m²),量纲为 $[K]=[ML^{-1}T^2]$。

液体种类不同,其 β 或 K 值不同。同一液体,β 或 K 随温度和压强而变化,但变化不大。因此,液体并不完全符合弹性体的胡克定律。

在一般工程设计中,水的体积弹性系数 K 可近似地取为 2×10^9 帕。此值说明,若 Δp 为一个大气压,$\frac{\Delta V}{V}$ 约为 1/20 000,因此,在 Δp 不大的条件下,水的压缩性可以忽略,相应地,水的密度和重度可视为常数。但在讨论管道水击问题时,则要考虑水的压缩性。

至于气体,它的压缩性和膨胀性要比液体大。但是在一定的条件下,如在距离不太长的输气系统中,若各点气体流速远小于音速,则气体压缩性对气流流动的影响也可以忽略,也就是说,这时的气体也可视为是不可压缩的。

总之,在可以忽略液体或气体压缩性时,引出"不可压缩液(流)体模型",可使分析简化。

水力学中一般不考虑水的膨胀性。

5. 表面张力

表面张力(Surface Tension)是指液体表面在分子作用半径内的一薄层分子,由于引力大于斥力在液体表层沿表面方向产生的拉力。表面张力的大小可用表面张力系数 σ 来量度。σ 是液体表面上单位长度上所受的拉力,单位为牛顿/米(N/m),量纲为 $[\sigma]=[MT^{-2}]$。

σ 值随液体种类和温度而变化,对 20 ℃的水,$\sigma=0.074$ N/m,对水银,$\sigma=0.54$ N/m。

液体的表面张力很小,在水力学计算中一般不考虑它的影响。但在某些情况下,它的影响也是不可忽略的,如微小液滴(如雨滴)的运动,水深很小的明渠水流和堰流等。

在水力学实验中,经常使用盛水或盛水银的细玻璃管做测压管,由于表层液体分子与固壁分子的相互作用会发生毛细现象(Capillarity),如图 0-4 所示。

图 0-4 液体的毛细现象

对 20 ℃的水，玻璃管中的水面高出容器水面的高度 h 约为

$$h=\frac{29.8}{d}(\text{mm}) \tag{0-12}$$

对水银，玻璃管中汞面低于容器汞面的高度 h 约为

$$h=\frac{10.5}{d}(\text{mm}) \tag{0-13}$$

式(0-12)、式(0-13)中的 d 为玻璃管的内径，以毫米计。由于毛细管现象的影响，使测压管读数产生误差。h 称为毛细影响高度。因此，通常测压管的直径不小于 1 cm。

三、作用在液体上的力

液体的机械运动是由外力作用引起的，外力是液体机械运动的外因，液体的物理力学特性是其内因。作用在液体上的力，按其物理性质分，有重力、摩擦力、惯性力、弹性力、表面张力等。但在水力学中分析液体运动时，主要是从液体中分出一封闭表面所包围的液体，作为隔离体来分析。从这一角度出发，可将作用在液体上的力分为表面力和质量力两大类。

1. 表面力

作用在液体表面上的力称为表面力(Surface Force)，是相邻液体或与其他物体壁面相互作用的结果。根据连续介质的概念，表面力连续分布在隔离体表面上，因此，在分析时常采用应力的概念。与作用面正交的应力称为压应力或压强；与作用面平行的应力称为切应力。

其中压强 p 垂直于作用面，即

$$p=\lim_{\Delta A\to 0}\frac{\Delta P}{\Delta A} \tag{0-14}$$

切应力平行平作用面，即

$$\tau=\lim_{\Delta A\to 0}\frac{\Delta T}{\Delta A} \tag{0-15}$$

顺便指出，在静止液体中，液体间没有相对运动，即 $\frac{du}{dy}=0$，或者在理想液体中，$\mu=0$，则 $\tau=0$，则作用在 ΔA 上的力就只有法向力 ΔP。

在国际单位制中，ΔP 及 ΔT 的单位是牛顿(N)，简称牛。p 及 τ 的单位是牛/米^2(N/m^2)，或称为帕斯卡(Pa)，简称帕。其量纲：$[p]=[\tau]=[ML^{-1}T^{-2}]$。

2. 质量力

质量力(Mass Force)是指作用在隔离体内每个液体质点上的力，其大小与液体的质量成正比。最常见的是重力；另外，对于非惯性坐标系，质量力还包括惯性力。

质量力常用单位质量力来量度。若隔离体中的液体是均质的，其质量为 M，总质量力为 F，则单位质量力 f 为

$$f=\frac{F}{M} \tag{0-16}$$

总质量力在坐标上的投影分别为 F_x，F_y，F_z，则单位质量力在相应坐标的投影为 X、Y、Z。

$$X=\frac{F_x}{M}$$
$$Y=\frac{F_y}{M} \tag{0-17}$$
$$Z=\frac{F_z}{M}$$

即
$$\vec{f}=X\vec{i}+Y\vec{j}+Z\vec{k} \tag{0-18}$$

单位质量力具有加速度的单位：m/s^2；单位质量力的量纲：$[f]=[LT^{-2}]$。

四、水力学的研究方法

在历史的发展过程中，水力学研究液体运动不仅使用过实验方法，也使用过理论分析方法。在研究实际液体运动中，总是通过实验认识液流的特点，在此基础上运用思维能力进行理论分析，再回到实验中检验修正，如此反复，使人们的认识逐渐深化。

1. 理论分析和数值模拟法

水力学对液体运动进行理论分析，首先要研究作用在液体上的力，引用连续介质模型和有关概念，运用经典力学的基本原理，如牛顿力学三大定律、动能定理、动量定理、质量守恒定律等来建立液流运动的基本方程。

如果引用的隔离体为微元体，基本方程为微分方程的形式（如后续的分模块二中所讨论的欧拉微分方程等），再根据定解条件进行求解，称为理论分析方法。但由于方程的非线性和定解条件的复杂性，对于某些复杂的运动形态，采用理论分析至今仍有困难。随着计算机技术的发展，对基本方程进行数值解，已发展成一种数值模拟方法。

2. 科学实验法

科学实验法的目的如下：

（1）在理论分析之前，通过对液体运动形态的观察，抽象出液体运动的主要影响因素，提出液体运动的简化计算模型；得到初步理论分析结果后，再通过实验来检验成果的正确性。

（2）当理论分析还不能完全解决问题时，在实验结果的基础上提出一些经验性的规律，以满足实际应用的需要。

针对实验目的（1）的实验，称为系统实验。在实验室内造成某种液流运动，进行系统的实验观测，从中找出规律。

针对实验目的（2）的实验，又可分为原型观测和模型实验两类。

▶ 小 结

本部分是本教材的开端，概括了教材的主要线索和内容及学习方法与手段，同时讲解了液体(常温下水是液体)的几个主要物理力学性质,并对水力学的研究方法作简洁的阐述,让学生及读者了解教材的整体内容和轮廓,为以后的学习奠定明确的基础。

复习思考题

1. 什么是连续介质?为什么要做这样的假设?
2. 液体的密度与重度之间是怎样的关系?
3. 什么是液体的黏滞性?什么是理想液体和实际液体?
4. 牛顿液体是什么样的液体?非牛顿液体呢?
5. 水力学的研究方法有哪几种?具有哪些适用条件?
6. 水的重度 $\gamma=9.71 \text{ kN/m}^3$,黏滞系数 $\mu=0.599\times10^{-3} \text{ N}\cdot\text{s/m}^2$,求其运动黏滞系数 ν。空气的重度 $\gamma=11.5 \text{ N/m}^3$,$\nu=0.157 \text{ cm}^3/\text{s}$,求其黏滞系数。

项目一　水力学

模块一　水静力学

学习目标

1. 全面掌握静水力学的主要任务，正确理解静水压强及其特性；
2. 掌握静水压强的分布规律；
3. 掌握水静力学基本方程的两种表达形式及点压强的测量方法；
4. 能够应用两种方法计算静水总压力。

能力目标

1. 掌握静水压强的计算及应用；
2. 掌握静水总压力的工程应用。

学习重点

静水压强、静水压力。

水静力学(Hydrostatics)是研究液体处于静止状态时的力学规律及其在实际工程中的应用。这里所谓"静止状态"是指液体质点之间不存在相对运动，而处于相对静止或相对平衡状态的液体，作用在每个液体质点上的全部外力之和等于零。

水静力学的主要任务是根据力的平衡条件导出静止液体中的压强分布规律，并根据其分布规律，进而确定各种情况下的静水总压力。因此，水静力学是解决工程中水力荷载问题的基础，同时，也是学习水动力学的基础。

单元一　静水压强及其特性

一、静水压强

在静止的液体中，围绕某点取一微小作用面，设其面积为 ΔA，作用在该面积上的压力为 ΔP，则当 ΔA 无限缩小到一点时，平均压强 $\Delta P/\Delta A$ 便趋近于某一极限值，此极限值定义为该点的静水压强，通常用符号 p 表示，即

$$p = \lim_{\Delta A \to 0} \frac{\Delta P}{\Delta A} = \frac{dP}{dA} \tag{1-1}$$

静水压强的单位为 N/m²(Pa，帕)。

二、静水压强的特性

(1)静水压强方向与作用面的内法线方向重合(即静水压强的垂直性)。在静止的液体中取出一团液体，用任意平面将其切割成两部分，则切割面上的作用力就是液体之间的相互作用力。现取下半部分为隔离体研究，如图1-1所示。而且静止的液体不能承受剪切力也不可能承受拉力，否则将破坏平衡，与静止液体的前提不符。所以，静水压强唯一可能的方向就是和作用面的内法线方向一致。

(2)静水压强的大小与其作用面的方位无关，也即任何一点处各方向上的静水压强大小相等(即静水压强的等值性)。在静止的液体中点 $M(x, y, z)$ 附近，取一微分四面体如图1-2所示，分析可得如上结论。

图1-1 静水压强的特性一

图1-2 静水压强的特性二

单元二 液体平衡微分方程

一、液体平衡的微分方程

在静止液体中任取一边长为 dx、dy、dz 的微小正六面体，如图1-3所示。

设其中心点 $O'(x, y, z)$ 的密度为 ρ，液体静水压强为 p，单位质量力为 X、Y、Z。以 x 方向为例，过点 O' 作平行于 x 轴的直线与六面体左右两端面分别交于点 $M\left(x-\frac{1}{2}dx, y, z\right)$ 和点 $N\left(x+\frac{1}{2}dx, y, z\right)$。因静水压强是空间坐标的连续函数，又因 dx 为微量，故点 M 和点 N 的静水压强，可按泰勒级数展开并略去二阶以上微量后，分别为

图1-3 液体平衡试验

$$p_M = p - \frac{1}{2}\frac{\partial p}{\partial x}dx$$

$$p_N = p + \frac{1}{2}\frac{\partial p}{\partial x}dx$$

由于六面体各面的面积微小，可以认为平面中点的静水压强即该面的平均静水压强，

于是可得作用在六面体左右两端面上的表面力为

$$p_M = \left(p - \frac{1}{2}\frac{\partial p}{\partial x}dx\right)dydz$$

$$p_N = \left(p + \frac{1}{2}\frac{\partial p}{\partial x}dx\right)dydz$$

另外,作用在六面体上的质量力在 x 方向的分量为 $X \cdot \rho dxdydz$。

由静力平衡方程,在 x 方向上有:

$$\left(p - \frac{1}{2}\frac{\partial p}{\partial x}dx\right)dydz - \left(p + \frac{1}{2}\frac{\partial p}{\partial x}dx\right)dydz + X \cdot \rho dxdydz = 0$$

化简上式整理得并考虑 y,z 方向可得

$$X - \frac{1}{\rho}\frac{\partial p}{\partial x} = 0$$

$$Y - \frac{1}{\rho}\frac{\partial p}{\partial y} = 0$$

$$Z - \frac{1}{\rho}\frac{\partial p}{\partial z} = 0 \tag{1-2}$$

式(1-2)为液体平衡微分方程,是由瑞士学者欧拉(Euler)于1775年首先导出的,故又称欧拉平衡方程。它表明了处于平衡状态的液体中压强的变化率和单位质量力之间的关系。

二、等压面

在相连通的液体中,由压强相等的各点所构成的面叫作等压面(Isobaric Surface)。其方程为

$$Xdx + Ydy + Zdz = 0 \tag{1-3}$$

这就是等压面的微分方程式。如单位质量力在各轴向的分量 X、Y、Z 为已知,则可代入式(1-3),通过积分求得表征等压面形状的方程式。

等压面的重要特性是:在相对平衡的液体中,等压面与质量力正交。

常见的等压面有液体的自由表面(因其上作用的压强一般是相等的大气压强),平衡液体中不相混合的两种液体的交界面等。等压面是计算静水压强时常用的一个概念。

单元三 重力作用下静水压强分布规律

在实际工程中,经常遇到的液体平衡问题是液体相对于地球没有运动的静止状态,此时液体所受的质量力仅限于重力。下面针对静止液体中点压强的分布规律进行分析讨论。

一、重力作用下静水压强的基本公式

液体同其他静止物体一样,具有一定势能。其势能可以分为位置势能和压力势能。如图1-4所示,假定 M 点存在一单位质量的液体,其位置势能为 Z,其压力势能为 $\frac{p}{\gamma}$,那么其总势能为

图1-4 静水压强

$$z+\frac{p}{\gamma}=C \tag{1-4}$$

式中 C——积分常数；

z——某点到基准面的位置高度，称为位置水头；

$\frac{p}{\gamma}$——该点到自由液面间单位面积的液柱重量，称为压强水头；

$z+\frac{p}{\gamma}$——测压管水头。

式(1-4)表明，在重力作用下，不可压缩静止液体中各点的 $\left(z+\frac{p}{\gamma}\right)$ 值相等。对其中的任意两点 1 及 2，式(1-4)可写成

$$z_1+\frac{p_1}{\gamma}=z_2+\frac{p_2}{\gamma} \tag{1-5}$$

这就是重力作用下静止液体应满足的基本方程式，即水静力学的基本方程式。其中各项具有长度单位，在几何上各项均为一段铅垂高度。在水力学中此高度习惯称为水头，水头即单位重量的水体所具有的能量。在自由表面上，$z=z_0$，$p=p_0$，则 $C=z_0+\frac{p_0}{\gamma}$。代入式(1-4)即可得出重力作用下静止液体中任意点的静水压强计算公式，即

$$p=p_0+\gamma(z_0-z)$$

或

$$p=p_0+\gamma h \tag{1-6}$$

式中，$h=z_0-z$ 表示该点在自由液面以下的淹没深度。

式(1-6)即计算静水压强的基本公式。它表明，静止液体内任意点的静水压强由两部分组成：一部分是表面压强 p_0，它遵从帕斯卡定律等值地传递到液体内部各点；另一部分是液重压强 γh，也就是从该点到液体自由表面的单位面积上的液柱质量。

由式(1-6)还可以看出，淹没深度相等的各点静水压强相等，故水平面即等压面，它与质量力(即重力)的方向相垂直。如图 1-5(a)所示连通容器中过 1、2、3、4 各点的水平面即等压面。但必须注意，这一结论仅适用于质量力只有重力的同一种连续介质。对于不连续的液体，如液体被阀门隔开，如图 1-5(b)所示，或者一个水平面穿过两种及以上不同介质，如图 1-5(c)所示，则位于同一水平面上的各点压强并不一定相等，水平面不一定是等压面。

图 1-5 连通器

(a)连通容器；(b)连通容器被隔断；(c)盛有不同种类液体的连通容器

二、压强的分类及量测

量度压强的大小,首先要明确起算的基准,其次要了解计量的单位。

1. 量度压强的基准

压强可从不同的基准算起,因而有不同的表示方法。

(1)绝对压强。以设想的没有气体存在的完全真空作为零点算起的压强称为绝对压强,用符号 p' 表示。

(2)相对压强。以当地大气压强作为零点算起的压强称为相对压强,用符号 p 表示,其数值可正可负。相对压强与绝对压强之间的关系为

$$p = p' - p_0 \tag{1-7}$$

式中 p_0——当地大气压强。

如自由液面上的压强为当地大气压强,则式(1-7)可写为

$$p = \gamma h \tag{1-8}$$

(3)真空及真空压强。绝对压强值总是正的,而相对压强值则可正可负。当液体某处绝对压强小于当地大气压强时,该处相对压强为负值,称为负压,或者说该处存在着真空。真空压强 p_v 用绝对压强比当地大气压强小多少来表示,即

$$p_v = p_0 - p' = |p| \tag{1-9}$$

由式(1-9)可知:在理论上,当绝对压强为零时,真空压强达到最大值 $p_v = p_a$,即"完全真空"状态。但实际液体中一般无法达到这种"完全真空"状态。图1-6所示为用几种不同方法表示压强值的关系图。其绝对压强与相对压强之间相差一个大气压强。

2. 压强的计量单位

在水力学中,压强的单位除常用的应力单位外,还有另外两种表示方式,即液柱高度和工程大气压。

(1)应力单位:由压强定义,以单位面积上的作用力来表示,如 $Pa(N/m^2)$、$kPa(kN/m^2)$。

(2)液柱高度:1工程大气压=98 kPa=10 m(水柱)=735.6 mm(水银柱)。

(3)工程大气压:1工程大气压=98 kPa。

图1-6 压强值的关系图

三、水头和单位势能

水静力学的基本方程为 $z + \dfrac{p}{\gamma} = C$,见式(1-4)。若在一盛有液体的容器的侧壁打一小孔,接上开口玻璃管与大气相通,就形成一根测压管。如容器中的液体仅受重力的作用,液面上为大气压,则无论连在哪一点上,测压管内的液面都是与容器内液面齐平的,如图1-7所

图1-7 连通的各测压管

示。测压管液面到基准面的高度由 z 和 $\frac{p}{\gamma}$ 两部分组成。

z 表示该点到基准面的位置高度；$\frac{p}{\gamma}$ 表示该点压强的液柱高度。在水力学中常用"水头"代表高度，所以 z 又称位置水头，$\frac{p}{\gamma}$ 又称压强水头，$\left(z+\frac{p}{\gamma}\right)$ 则称为测压管水头。故式(1-4)表明：重力作用下的静止液体内，各点测压管水头相等。

位置水头、压强水头和测压管水头的物理意义如下：

(1) 位置水头 z 表示的是单位质量液体从某一基准面算起所具有的位置势能（简称位能）。众所周知，把质量为 G 的物体从基准面移到高度 z 后，该物体所具有的位能是 Gz，对于单位质量物体来说，位能就是 $Gz/G=z$。它具有长度的量纲。基准面不同，z 值不同。

(2) 压强水头 $\frac{p}{\gamma}$ 表示的是单位质量液体从压强为大气压算起所具有的压强势能（简称压能）。压能是一种潜在的势能。如果液体中某点的压强为 p，在该处安置测压管后，在压力的作用下，液面会上升的高度为 $\frac{p}{\gamma}$，也就是把压强势能转变为位置势能。对于质量为 G，压强为 p 的液体，在测压管中上升 $\frac{p}{\gamma}$ 后，位置势能的增量 $G\frac{p}{\gamma}$ 就是原来液体具有的压强势能。所以对原来单位质量液体来说，压能为

$$G\frac{p}{\gamma}/G=\frac{p}{\gamma}$$

静止液体中的机械能只有位能和压能，合称为势能。$\left(z+\frac{p}{\gamma}\right)$ 表示的就是单位质量流体所具有的势能。因此，水静力学基本方程表明：静止液体内各点单位质量液体所具有的势能相等。

四、压强的量测

在实际工程实际中，往往需要量测和计算液流中的点压强或两点的压强差（压差）。量测压强的仪器很多，大致可分为液柱式测压计、金属测压计（如压力表、真空表等均系利用金属受压变形的大小来量测压强的）及非电量电测仪表（这是利用传感器将压强转变为各种电学量如电压、电流、电容、电感等，用电学仪表直接量出这些量，然后经过相应的换算以求出压强的一种仪器）等。这里只介绍一些利用水静力学原理而制作的液柱式测压计。

1. 测压管

简单的测压管是用一开口玻璃管直接与被测液体连通而成的[图1-8(a)、(b)]。读出测压管液面到测点的高度就是该点的相对压强水头。因此，该点的相对压强为 $p=\gamma h$（γ 为液体重度）。

如所测压强较小，为了提高精度，可将测压管倾斜放置，如图1-8(b)所示。此时，标尺读数 l 比 h 放大了一些，便于测读。但压强应为

$$p=\gamma h=\gamma l\sin\alpha \tag{1-10}$$

也可在测压管内装入与水不相掺混的轻质液体（如乙醇：比重为0.79，汽油：比重为

图 1-8 测压管

(a)垂直放置测压管；(b)斜置测压管

0.74 等)，则同样的压强 p 可以有较大的液柱高 h。还可采用上述二者相结合的方法，使量测精度更高。

量测较大的压强，则可采用装入较重液体(如水银，比重可取为 13.6)的 U 形测压管，如图 1-9 所示。如测得 h 及 h'，则 A 点的压强为

$$p = \gamma_H h' - \gamma h \tag{1-11}$$

2. 比压计(差压计)

比压计用以量测液体中两点的压强差或测压管水头差。常用的有空气比压计和水银比压计等。

如图 1-10 所示为一空气比压计，顶端连通，上装开关，可使顶部空气压强 p_0 大于或小于大气压强 p_a。当水管内液体不流动时，比压计两管内的液面齐平。如有流动，比压计两管液面即出现高差，读取这一高差 Δh，并结合其他数据，如 z_A 和 z_B，即可求出 A、B 两点的压差和测管水头差。

图 1-9 U 形测压管(比压计)

图 1-10 空气比压计

忽略空气柱质量所产生的压强(20 ℃标准大气压下空气的重度为 11.82 N/m³，只是水的 $\frac{1}{830}$，故一般可不考虑空气柱质量压强)，则顶部空气内的压强可看作是一样的。即两管液面上的压强均为 p_0，故有

$$p_A = p_0 + \gamma h_1, \quad p_B = p_0 + \gamma h_2$$

所以

$$p_A - p_B = \gamma(h_1 - h_2)$$

由图 1-10 可知

$$h_1 = \Delta h + h_2 - (z_A - z_B)$$

从而

$$p_A - p_B = \gamma(\Delta h) - \gamma(z_A - z_B) \tag{1-12}$$

由式(1-12)即可得出
$$\left(z_A+\frac{p_A}{\gamma}\right)-\left(z_B+\frac{p_B}{\gamma}\right)=\Delta h$$

故 A、B 两点的测压管水头差就是液面差 Δh（从概念上看，上面 p_A、p_B 都是作为绝对压强计算的，但就压差或测管水头差而论，无论是绝对压强还是相对压强，结果都一样，故出现在测压管水头差中的绝对压强 p_A、p_B 无须改换为相对压强）。图 1-11 所示为量度较大压差用的水银比压计。设 A、B 两处的液体重度为 γ，水银重度为 γ_H。取 0—0 为基准面，测得 z_A、z_B 和 Δh。由等压面 1—1，即可根据点压强计算公式，写出如下等式：

图 1-11 水银比压计

左侧 $\qquad p_1=p_A+\gamma z_A+\gamma(\Delta h)$

右侧 $\qquad p_1=p_B+\gamma z_B+\gamma_H(\Delta h)$

故得 $\qquad p_A-p_B=(\gamma_H-\gamma)\Delta h+\gamma(z_B-z_A)$ （1-13）

A、B 两点的测管水头差为

$$\left(z_A+\frac{p_A}{\gamma}\right)-\left(z_B+\frac{p_B}{\gamma}\right)=\frac{\gamma_B-\gamma}{\gamma}\Delta h$$

如被测的 A、B 之间压差甚微，水银比压计读数 Δh 将很小，测读精度较低，则可将 U 形比压计倒装，并在其顶部装入重度为 γ' 的轻质液体，如图 1-12 所示仿上分析，可得

$$p_1=p_A-(-\gamma z_A)-\gamma\Delta h=p_B-\gamma'\Delta h-(-\gamma z_B)$$

或 $\qquad\left(z_A+\frac{p_A}{\gamma}\right)-\left(z_B+\frac{p_B}{\gamma}\right)=\left(\frac{\gamma-\gamma'}{\gamma}\right)\Delta h$

图 1-12 倒装比压计

（必须注意此时的位置高度 z_A、z_B 相对于基准面 0—0 均为负值。）

需要特别指出的是，式(1-12)、式(1-13)与 A、B 容器的形状和相对位置无关；与基准面的选择无关；还与 A、B 中是静水还是动水无关。在实际问题中经常要用到，无须再重新推导。

五、静水压强分布图

用线段长度表示受压面上各点压强的大小，用箭头表示压强的方向及压强的作用点，绘制的静水压强的分布图形（闭合图形），称为静水压强分布图。压强可分为绝对压强和相对压强，因此对于压强分布图来说，也有绝对压强分布图和相对压强分布图之分。

关于压强分布图的绘制和应用，其要点如下：

(1)压强分布图中各点压强方向始终垂直指向作用面，两受压面交点处的压强具有各向等值性。

(2)压强分布图与受压面所构成的体积，即作用于受压面上的静水总压力，其作用线通过此力图体积的重心。

(3)压强分布图可以叠加，也可以相互抵消。

(4)由于建筑物通常都处于大气中，作用于建筑物上的有效压强为相对压强，所以不在特殊指出的情况下，只需绘制相对压强分布图即可。

(5)工程应用中可绘制建筑物有关受压部分的压强分布图,其他无关处不必绘制。

从前面知道,静水压强与淹没深度呈线性关系,所以,作用在平面上的压强分布图必然是按直线分布的,因此,只要直线上两个点的压强为已知,就可确定该压强分布直线。一般绘制的压强分布图都是指这种平面压强分布图。如图 1-13 所示为各种情况的静水压强分布图。

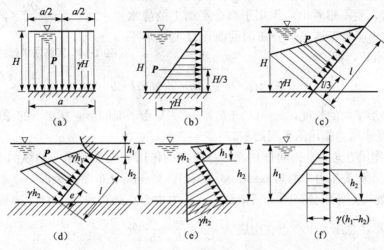

图 1-13　静水压强分布图

【例 1-1】　令自由表面处压强 $p_0=1$ 工程大气压,求淡水自由表面以下 2 m 深度处的绝对压强和相对压强,并用三种压强单位表示。

解:(1)绝对压强 p'。

$$p'=p_0+\gamma h=98+9.8\times 2=117.6(\text{kPa})=\frac{117.6}{98}\text{工程大气压}=1.2\text{ 工程大气压}$$

$$\frac{p'}{\gamma}=\frac{117.6}{9.8}=12(\text{m})(水柱)$$

(2)相对压强 p。

$$p=\gamma h=9.8\times 2=19.6(\text{kPa})=\frac{19.6}{98}\text{工程大气压}=0.2\text{ 工程大气压}$$

$$\frac{p}{\gamma}=\frac{19.6}{9.8}=2(\text{m})(水柱)$$

单元四　平面壁上的静水总压力

作用在物体表面上的静水总压力,是许多工程技术上(如分析水闸、水坝及路基等的作用力)必须解决的力学问题。只有掌握前面所讲的静水压强分布规律,就不难确定静水总压力的大小、方向和作用点,以及压强的分布情况。这一节介绍平面上静水总压力的计算。

一、利用压强分布图求矩形平面上的静水总压力(即图解法)

求矩形平面上的静水总压力实际上就是平行力系求合力的问题。通过绘制压强分布图求一边与水面平行的矩形平面上的静水总压力最为方便。

图1-14表示一任意倾斜放置但一边与水面平行的矩形平面ABB_1A_1的一面受水压力作用。可先画出该平面上的压强分布图,然后根据压强分布图确定总压力的大小、方向和作用点。当作出作用于矩形平面上的压强分布图$ABEF$后,便不难看出:作用于整个平面上的静水总压力P的大小应等于该压强分布图的面积Ω与矩形平面的宽度b的乘积,即

图1-14 图解法求解静水总压力图

$$P = \Omega \cdot b = \frac{1}{2}(\gamma h_1 + \gamma h_2) l \cdot b \tag{1-14}$$

式中 l——矩形平面的长度,$h_c = (h_1 + h_2)/2$,为矩形平面的形心在水下的深度;

A——受水压力作用的平面面积。

总压力的作用方向垂直指向作用面,总压力的作用点应在作用面的纵向对称轴$O-O$上的D点,该点称为压力中心(Pressure Center)。当压强分布图为矩形时,总压力作用点必在中点$l/2$处;当压强分布图为三角形时,压力中心点必在距底$e = l/3$高度处;而当压强分布图为梯形,总压力中心点在距底$e = \frac{l}{3} \cdot \frac{2h_1 + h_2}{h_1 + h_2}$处。

二、利用解析法求任意平面上的静水总压力

对任意形状的平面,需要用解析法来确定静水总压力的大小和作用点。如图1-15所示,EF为一任意形状的平面,倾斜放置于水中任意位置,与水面相交成α角。设想该平面的一面受水压力作用,其面积为A,形心位于C处,形心处水深为h_c,自由表面上的压强为当地大气压强。作用于这一平面上的相对静水总压力的大小及作用点的位置D可按以下的方法来确定。

图1-15 解析法求解静水总压力图

取平面的延展面与水面的交线为Ox轴,以通过平面EF中任意选定点N并垂直于Ox轴的直线为Oy轴。在平面中的M处取一微小面积dA,其上的压力为$dP = \gamma h dA$,由于每一微小面积上作用的静水压力方向相同,因此,作用于整个EF平面上的静水总压力为

$$P = \int_A \gamma h dA = \int_A \gamma y \sin\alpha dA = \gamma \sin\alpha \int_A y dA$$

式中,$\int_A h dA$表示平面EF对Ox轴的静面矩,它等于平面面积A与其形心坐标y_c的乘积,即$\int_A \gamma h dA = y_c A$。如以$p_c$代表形心$C$处的静水压强,则有

$$P = \gamma \sin\alpha y_c A = \gamma h_c A = p_c A \tag{1-15}$$

式(1-15)表明,任意平面上的静水总压力的大小等于该平面的面积与其形心处静水压强的乘积。因此,形心处的静水压强相当于该平面的平均压强。

下面分析静水总压力的作用点——压力中心的位置:y_D和x_D。这一位置可通过合力对任意轴的力矩等于各分力对该轴的力矩和来确定。对Ox轴取力矩得

$$Py_D = \int_A \gamma h y dA = \gamma \sin\alpha \int_A y^2 dA$$

式中，$\int_A y^2 dA$ 为平面 EF 对 Ox 轴的惯性矩，以 I_x 表示，故得

$$Py_D = \gamma \sin\alpha I_x$$

若以 I_{Cx} 表示平面 EF 对通过形心 C 并与 Ox 轴平行的轴的惯性矩，则根据惯性矩的平行移轴定理可得：$I_x = I_{Cx} + y_C^2 A$。因此有

$$Py_D = -\gamma \sin\alpha (I_{Cx} + y_C^2 A)$$

由此得

$$y_D = \frac{\gamma \sin\alpha (I_{Cx} + y_C^2 A)}{\gamma y_C \sin\alpha A} = y_C + \frac{I_{Cx}}{y_C A} \tag{1-16}$$

除平面水平放置外，总压力作用点总是在作用面形心点之下。常见平面图形的面积 A、形心距上边界点长 y_C 以及惯性矩 I_{Cx} 的计算式见表 1-1。

表 1-1 常见平面的 A、y_C 及 I_{Cx}

几何图形及名称	面积 A	形心至上边界点长 y_C	相对于图上 Cx 轴的惯性矩 I_{Cx}	相对于图上底边的惯性矩 J_b
矩形	bh	$\frac{1}{2}h$	$\frac{1}{12}bh^3$	$\frac{1}{3}bh^3$
三角形	$\frac{1}{2}bh$	$\frac{2}{3}h$	$\frac{1}{36}bh^3$	$\frac{1}{12}bh^3$
梯形	$\frac{h(a+b)}{2}$	$\frac{h}{3}\left(\frac{a+2b}{a+b}\right)$	$\frac{h^3}{36}\left(\frac{a^2+4ab+b^2}{a+b}\right)$	
圆形	πr^2	r	$\frac{1}{4}\pi r^4$	

续表

几何图形及名称	面积 A	形心至上边界点长 y_C	相对于图上 Cx 轴的惯性矩 I_{Cx}	相对于图上底边的惯性矩 J_b
半圆形	$\dfrac{1}{2}\pi r^2$	$\dfrac{4}{3}\cdot\dfrac{r}{\pi}$	$\dfrac{9\pi^2-64}{72\pi}r^4$	$\dfrac{\pi}{8}r^4$

根据同样道理，对 Oy 轴取力矩，可求得压力中心的另一个坐标 x_D 为

$$x_D = x_C + \frac{I_{Cxy}}{y_C A} \tag{1-17}$$

式中，I_{Cxy} 为平面 EF 对通过形心 C 并与 Ox、Oy 轴平行的轴的惯性积。因为惯性积 I_{Cxy} 可正可负，x_D 可能大于或小于 x_C。也就是对于任意形状的平面，压力中心 D 可能在形心 C 的任意一边。

应当指出，以上分析作用于平面上的总压力的大小及压力中心时，讨论的均是液体的表面处于大气之中的情况。若液体表面上的压强不是当地大气压强，则不能照搬以上结果。实际工程中的被作用平面，一般具有纵向对称轴，则压力中心 D 必落在对称轴上，不必计算 x_D。

【例 1-2】 有一铅直放置的水平底边矩形闸门，如图 1-16 所示。已知闸门高度 $H=2$ m，宽度 $b=3$ m，闸门上缘到自由表面的距离 $h_1=1$ m。试用图解法和解析法求解作用于闸门的静水总压力。

解：(1) 利用压强分布图求解（即图解法）。

1) 绘制静水压强分布图 $ABEF$，如图 1-16 所示。根据式 (1-14) 可得静水总压力大小为

$$P = \Omega \cdot b = \frac{1}{2}[\gamma h_1 + \gamma(h_1+H)]H \cdot b$$

$$= \frac{1}{2}\times[9.8\times10^3\times1 + 9.8\times10^3\times(1+2)]\times2\times3$$

$$= 1.176\times10^5 \text{(N)} = 117.6 \text{(kN)}$$

3) 静水总压力 P 的方向垂直于闸门平面，并指向闸门。

4) 压力中心 D 距闸门底部的位置 e 为

$$e = \frac{H}{3}\times\frac{2h_1+(h_1+H)}{h_1+(h_1+H)} = \frac{2}{3}\times\frac{2\times1+(1+2)}{1+(1+2)} = 0.83 \text{(m)}$$

其距自由表面的位置为

$$h_D = h_1 + H - e = 1 + 2 - 0.83 = 2.17 \text{(m)}$$

图 1-16 水平底边矩形闸门

(2) 用解析法求解。建立直角坐标系如图 1-16 所示，沿着受压面垂直于水面并远离水面的方向建立的是 y 轴且为其正方向，平行于水面向右垂直于 y 轴的为 x 轴且为其正方向，二者与水面同时相交的点为原点 O。则形心点 C 的坐标为 $C(x_C, y_C)$，由题意找到 x_C 和 y_C 的具体值，即

$$x_C = 1.5 \text{ m}, \quad y_C = h_1 + \frac{H}{2} = 1 + \frac{2}{2} = 2\text{(m)}$$

由式(1-15)可得静水总压力大小为

$$P = \gamma h_C A = \gamma \left(h_1 + \frac{H}{2}\right)(H+b) = 9.8 \times 10^3 \times \left(1 + \frac{2}{2}\right)(2 \times 3) = 1.176 \times 10^5 (\text{N}) = 117.6 (\text{kN})$$

静水总压力 P 的方向垂直指向闸门平面。由式(1-17)得压力中心 D 距自由表面的位置为

$$y_D = y_C + \frac{J_{Cx}}{y_C A} = \left(h_1 + \frac{H}{2}\right) + \frac{\frac{bH^3}{12}}{\left(h_1 + \frac{H}{2}\right)(H \times b)}$$

$$\left(1 + \frac{2}{2}\right) + \frac{\frac{3 \times 2^3}{12}}{\left(1 + \frac{2}{2}\right)(2 \times 3)} = 2 + \frac{24}{144} = 2.17(\text{m})$$

小 结

本模块主要介绍了静水力学的基本知识，重点在于静水压强及静水总压力。其中静水压强的垂直性与等值性，贯穿模块始终；静水压强的单位换算以及静水压强分布图的绘制原理方法，是其中一部分重点；静水总压力的计算方法——图解法和解析法是第二个重点内容。虽然本模块的理论较性强，在有一定的基础上理解起来较为容易。

复习思考题

1. 静水压强的特性以及其常用的单位有哪几种？
2. 一矩形闸门两边受到水的压力，左边水深 $h_1 = 3.0$ m，右边水深 $h_2 = 2.0$ m，闸门与水平面成 $\alpha = 45°$ 倾斜角，且闸门高为 1 m，假定闸门宽度 $b = 1$ m，试求作用在闸门上的静水总压力及其作用点。
3. 绘出图 1-17 中 ABC 平面壁上的静水压强的相对压强分布图。
4. 如图 1-18 所示的 AB 板，求其上的单宽面积上的静水总压力及其作用点距离水面的高度 h_D，并要求绘制出静水压强分布图。

图 1-17 习题 3 图　　　　　　　　　　图 1-18 习题 4 图

模块二 水动力学

学习目标

了解描述液体运动的两种方法，认识迹线和流线的区别；

掌握水力三要素及其关系；

掌握水动力学的三大方程，并充分了解能量方程的物理意义、几何意义及其水力学意义。

能力目标

能够应用能量方程及连续性方程解题；

能够通过上述的方程求解水流的方向、水头损失、流速、流量和作用水头。

学习重点

水力三要素、连续性方程、能量方程。

本模块内容是研究液体机械运动的基本规律及其在工程中的初步应用。根据物理学和理论力学中的质量守恒原理、牛顿运动定律及动量定理等，建立水动力学的基本方程，分别为连续性方程、能量方程和动量方程，为后续各章的学习奠定理论基础。

研究液体的运动规律，也就是要确定描述液体运动状态的物理量，如速度、加速度、压强、切应力等运动要素随空间与时间的变化规律以及相互关系。

单元一 概 述

一、描述液体运动的两种方法

描述液体运动的规律的方法有拉格朗日(J. L. Lagrange)法和欧拉(L. Euler)法两种。

1. 拉格朗日法

拉格朗日法是以液体运动质点为对象，研究这些质点在整个运动过程中的轨迹(称为迹线)以及运动要素随时间的变化规律。每个质点运动状况的总和就构成了整个液体的运动。所以，这种方法与一般力学中研究质点与质点系运动的方法相同。

由于液体质点的运动轨迹非常复杂，用拉格朗日法分析流动，在数学上会遇到很多的困难，同时，实用上一般也不需要知道给定质点的运动规律，所以除少数情况外(如研究波浪运动)，水力学通常不采用这种方法，而采用较简便的欧拉法。

2. 欧拉法

欧拉法是将液体当作连续介质，以充满运动质点的空间——流场（Flow Field）为对象，研究各时刻流场中不同质点运动要素的分布与变化规律，即以不同液体质点通过固定空间位置或空间点时的运动情况来了解整个水流空间内的流动情况，而非直接追踪给定质点在某时刻的位置及其运动状况。该方法也称为流场法。

由于欧拉法适用于研究宏观水体的运动情况，因此学习该方法具有重要的意义。

总的来说，拉格朗日法是研究单个液体质点在不同时刻的运动情况，而欧拉法则是研究同一时刻若干个质点在不同空间位置的运动情况。前者以迹线描述；后者以流线描述。

具体来说，迹线是单个液体质点在某一时段内的运动轨迹线；而流线则是某一瞬时的空间流场中，表示该瞬时各个质点流动方向的曲线，流线上各点在该瞬时的流速矢量都和流线相切，流线是假想的线，而迹线则是实际存在的线。

二、液体运动的基本概念

1. 流量

单位时间内通过过水断面的液体体积称为流量，以 Q 表示。流量的单位是米³/秒（m^3/s）或升/秒（L/s）等。其表达式为

$$Q = v \cdot A \tag{2-1}$$

2. 断面平均流速

某一时刻通过某一断面的液体质点的平均速度，称为断面平均流速，单位为 m/s。其表达式为

$$v = \frac{Q}{A} \tag{2-2}$$

注：一般断面流速分布不易确定，因此确定断面平均流速 v 即可。

3. 水力三要素

在水力学中，水力三要素的应用比较广泛，它们分别为过水断面面积 A、湿周 χ 和水力半径 R。

(1) 过水断面面积。与微小流束或总流的流线正交的横断面，称为过水断面。其中，微小流束是指横截面无限小的横断面，而总流则是指无数微小流束的总和或几何汇总。过水断面面积以 dA 或 A 表示，国际单位为 m^2。

(2) 湿周。在水流过水断面上水（或液体）与固体边界相接触的周界线的长度，称为湿周，用 χ 表示，国际单位为 m。

(3) 水力半径。过水断面面积与湿周之比称为水力半径，用 R 表示，国际单位为 m。即

$$R = \frac{A}{\chi} \tag{2-3}$$

对一个断面来说，过水断面面积越大，其过水能力越强；反之亦然。可是相同过水面积，若形状不同（规则的如圆形、梯形、正方形和长方形等），其过水能力也不一样，这是因为它们随断面形状不同有不同长度的湿周，而长的湿周必然产生较大的粘滞阻力，因此相应的过水能力就变小。由式(2-3)可知，水力半径是更为鲜明的反映过水能力强弱的一个特征量，水力半径越大，则过水能力越大；反之，则过水能力越小。

三、运动液流的分类

1. 恒定流与非恒定流

若流场中所有空间点上一切运动要素都不随时间改变,这种流动称为恒定流。否则,就称为非恒定流。其中,各运动要素包括流速、流向、动水压强、加速度和泥砂等。通常在实际工程中,平水期和枯水期,河道中的水位、流速和流量等随着时间变化缓慢,可以近似认为是恒定流。当洪水期到来时,由于上游洪峰的影响,使河道中的水位、流速和流量等随着时间发生显著的变化,则属于非恒定流。

2. 均匀流与非均匀流

根据流线形状不同可将液体流动分为均匀流与非均匀流两种。若各个流线是彼此平行的直线,这种流动就称为均匀流;否则,称为非均匀流。也可以理解为各个水流的运动要素不随空间位置的变化而变化的水流,则是均匀流;反之,为非均匀流。在非均匀流中又可以分为渐变流(也称缓变流)和急变流两种水流形态。

3. 有压流和无压流

水流运动按受力来源的不同可以分为两类:一是受外界压力作用而流动的液流,称为压力流,也就是有压流;二是在自身的重力作用下流动的液流,称为无压力流,也称为自由流。有压流经常发生在充满液体的封闭管道里,如自来水管、水电站的压力管中等,而无压流则是具有自由液面的液流,它在自由表面处受到大气压力的作用,其实所谓无压流也并非绝对的不受压力的作用,如渠道、河流以及未充满管道排水管中的水流,都被称为无压流。

单元二 恒定流的连续性方程

液体的连续性方程是水力学的一个基本方程,它是质量守恒原理在水力学中的应用。即在连续的不可压缩液体恒定流中,任意两个过水断面所通过的流量相等。

从液流中任取一段(图 2-1),其进口过水断面 1—1 面积为 A_1,出口过水断面 2—2 面积为 A_2;再从中任取一元流,其进口过水断面为 dA_1,流速为 u_1,出口过水断面积为 dA_2,流速为 u_2。

由于:

在恒定流条件下,元流的形状与位置不随时间改变;另外不可能有液体经元流侧面流进或流出;最后已经假定液体是连续介质,元流内部不存在空隙。所以由质量守恒

图 2-1 水流流动模拟图

原理,单位时间内流进 dA_1 的质量等于流出 dA_2 的质量,因元流过水断面很小,可认为密度和速度是均布的,即

$$\rho_1 u_1 dA_1 = \rho_2 u_2 dA_2 = 常数 \tag{2-4}$$

对于不可压缩的液体,密度 $\rho_1 = \rho_2 = 常数$,则有

$$u_1 dA_1 = u_2 dA_2 = dQ \tag{2-5}$$

这就是元流的连续性方程。它表明：不可压缩元流的流速与其过水断面面积成反比，因而流线密集的地方流速大，而流线稀疏的地方流速小。

总流是无数个元流之和，将元流的连续性方程在总流过水断面上积分可得总流的连续性方程：

$$\int dQ = \int_{A_1} u_1 dA_1 = \int_{A_2} u_2 dA_2$$

由断面的平均流速 v_1 和 v_2，则有

$$v_1 A_1 = v_2 A_2 = Q \tag{2-6}$$

这就是不可压缩恒定流的连续性方程，它在形式上与元流的连续性方程相似，应注意的是，总流是以断面平均流速 v 代替点流速 u。式(2-6)表明，不可压缩液体的恒定总流中，任意两过水断面，其平均流速与过水断面面积成反比。

应该指出的是：

(1)连续性方程是不涉及任何作用力的方程，所以，它无论对于理想液体或实际液体都适用。

(2)连续性方程不仅适用于恒定流条件下，而且在边界固定的管流中，即使是非恒定流，对于同一时刻的两过水断面仍然适用。当然，非恒定管流中流速与流量都要随时间改变。

上述水流的连续性方程是在流量沿程不变的条件下导出的。若沿程有流量汇入或分出，则总流的连续性方程在形式上需作相应的修正。如图 2-2 所示的情况，有

$$Q_1 = Q_2 + Q_3 \tag{2-7}$$

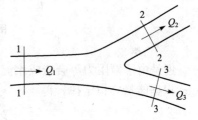

图 2-2 水流分流示意图

【例 2-1】 直径 d 为 200 mm 的输水管道中有一变截面管段(图 2-3)，若测得管内流量 Q 为 10 L/s，变截面弯管段最小截面处的断面平均流速 $v_0 = 5.075$ m/s，求输水管的断面平均流速 v 及最小截面处的直径 d_0。

解：由于 $Q = vA$，则

$$v = \frac{Q}{\frac{1}{4}\pi d^2} = \frac{10 \times 10^{-3}}{\frac{1}{4} \times 3.14 \times 0.2^2} = 0.32 \text{(m/s)}$$

图 2-3 水流变直径管段图

根据式(2-6)可得

$$d_0^2 = \frac{v}{v_0} d^2 = \frac{0.32}{5.075} \times 0.2^2 = 0.002\ 522 \text{(mm)}$$

所以，$d_0 = 0.050\ 2$ m $= 50$ mm。

单元三　恒定流的能量方程

一、液流的能量转化现象

如图 2-4 所示，当阀门关闭时，管内为静水，即水箱和管道系统中的水处于静止状态，管中各点的测压管水面与水箱水面同高，即此时，管中各点具有的位置高度和压强高度之

和为一常数，即

$$E = z + \frac{p}{\gamma} = C \tag{2-8}$$

其中的 E 是总的机械能。而当阀门打开时，水从管端流出，管中任意一个测压管中水面均出现了相应的下降。如果阀门开度一定，并维持水箱水位不变，水流即做恒定流动，这时各测压管水面均在一定的高度上稳定下来，此时管中任意一个截面中单位重力的液体能量 E 为

$$E = z + \frac{p}{\gamma} + \frac{\alpha u^2}{2g} \tag{2-9}$$

图 2-4 平水水箱连管示意图

但是由于摩阻力等会造成水流动过程中的能量损失 h_w，所以任意两截面之间能量差即 h_w；根据能量守恒定律，得

$$z_1 + \frac{p_1}{\gamma} + \frac{\alpha_1 u_1^2}{2g} = z_2 + \frac{p_2}{\gamma} + \frac{\alpha_2 u_2^2}{2g} + h_w \tag{2-10}$$

式(2-10)也可以理解为：实际液体具有黏性，在流动过程中须克服内摩擦阻力作功，消耗一部分机械能，使之不可逆地转变为热能等能量形式而耗散掉，因而液流的机械能沿程减小。设 h_w 为恒定流单位重量液体从 1—1 过水断面流至 2—2 过水断面的机械能损失，称为水头损失，根据能量守恒原理，实际液体的能量方程应为

$$z_1 + \frac{p_1}{\gamma} + \frac{\alpha_1 u_1^2}{2g} = z_2 + \frac{p_2}{\gamma} + \frac{\alpha_2 u_2^2}{2g} + h_w$$

式(2-10)也称伯诺里方程(Bernoulli's Equation)，其中水头损失 h_w 也具有长度的单位的量。

二、恒定流能量方程的意义

式(2-10)是水力学中极为重要的方程，它反映恒定总流能量转化与质量守恒定律，同时，也表达了各项运动要素之间的关系。

伯诺里方程中的各项的物理意义和几何意义，归纳如下：

z_1、z_2——总流过水断面上任意选取的 1—1、2—2 上任意一点的位置高度，也称该点的单位位能，或称比位能、该点的单位位置水头。

$\frac{p_1}{\gamma}$、$\frac{p_2}{\gamma}$——总流过水断面上 1—1、2—2 上选取的任意点处的压强高度，也称该点的单位压能，或称比压能、该点的单位压力水头。

$\frac{\alpha u_1^2}{2g}$、$\frac{\alpha u_2^2}{2g}$——总流过水断面上 1—1、2—2 断面上任取的同一点的速度高度，也称该点的单位动能，或称比动能、该点的单位流速水头。

$z_1+\dfrac{p_1}{\gamma}$、$z_2+\dfrac{p_2}{\gamma}$——总流过水断面上1—1、2—2断面同一研究点的单位势能,又称比势能,或称单位测压管水头。

$z_1+\dfrac{p_1}{\gamma}+\dfrac{\alpha_1 u_1^2}{2g}$、$z_2+\dfrac{p_2}{\gamma}+\dfrac{\alpha_2 u_2^2}{2g}$——总流过水断面上1—1、2—2断面的单位总机械能,又称总比能或称单位总水头,通常用E或H表示。
(单位均采用长度单位表示)

h_w——单位重量液体从1—1断面流向2—2断面所散失的平均总机械能,也称单位总能量损失,或称水头损失。

三、水力坡度

实际液体的伯诺里方程中各项及总水头、测压管水头的沿程变化可用几何曲线来表示。
设想恒定流各过水断面放置测压管与测速管,各测压管液面的连线称为测压管水头线,记为PHL;而各测速管液面的连线称为总水头线,记为THL。这两条线清晰地显示了液流三种能量及其组合的沿程变化过程。该图也称液体的水头线图(图2-5)。

图2-5 元流各种水头线示意图

由于实际液体在流动中总机械能沿程减小,所以实际液体的总水头线总是沿程下降的;而测压管水头线可能下降、水平或上升,这取决于水头损失及动能与势能相互转化的情况。

水流总水头线沿程下降的快慢可用总水头线的坡度J表示,称为水力坡度或水力梯度。它表示单位质量液体沿水流程单位长度上的能量损失,即

$$J=-\dfrac{\mathrm{d}H}{\mathrm{d}L}=\dfrac{\mathrm{d}h_w}{\mathrm{d}L} \tag{2-11}$$

四、恒定流的能量方程的应用条件及注意事项

恒定流的能量方程在解决实际水力学的问题中被广泛应用,然而应用时也受到一些条件的制约,因此注意应满足以下条件:
(1)液流必须是恒定流。
(2)液体为不可压缩液体,即其密度沿程保持不变。
(3)在所选取的两个过水断面上,应该符合渐变流条件,但在所取的两个断面之间,液

流可以不是渐变流。

(4)作用在液体上的质量力只有重力,没有其他惯性力的作用。

(5)在所取的两个过水断面之间,流量保持不变,其间没有流量加入或分出。但因为能量方程研究的是单位重量液体的能量平衡问题,所以通常地,对于沿程有流量流入或流出的情况,仍可以分别对每一支流建立能量方程。

(6)两过水断面之间除水头损失外,总流没有能量的输入或输出。但当总流在两断面之间通过水泵、风机或水轮机等流体机械时,流体额外地获得或失去能量,则总流的伯诺里方程应作如下的修正:

$$z_1 + \frac{p_1}{\gamma} + \frac{\alpha_1 v_1^2}{2g} \pm H_m = z_2 + \frac{p_2}{\gamma} + \frac{\alpha_2 v_2^2}{2g} + h_w \tag{2-12}$$

式中 $+H_m$——单位质量流体流过水泵、风机所获得的能量;

$-H_m$——单位质量流体流经水轮机所失去的能量。

另外,应用能量方程解决实际问题时,必须注意以下几点:

(1)注意液流应该为恒定流,若渐变流也可,选取渐变流过水断面,应将渐变流过水断面取在已知参数较多的断面上,并使伯诺里方程含有所要求的未知数。

(2)过水断面上的计算点原则上可任取,这是由于断面上各点势能 $z + \frac{p}{\gamma} = $常数,而且断面上各点平均动能 $\frac{\alpha v^2}{2g}$ 相同。为方便起见,通常对于管流取在管轴线上,明渠流取在自由液面上,如图2-6、图2-7所示。

图2-6 明渠流位置一

图2-7 明渠流位置二

(3)方程中动水压强 p_1 与 p_2,原则上可取绝对压强,也可取相对压强,但对同一问题必须采用相同的标准。在一般水力计算中,以取相对压强为宜。

(4)基准面可任意选取,但对于两个过水断面必须选取同一基准面,通常使 $z \geqslant 0$,计算才能更方便。

(5)建立能量方程求解时,要注意方程两端的动能修正系数 α_1 和 α_2 一般可近似取为1.0。如果所列能量方程中的未知量不止一个,则可以考虑用恒定流连续性方程和后面将要讲到的恒定流动量方程联立求解。

【例2-2】 自流管从水库取水(图2-6),已知 $H = 12$ m,管径 $d = 100$ mm,水头损失 $h_w = 8 \frac{v^2}{2g}$,求自流管流量 Q。

解：(1) 0—0 基准面如图 2-6 中下游水面。
(2) 取渐变流端断面（图 2-6）。
(3) 代表点：两个断面与水面的交点。
(4) 建立能量方程：

$$z_1 + \frac{p_1}{\gamma} + \frac{\alpha_1 v_1^2}{2g} = z_2 + \frac{p_2}{\gamma} + \frac{\alpha_2 v_2^2}{2g} + h_w$$

$$H + 0 + 0 = 0 + 0 + 0 + h_w$$

$$H = h_w = 8\frac{v^2}{2g}$$

$$v = 5.42 \text{ m/s} \qquad Q = vA = 42.6 \text{ L/s}$$

另外要说明一点，能量方程还有两方面的应用，即在流速和流量的测量中，也就是在毕托管装置中和文丘里流量计中的应用，可以参阅相关的书籍。

五、水流阻力与水头损失

水流边界的不同，对断面流速的分布具有很大的影响，进而影响流动阻力和水头损失。实际液体在运动时，一定能够产生能量损失，只有确定水流阻力所产生的水头损失 h_w 之后，能量方程才具有实用意义。

为了便于计算，根据流动边界情况，把水头损失 h_w 分为沿程水头损失 h_f 和局部水头损失 h_j 两种形式。即

$$h_w = \sum_{i=1}^{n} h_{fi} + \sum_{k=1}^{m} h_{jk} \tag{2-13}$$

1. 沿程阻力和沿程水头损失

当流动的固体边界使液体作均匀流动（如长直管道或长直明渠）时，水流阻力中只有沿程不变的切应力，称为沿程阻力（或摩擦力）；克服沿程阻力作功而引起的水头损失则称为沿程水头损失，以 h_f 表示。沿程阻力的特征是沿流程连续分布，因而，沿程损失的大小与流程的长短成正比。由伯诺里方程得出均匀流的沿程水头损失为

$$h_f = h_w = \left(z_1 + \frac{p_1}{\gamma}\right) - \left(z_2 + \frac{p_2}{\gamma}\right)$$

此时用于克服阻力所消耗的能量由势能提供，从而总水头线坡度 J 沿程不变，总水头线是一条直线。

当液体作较接近于均匀流的渐变流动时（如明渠渐变流），水流阻力虽已不是全部但却主要为沿程阻力，此时沿程阻力的大小如同流速分布一样，沿程发生变化。可将十分接近的两过水断面之间的渐变流动看作是均匀流动，并引用均匀流的沿程水头损失计算公式进行计算。即

$$h_f = \lambda \cdot \frac{l}{4R} \cdot \frac{v^2}{2g} \tag{2-14}$$

式(2-14)是沿程水头损失的通用公式，对于圆管流而言，$d = 4R$，所以式(2-14)则为

$$h_f = \lambda \cdot \frac{l}{d} \cdot \frac{v^2}{2g} \tag{2-15}$$

式(2-15)也称达西公式，利用达西公式计算沿程水头损失的问题也就往往集中在求沿程阻力系数 λ 的问题上来。有关确定 λ 值的公式和图表，很多很烦琐，使用时要格外慎重，

限于篇幅，本教材略。

而对于明渠均匀流中不是渐变流流动时，沿程水头损失，常采用法国工程师谢才的经验公式进行计算，即

$$v = C\sqrt{RJ} \tag{2-16}$$

或

$$h_f = \frac{v^2 l}{C^2 R} \tag{2-17}$$

式中 C——谢才系数($m^{1/2}/s$)；

R——水力半径(m)；

J——水力坡度，即 $J=h_f/l$。

值得说明的是，谢才公式可应用于明渠，也可以应用于管流。其中，该公式中的谢才系数的计算方式也层出不穷，满宁公式是较为普遍的用来计算 C 的公式之一，即

$$C = \frac{1}{n}R^{1/6} \tag{2-18}$$

式中 n——糙率，由实测或查表确定。

满宁公式适用于 $n \leqslant 0.02$，$R \leqslant 0.5\ m$ 的管道和小河渠，各种管道的 n 值见表2-1、表2-2。

表2-1 人工管道的糙率 n 值

管道类别	n
带釉缸瓦管	0.013
混凝土和钢筋混凝土管(或用混凝土或钢筋混凝土衬砌的隧洞)	0.013～0.014
石棉水泥管	0.012
铸铁管	0.013
钢管	0.012
未加衬砌的隧道	0.025～0.033
部分衬砌的隧洞	0.022～0.030

表2-2 综合反映壁面对水流阻滞作用的糙率

等级	槽壁种类	n	$\frac{1}{n}$
1	涂复珐琅或釉质的表面。极精细刨光而拼合良好的木板	0.009	111.1
2	刨光的木板。纯粹水泥的粉饰面	0.010	100.0
3	水泥(含$\frac{1}{3}$细砂)粉饰面。(新)的陶土、安装和接合良好的铸铁管和钢管	0.011	90.9
4	未刨的木板，而拼合良好。无显著积垢的给水管；极洁净的排水管；极好的混凝土面	0.012	83.3
5	琢磨石砌体；极好的砖砌体，正常的排水管；略微污染的给水管；非完全精密拼合的未刨的木板	0.013	76.9
6	"污染"的给水管和排水管，一般的砖砌体，一般情况下渠道的混凝土面	0.014	71.4
7	粗糙的砖砌体，未琢磨的石砌体，有修饰的表面，石块安置平整，有污垢的排水管	0.015	66.7
8	普通块石砌体；旧破砖砌体；较粗糙的混凝土；光滑的开凿得极好的崖岸	0.017	58.8

续表

等级	槽壁种类	n	$\frac{1}{n}$
9	覆有坚厚淤泥层的渠槽,用致密黄土和致密卵石做成而为整片淤泥层所覆盖的良好渠槽	0.018	55.6
10	很粗糙的块石砌体;用大块石干砌;卵石铺筑面。岩山中开筑的渠槽。黄土、致密卵石和致密泥土做成而为淤泥薄层所覆盖的渠槽(正常情况)	0.020	50.0
11	尖角的大块乱石铺筑;表面经过普通处理的岩石渠槽;致密黏土渠槽。黄土、卵石和泥土做成而非为整片的(有些地方断裂的)淤泥薄层所覆盖的渠槽,中等养护的大型渠槽	0.022 5	44.4
12	中等养护的大型土渠;良好的养护的小型土渠。小河和溪闸(自由流动无淤塞和显著水草等)	0.025	40.0
13	中等条件以下的大渠道和小渠槽	0.027 5	40.0
14	条件较差的渠道和小河(如有些地方有水草和乱石或显著的茂草,有局部的坍坡等)	0.030	33.3
15	条件很差的渠道和小河,断面不规则,严重地受到石块和水草的阻塞等	0.035	28.6
16	条件特别差的渠道和小河(沿河有崩崖的巨石、绵密的树根、深潭、坍岸等)	0.04	25.0

应该注意的是,谢才公式中的 C 和达西公式中的 λ 是从不同的实验成果中总结出来的。因此,用谢才公式和达西公式计算同一个问题时,计算的结果并不相同。对于管流,一般应采用达西公式;而对于明渠,一般宜采用谢才公式计算。

2. 局部阻力与局部水头损失

在流道边界发生突变的局部区域,液流因固体边界急剧改变而引起速度分布的急剧改变,由此产生的阻力称为局部阻力。流体由于克服局部阻力而造成的相应的水头损失称为局部水头损失,以 h_j 表示。它一般发生在水流边界突变处附近,如图 2-8 中所示的水流经过"弯头""缩小""放大"及"闸门"等处。

图 2-8 水流流经各管段的示意图

局部水头损失产生的机理较为复杂,局部突变种类也很多,主要有断面突变型、流向改变型、局部障碍型和流量变化型四种。其中,除少部分情况可以采用理论方法计算外,绝大多数局部地段的水头损失,都是通过实验的方法来确定,计算局部水头损失的通用公式为

$$h_j = \xi \frac{v^2}{2g} \tag{2-19}$$

式中 ξ——局部水头损失系数,是无量纲的量。

通常，不同的边界变化情况，有不同的局部水头损失系数，其值由实验确定，一般计算时，ξ值可以查阅专用计算手册，使用ξ值时应该注意与之相对应的流速水头，见表2-3、表2-4。

表 2-3 断面扩大管水头损失

断面逐渐扩大管　　$h_j = \xi \dfrac{(v_1 - v_2)^2}{2g}$

D/d \ θ/(°)	2	4	6	8	10	15	20	25	30	35	40	45
1.1	0.01	0.01	0.01	0.02	0.03	0.05	0.10	0.13	0.16	0.18	0.19	0.20
1.2	0.02	0.02	0.02	0.03	0.04	0.09	0.16	0.21	0.25	0.29	0.31	0.33
1.4	0.02	0.03	0.03	0.04	0.06	0.12	0.23	0.30	0.36	0.41	0.44	0.47
1.6	0.03	0.03	0.04	0.05	0.07	0.14	0.26	0.35	0.42	0.47	0.51	0.54
1.8	0.03	0.04	0.04	0.05	0.07	0.15	0.28	0.37	0.44	0.50	0.54	0.58
2.0	0.03	0.04	0.04	0.05	0.07	0.16	0.29	0.38	0.45	0.52	0.56	0.60
2.5	0.03	0.04	0.04	0.05	0.08	0.16	0.30	0.39	0.48	0.54	0.58	0.62
3.0	0.03	0.04	0.04	0.05	0.08	0.16	0.31	0.40	0.48	0.55	0.59	0.63

表 2-4 缩小管水头损失

突然缩小管 $h_j = \xi \dfrac{v_2^2}{2g} = 0.5\left[1 - \left(\dfrac{d}{D}\right)^2\right]\dfrac{v_2^2}{2g}$	$A_2/A_1 (= (d/D)^2)$	0.01	0.1	0.2	0.3	0.4	0.5
	ξ	0.50	0.45	0.40	0.35	0.30	0.25
	$A_2/A_1 (= (d/D)^2)$	0.6	0.7	0.8	0.9	1.0	
	ξ	0.20	0.15	0.10	0.05	1.00	
断面逐渐缩小管 $h_j = \xi \dfrac{v_2^2}{2g}$	D_2/D_1	0.0	0.1	0.2	0.3	0.4	0.5
	ξ	0.50	0.45	0.42	0.39	0.36	0.33
	D_2/D_1	0.6	0.7	0.8	0.9	1.0	
	ξ	0.28	0.22	0.15	0.06	0.00	

管路进口圆角进口　ξ=0.05～0.25

直角进口　ξ=0.5　　$h_j = \xi \dfrac{v^2}{2g}$

内插进口　ξ=1.0

综上所述，沿程水头损失和局部水头损失，都是由于液体在运动过程中克服阻力做功而引起的，但又具有不同的特点。沿程阻力主要显示为"摩擦阻力"的性质。而局部阻力主要是因为固体边界形状突然改变,从而引起水流内部结构遭受破坏,产生漩涡,以及在局部阻力之后,水流还要重新调整整体结构适应新的均匀流条件的过渡过程所造成的。

管路或明渠中的水流阻力都是由几段等直径圆管或几段几何形状相同的等截面渠道的沿程阻力和以断面形式急剧改变引起的局部阻力所组成。因此,流段两截面之间的水头损失可以表示为两截面之间的所有沿程损失和所有局部损失的总和,即式(2-13)所列。

【例 2-3】 有一管径不同的管路,水从大型的水箱流入水管,管路连接情况如图 2-9 所示,已知 $d_1=150$ mm,$\lambda_1=0.037$,$l_1=25$ m;$d_2=125$ mm,$\lambda_2=0.039$,$l_2=25$ m,阀门开启度 $\frac{a}{d_2}=0.5$,需要输送的流量 $Q=25$ L/s。求:(1)沿程总水头损失 $\sum h_f$;(2)局部总水头损失 $\sum h_j$;(3)若保持输水量 Q 所需要的水头 H。

图 2-9 管径不同的管路

解:(1)计算沿程总水头损失 $\sum h_f$。

$$\sum h_f = h_{f1} + h_{f2}$$

$$h_{f1} = \lambda_1 \cdot \frac{l_1}{d_1} \cdot \frac{v_1^2}{2g}$$

$$h_{f2} = \lambda_2 \cdot \frac{l_2}{d_2} \cdot \frac{v_{21}^2}{2g}$$

$$Q = 25 \text{ L/s} = 0.025 \text{ m}^3/\text{s}$$

$$v_1 = \frac{Q}{A_1} = \frac{0.025}{\frac{\pi \cdot 015^2}{4}} = 1.415 \text{(m/s)}$$

$$v_2 = \frac{Q}{A_2} = \frac{0.025}{\frac{\pi \cdot 0.125^2}{4}} = 2.04 \text{(m/s)}$$

$$\sum h_f = h_{f1} + h_{f2} = 0.037 \times \frac{25}{0.15} \times \frac{1.415^2}{2 \times 9.8} + 0.039 \times \frac{25}{0.125} \times \frac{2.04^2}{2 \times 9.8} = 0.63 + 1.66 = 2.29 \text{(m)}$$

(2)计算局部总水头损失 $\sum h_j$,局部水头损失产生的部位:一是水箱进水管;二是两管道接口处;三是阀门出口位置,因此,由三部分组成所有的局部水头损失,即

$$\sum h_j = h_{j1} + h_{j2} + h_{j3}$$

$$h_j = \xi \frac{v^2}{2g}$$

进口局部损失系数的计算:由于是锐缘进口,查表 2-4 得进口局部损失系数 $\xi_1 = 0.5$,

故有

$$h_{j1} = \xi_1 \frac{v_1^2}{2g} = 0.5 \times \frac{1.415^2}{2 \times 9.8} = 0.051(\text{m})$$

管道断面突然缩小局部水头损失系数，查表2-4，计算如下：

$$\xi_2 = 0.5 \times \left(1 - \frac{A_2}{A_1}\right) = 0.5 \times \left(1 - \frac{d_2^2}{d_1^2}\right) = 0.5 \times \left(1 - \frac{0.125^2}{0.15^2}\right) = 0.15$$

$$h_{j2} = \xi_2 \frac{v_2^2}{2g} = 0.15 \times \frac{2.04^2}{2 \times 9.8} = 0.032(\text{m})$$

闸阀位置局部水头损失系数的计算：由于阀门半开，即 $\frac{a}{d_2} = 0.5$，查有关手册得闸阀局部损失系数 $\xi_3 = 2.06$，同时由于阀门半开，过水面积为临接管道面积的一半，因此此处由连续性方程知，流速 $v_3 = 2v_2 = 2 \times 2.04 = 4.08(\text{m/s})$，故有

$$h_{j3} = \xi_3 \frac{v_3^2}{2g} = 2.06 \times \frac{4.08^2}{2 \times 9.8} = 1.75(\text{m})$$

总的局部水头损失为

$$\sum h_j = h_{j1} + h_{j2} + h_{j3} = 0.051 + 0.032 + 1.75 = 1.83(\text{m})$$

(3) 要保持输水量需要的作用水头为

$$H = \sum_{i=1}^{n} h_{fi} + \sum_{k=1}^{m} h_{jk} + \frac{\alpha_3 v_3^2}{2g} = 2.29 + 1.83 + \frac{1 \times (4.08)^2}{2 \times 9.8} = 4.97(\text{m})$$

单元四　恒定流的动量方程

恒定流的动量方程是继连续性方程与能量方程之后，研究液体流动的又一基本方程，统称水力学三大方程。

恒定流的动量方程是动量定理在水流运动中的表达式，它可以解决工程实践中运动液体与固体边壁间的相互作用力问题。例如，闸门前水流对闸门的动水压力、弯道中水流对弯管的作用力等，均需要利用动量方程，该方程将运动液体与固体边壁间的作用力，直接与运动液体的动量变化联系起来，它的优点是不必知道流动范围内部的流动过程，而只需知道端面上的流动状况。

运动物体质量 m 与速度 u 的积，即动量 K，即 $K = mu$，动量是矢量，既有大小又有方向，根据动量定理则有：物体的动量变化率 $\frac{dK}{dt}$ 等于所受外力的合力 $\sum F$，即

$$\frac{dK}{dt} = \frac{d(\sum mu)}{dt} = \sum F$$

从恒定流中任取一束元流（图2-10），初始时刻在 $1-2$ 位置，经 dt 时段运动到 $1'-2'$ 位置，设通过过水断面 $1-1$ 与 $2-2$ 的流速分别为 u_1 与 u_2。

dt 时段内元流的动量增量 dK 等于 $1'-2'$ 段与 $1-2$ 段液体各质点动量的矢量和之差，由于恒定流公共部

图 2-10　元流演示图

分 $1'-2$ 段的形状与位置及其动量不随时间改变，因而，元流段的动量增量等于 $2-2'$ 段动量与 $1'-1$ 段动量之矢量差。根据质量守恒原理，$2-2'$ 段的质量与 $1'-1$ 段的质量相等（设为 dM），则元流的动量增量为

$$dK = dMu_2 - dMu_1 = dM(u_2 - u_1) \qquad (2-20)$$

对于不可压缩的液体，$dQ_1 = dQ_2 = dQ$，故有

$$dK = \rho dQdt(u_2 - u_1)$$

根据动量定理，得恒定元流的动量方程为

$$\rho dQ(u_2 - u_1) = F \qquad (2-21)$$

式中 F——作用在元流段 $1-2$ 上外力的合力。

总流的动量变化即总流中所有元流动量变化的矢量和。在分析过程中，用断面的平均流速 v 代替断面的流速分布 u，并引入一个动量修正系数 β，则有

$$\sum dK = \rho Qdt(\beta_2 v_2 - \beta_1 v_1) \qquad (2-22)$$

即

$$\frac{\sum dK}{dt} = \rho Q(\beta_2 v_2 - \beta_1 v_1)$$

根据质点系的动量定理，对于总流有 $\dfrac{\sum dK}{dt} = \sum F$，得

$$\sum F = \rho Q(\beta_2 v_2 - \beta_1 v_1) \qquad (2-23)$$

式中 $\sum F$——作用在总流段 $1-2$ 上所有外力的合力。

恒定总流的动量方程式(2-22)或式(2-23)表明，总流作恒定流动时，单位时间控制面内总流的动量变化（流出与流入的动量之差），等于作用在该控制面内所有液体质点的质量力与作用在该控制面上的表面力的合力。

恒定流动的动量方程不仅适用于理想液体，而且也适用于实际液体。

实际上，即使是非恒定流，只要流体在控制面内的动量不随时间改变，这一方程仍适用。

用动量方程解题的关键在于如何选取控制面，一般应将控制面的一部分取在运动液体与固体边壁的接触面上，另一部分取在渐变流过水断面上，并使控制面封闭。

因动量方程是矢量方程，故在实用上是利用它在某坐标系上的投影式进行计算。为方便起见，应使有的坐标轴垂直于不要求的作用力或动量（速度）。写投影式时应注意各项的正负号。

【例 2-4】 水流从喷嘴中水平射向一相距不远的静止固体壁面（这里即是顺坡渠道中出现挡水的台坎部分，直折角，台厚高度可以调整部位），接触壁面后分成两股并沿其表面流动，其水平图如图 2-11 所示。设固壁及其表面液流对称于喷嘴的轴线。若已知喷嘴出口直径 d 为 40 mm，喷射流量 Q 为 0.025 2 m³/s，求液流偏转角 θ 分别等于 60°、90° 与 180° 时射流对固壁的冲击力 R，并比较它们的大小。

解：利用总流的动量方程计算液体射流对固壁的冲击力。取渐变流过水断面 $0-0$、$1-1$ 与 $2-2$ 以及液流边界

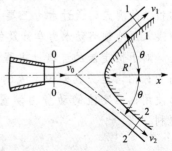

图 2-11 水流通过某台坎示意图

面所围的封闭曲面为控制面。

流入与流出控制面的流速，以及作用在控制面上的表面力如图 2-11 所示，其中 R' 是固体边壁对液流的作用力，即所求射流对固体边壁冲击力 R 的反作用力。因固壁及表面的液流对称于喷嘴的轴线，故 R' 位于喷嘴轴线上。控制面四周大气压强的作用因相互抵消而不需计算。同时，因只研究水平面上的液流，因此与其正交的重力也不必考虑。

现选喷嘴轴线为 x 轴（设向右为正）。

若略去水平面上液流的能量损失，则由总流的能量方程得

$$v_1 = v_2 = v_0 = \frac{Q}{\frac{1}{4}\pi d^2} = \frac{0.025\,2}{\frac{1}{4} \times 3.14 \times 0.04^2} = 20(\text{m/s})$$

因液流对称于 x 轴，故 $Q_1 = Q_2 = Q/2$。取 $\beta_1 = \beta_2 = 1$。规定动量及力的投影与坐标轴同向为正，反向为负。总流的动量方程在 x 轴上的投影为

$$\frac{\rho Q}{2} v_0 \cos\theta + \frac{\rho Q}{2} v_0 \cos\theta - \rho Q v_0 = -R'$$

得
$$R' = \rho Q v_0 (1 - \cos\theta)$$

而 $R = -R'$，即两者大小相等，方向相反。

由上式得：

当 $\theta = 60°$ 时（固壁凸向射流），有
$$R = R' = 1\,000 \times 0.025\,2 \times 20 \times 1 \times (1 - \cos 60°) = 252(\text{N})$$

当 $\theta = 90°$ 时（固壁为垂直平面），有
$$R = R' = 1\,000 \times 0.025\,2 \times 20 \times 1 \times (1 - \cos 90°) = 504(\text{N})$$

当 $\theta = 180°$ 时（固壁凹向射流），有
$$R = R' = 1\,000 \times 0.025\,2 \times 20 \times 1 \times (1 - \cos 180°) = 1\,008(\text{N})$$

由此可见，三种情况以 $\theta = 180°$ 时（固壁凹向射流）的 R 值最大。斗叶式水轮机的叶片开状就是根据这一原理设计的，以求获得最大的冲击力与输出功率。当然，此时叶片并不固定而作圆周运动，有效作用力应由相对速度所决定。

小 结

本模块围绕动水力学三个基本方程展开的，通过研究液体运动的两种方法入手，阐述欧拉法的观点，通过水力三要素尤其是水力半径这个要素，以及水力坡度等概念的认识，由浅入深地领略动水力学涉及的相关知识。

对于恒定流的连续性方程，由质量守恒而来，简单明了的公式可以解决动水的很多问题；伯诺里方程即恒定流的能量方程，由能量守恒转变而来，它经常与连续性方程一起使用；恒定流的动量由动量定理而来，通常也是和连续性方程结合在一起使用较为便利。

复习思考题

一、简答题

1. 流线和迹线有何区别？流线的两个特征是什么？
2. 恒定流和均匀流有什么区别？
3. 什么是渐变流？什么是急变流？
4. 水力三要素指的是什么？它们之间有什么关联？
5. 液流的水头损失分为哪几种？水头损失引起的原因分别是什么？各种水头损失的通用公式是什么？
6. 什么叫作水力坡度？什么叫作测压管坡度？
7. 什么是总水头线？什么是测压管水头线？
8. 描述液体运动的方法有哪两种？
9. 动水力学基本方程分别是哪几个？其方程式是怎么表述的？
10. 利用恒定流的能量方程解决问题的条件及实施步骤分别是什么？

二、计算题

1. 有一过水断面为矩形的人工渠道，其宽度 B 等于 1 m。测得断面 1—1 与 2—2 处的水深 $h_1=0.6$ m，$h_2=0.3$ m。若断面平均流速 v_2 等于 2 m/s，试求通过此渠道的流量 Q 及断面 1—1 的平均流速 v_1。

2. 一直径 D 为 1 m 的盛水圆筒铅垂放置，现接出一根直径 d 为 20 cm 的水平管子。已知某时刻水管中断面平均流速 v_2 等于 3 m/s，求该时刻圆筒中液面下降的速度 v_1。

3. 有三个不同直径的水管串联，其直径顺序分别为 $d_1=40$ mm，$d_2=100$ mm，$d_3=120$ mm，若断面平均流速 $v_1=5$ m/s，求其他管中的水流速度 v_2、v_3。

4. 一矩形断面平底的渠道，其宽度 B 为 2.7 m，河床在某断面处抬高 0.3 m，抬高前的水深为 1.5 m，抬高后水面降低 0.12 m。若水头损失 h_w 为尾渠流速水头的一半，问流量 Q 等于多少？

5. 一变直径管道，如图 2-12 所示，已知断面 1 的直径 $d_1=150$ mm，其中心点压强 $P_1=78.4$ kN/m²。断面 2 的直径 $d_2=300$ mm，其中心点压强 $P_2=68.6$ kN/m²，断面 2 的平均流速 $v_2=2$ m/s。两断面中心点高差 $h=0.8$ m，试确定管中的水流方向，并计算两断面之间的水头损失 h_w。

图 2-12　计算题 5 图

三、拓展题

将下列各题的正确选项填写到括号内。

1. 过水断面（　　）。
   A. 恒为平面　　　　　　　　　　B. 恒为曲面
   C. 流线互相平行时是平面　　　　D. 流线为直线时是平面

2. 测压管水头线沿着流程(　　)。
A. 恒下降
B. 可上升可下降
C. 与总水头线一直平行
D. 在明渠均匀流中可以上升也可以下降

3. 伯诺里方程的适用条件(　　)。
A. 上、下断面间必须是均匀流或渐变流
B. 两端过水断面处必须是均匀流或渐变流
C. 水流不受是否为恒定流的限制
D. 上、下两断面间必须是有压流

4. 在应用伯诺里方程时，(　　)。
A. 基准面必须取在计算断面的最低点
B. 基准面必须取在最低计算点处
C. 基准面必须与高程系统基准面保持一致
D. 基准面可以任意选取

5. 沿程水头损失的通用公式即达西公式 $h_f = \lambda \cdot \dfrac{l}{d} \cdot \dfrac{v^2}{2g}$ (　　)。
A. 只适用于圆管水流
B. 只适用于梯形断面明渠水流
C. 适用于任何断面形状的水流
D. 适用于有压管流

6. 水流运动要素不随时间的变化而变化，随着空间的变化而变化的是(　　)。
A. 恒定非均匀流
B. 非恒定非均匀流
C. 恒定均匀流
D. 非恒定均匀流

7. 按水流运动要素是否随空间位置变化将水流分为(　　)。
A. 恒定流与非恒定流
B. 层流与紊流
C. 均匀流与非均匀流
D. 缓流与急流

模块三 明渠水流

学习目标

1. 掌握明渠均匀流及明渠非均匀流的概念，以及均匀流的形成条件和水力特性；
2. 理解正常水深、临界水深、断面比能及水力最优断面的含义；
3. 了解明渠非均匀流的基本水力现象，能定性分析水面曲线类型；
4. 掌握明渠均匀流水力计算的类型。

能力目标

1. 能掌握天然明渠水流的基本特点；
2. 判断水流的基本类型；
3. 能进行明渠水流的水力计算。

学习重点

明渠均匀流的形成条件和水力特性，基本计算公式，明渠非均匀流的基本水力现象。

天然河道、人工渠道以及未充满水流的管道等统称为明渠。明渠流是一种具有自由表面的水流，自由表面上各点受当地大气压的作用，其相对压强为零，所以又称为无压流。与有压管流不同，重力是明渠流的主要动力，而压力是有压管流的主要动力。

明渠水流根据其水力要素是否随时间变化可分为恒定流动和非恒定流动。明渠恒定流动又根据流线是否为平行直线分为均匀流和非均匀流。

明渠水流与有压管流的一个很大区别是：明渠流的自由表面会随着不同的水流条件和渠身条件而变动，形成各种流动状态和水面形态，在实际问题中，很难形成明渠均匀流。但是，在实际应用中，如在铁路、公路、给水排水和水利工程的沟渠中，其排水或输水能力的计算，常按明渠均匀流处理。另外，明渠均匀流理论对于进一步研究明渠非均匀流也具有重要的意义。

因此，本章主要研究明渠恒定均匀流的水力特性和水力计算的原理和类型。

单元一 概 述

一、明渠边界的几何条件

由于过水断面形状、尺寸与底坡的变化对明渠水流运动有重要影响，因此，在水力学中可将明渠分为以下类型。

1. 棱柱形渠道和非棱柱形渠道

在工程实践中，因水流在不同地段、地形等都有改变，渠道断面尺寸、形状和底坡沿程也不完全相同。凡是断面形状及尺寸和底坡沿程不变的长直渠道，称为棱柱形渠道；否则为非棱柱形渠道。前者的过水断面面积仅随水深变化，后者的过水断面面积不仅随水深变化，而且还随着各断面的沿程位置而变化。

2. 顺坡（正坡）、平坡和逆坡（负坡）渠道

明渠渠底线（即渠底与纵剖面的交线）上单位长度的渠底高程差，称为明渠的底坡 (Bottom slope)，用 i 表示，如图 3-1(a)所示，1—1 和 2—2 两断面之间，渠底线长度为 Δs，该两断面间渠底高程差为 $(a_1-a_2)=\Delta a$，渠底线与水平线的夹角为 θ，则底坡 i 为

$$i=\frac{a_1-a_2}{\Delta s}=\frac{\Delta a}{\Delta s}=\sin\theta \tag{3-1}$$

图 3-1 明渠的底坡

在水力学中，规定渠底高程顺水流下降的底坡为正，因此，以导数形式表示时应为

$$i=-\frac{\mathrm{d}a}{\mathrm{d}s} \tag{3-2}$$

当渠底坡较小时，如 $i<0.1$ 或 $\theta<6°$时，因两断面之间渠底线长度 Δs，与两断面之间的水平距离 Δl，近似相等，$\Delta s\approx\Delta l$，则由图 3-1(a)可知

$$i=\frac{\Delta a}{\Delta s}\approx\frac{\Delta a}{\Delta l}=\tan\theta$$

$$i=\sin\theta\approx\tan\theta \tag{3-3}$$

所以，在上述情况下，两断面之间的距离 Δs 可用水平距离 Δl 代替，并且，过水断面可以看作铅垂平面，水深 h 也可沿铅垂线方向量取。

明渠底坡通常有三种情况（图 3-2）：渠底高程沿流程下降的，称为顺坡(Falling Slope)，规定 $i>0$；渠底高程沿流程保持水平的（不变的），称为平坡(Horizontal Slope)，规定 $i=0$；渠底高程沿流程上升的，称为逆坡(Adverse Slope)，规定 $i<0$。

图 3-2 明渠底坡的三种情形
(a)顺坡；(b)平坡；(c)逆坡

明渠的横断面的形状各种各样。天然河道的横断面，通常为不规则断面。人工渠道的横断面，可以根据要求，采用梯形、圆形、矩形等各种规则断面形式。

二、明渠均匀流的水力特性及其形成条件

明渠均匀流具有下列水力特性：

(1) 过水断面的形状和尺寸、流量和水深，沿程不变；

(2) 过水断面上流速的大小、方向和流速的分布及其分布规律沿程不变，断面的平均流速、动能修正系数及流速水头均沿程不变。

(3) 总水头线、测管水头线（在明渠水流中，就是水面线）和渠底线三线互相平行，因而三坡度相等，即

$$J = J_p = i \tag{3-4}$$

对明渠恒定均匀流[图 3-2(b)]，Δs 流段的动量方程为

$$P_1 - P_2 + G\sin\theta - T = 0 \tag{3-5}$$

式中　P_1，P_2——1—1 和 2—2 过水断面的动水压力；

　　　　G——Δs 流段水体质量；

　　　　T——边壁（包括岸壁和渠底）阻力。对棱柱形明渠均匀流，$P_1 = P_2$，所以

$$G\sin\theta = T \tag{3-6}$$

可见，水体重力沿流向的分力 $G\sin\theta$ 与水流所受边壁阻力平衡，是明渠均匀流的力学特性。如果是非棱柱形明渠，或者是棱柱形明渠而底坡为负坡（$i = \sin\theta < 0$）或平底坡（$i = \sin\theta = 0$），则式（3-5）的动力平衡关系不可能存在。因此，明渠均匀流只能发生在顺坡的棱柱形明渠中。

根据上述明渠均匀流的各种特性，可见只有同时具备下述条件，才能形成明渠恒定均匀流：

(1) 明渠中水流必须是恒定流；

(2) 流量沿程不变；

(3) 明渠必须是棱柱形渠；

(4) 明渠的糙率必须保持沿程不变；

(5) 明渠的底坡必须是顺坡；且底坡沿程不变；

(6) 同时应有相当长的而且其上没有建筑物的顺直段。

只有在这样长的顺直段上而又同时具有上述条件时，才能形成明渠均匀流。实际上，这样的水流很少见，绝大多数的明渠水流均为非均匀流。但长直棱柱体渠道中的恒定流某些流段近似满足上述条件，可以近似看作明渠均匀流，以方便解决问题。

单元二　明渠均匀流的基本公式

一、基本公式

明渠恒定均匀流，计算断面平均流速可采用谢才公式，即

$$v = C\sqrt{RJ}$$

对于明渠恒定均匀流，由于 $J=i$，所以上式可写为

$$v=C\sqrt{Ri} \tag{3-7}$$

$$Q=Av=AC\sqrt{Ri}=K\sqrt{i} \tag{3-8}$$

式中　K——流量模数。

上式中，谢才系数 C 可以用曼宁公式 $C=\dfrac{1}{n}R^{\frac{1}{6}}$ 计算。将曼宁公式代入谢才公式中，便可得到

$$v=\frac{1}{n}R^{\frac{2}{3}}\sqrt{i} \tag{3-9}$$

$$Q=A\frac{1}{n}R^{\frac{2}{3}}\sqrt{i}=K\sqrt{i} \tag{3-10}$$

上式中，K 为流量模数，单位与流量的单位相同；谢才系数 C 是糙率 n 和水力半径 R 的函数。n 远比 R 对 C 的影响大，所以根据实际情况正确选择糙率 n 具有很重要的意义。常见的明渠糙率 n 值见表 3-1，仅供参考。

表 3-1　各种材料明渠的糙率 n 值

渠槽类型及状况	最小值	正常值	最大值
一、衬砌渠道			
1. 净水泥表面	0.010	0.011	0.013
2. 水泥灰浆	0.011	0.013	0.015
3. 刮平的混凝土表面	0.013	0.015	0.016
4. 未刮平的混凝土表面	0.014	0.017	0.020
5. 表面良好的混凝土喷浆	0.016	0.019	0.023
6. 浆砌块石	0.017	0.025	0.030
7. 干砌块石	0.023	0.032	0.035
8. 光滑的沥青表面	0.013	0.013	
9. 用木馏油处理的、表面刨光的木材	0.011	0.012	0.015
10. 油漆的光滑钢表面	0.012		0.017
二、无衬砌的渠道			
1. 清洁的顺直土渠	0.018	0.022	0.025
2. 有杂草的顺直土渠	0.022	0.027	0.033
3. 有一些杂草的弯曲、断面变化的土渠	0.025	0.03	0.033
4. 光滑而均匀的石渠	0.025	0.035	0.040
5. 参差不齐、不规则的石渠	0.035	0.040	0.050
6. 有与水深同高的浓密杂草的渠道	0.050	0.080	0.120
三、小河（汛期最大水面宽度约 30 m）			
1. 清洁、顺直的平原河流	0.025	0.03	0.033
2. 清洁、弯曲、稍许淤滩和潭坑的平原河流	0.033	0.040	0.045
3. 水深较浅、底坡多变、回流区较多的平原河流			
4. 河底为砾石、卵石间有孤石的山区河流	0.040	0.048	0.055

续表

渠槽类型及状况	最小值	正常值	最大值
5. 河底为卵石和大孤石的山区河流			
四、大河，同等情况下 n 值比小河略小	0.030	0.040	0.050
1. 断面比较规则，无孤石或丛木			
2. 断面不规则，床面粗糙	0.040	0.050	0.070
五、汛期滩地漫流			
1. 短草	0.025		0.060
2. 长草	0.035		0.100
3. 已熟成行庄稼			
4. 茂密矮树丛（夏季情况）	0.025	0.030	0.035
5. 密林，树下少植物，洪水位在枝下	0.030	0.035	0.050
6. 同上，洪水位及树枝	0.025	0.035	0.045
	0.070	0.100	0.160
	0.080	0.100	0.120
	0.100	0.120	0.160

在设计渠道选择糙率 n 值时，应注意以下几点：

(1) 选定了 n 值，就意味着将渠槽粗糙情况对水流阻力的影响作出了综合估计。因此，必须对前述的水流阻力和水头损失的各种影响因素及一般规律，要有正确的理解。

(2) 要尽量参考一些比较成熟的典型糙率资料。

(3) 应尽量参照本地和外地同类型的渠道实测资料和运用情况，选择切合实际的糙率 n。

(4) 为保证选定的 n 值达到设计要求，设计文件中应对渠槽的施工质量和运行维护提出有关要求。

二、过水断面的水力要素

明渠均匀流基本公式中，Q、A、K、C、R 都与明渠均匀流过水断面的形状、尺寸和水深有关。明渠均匀流水深，通称正常水深（Normal Depth），以 h_0 表示。人工渠道的断面形状，根据渠道的用途、渠道的大小、施工建造方法和渠道的材料等选定。在水利工程中，梯形断面最适用于天然土质渠道，是最常用的断面形状。其他断面形状，如圆形、矩形、抛物线形，在特定场合，也被采用。下面研究梯形和圆形过水断面的水力要素。

如图 3-3 所示，过水断面面积为

$$A=(b+mh)h \tag{3-11}$$

式中　b——渠底宽；

　　　h——水深；

　　　m——$m=\cot\alpha$，称为边坡系数。

水面宽为

$$B=b+2mh \tag{3-12}$$

湿周为

$$\chi=b+2h\sqrt{1+m^2} \tag{3-13}$$

水力半径为

$$R=\frac{A}{\chi} \tag{3-14}$$

图 3-3 梯形渠道过水断面

显然，在上述四个公式中，对于矩形过水断面，边坡系数 $m=0$；对于三角形过水断面，底宽 $b=0$。

如果梯形断面是不对称的，两边的边坡系数 $m_1 \neq m_2$，则

$$A=\left(b+\frac{m_1+m_2}{2}h\right)h \tag{3-15}$$

$$B=b+m_1h+n_2h \tag{3-16}$$

$$\chi=b+(\sqrt{1+m_1^2}+\sqrt{1+m_2^2})h \tag{3-17}$$

由于通常实际明渠中，天然形成矩形、圆形等规则断面的概率不大，大多数均为梯形断面，其边坡系数 m，可以根据边坡的岩土性质，参照渠道设计的有关规范选定。表 3-2 所列各种岩土的边坡系数 m 可供参考。

表 3-2 各种岩土的边坡系数

岩土种类	边坡系数 m（水下部分）	边坡系数 m（水上部分）
未风化的岩石	1~0.25	0
风化的岩石	0.25~0.5	0.25
半岩性耐水土壤	0.5~1	0.5
卵石和砂砾	1.25~1.5	1
黏土、硬或半硬黏壤土	1~1.5	0.5~1
松软黏壤土、砂壤	1.25~2	1~1.5
细砂	1.5~2.5	2
粉砂	3~3.5	2.5

水工隧洞和下水管道，因为不是土料建造，所以常采用圆形管道。在管径 d、过水断面充水深度 h 和中心角 φ（图 3-4）已知时，明渠圆管断面的各项水力要素，很容易由几何关系推得。

过水断面面积为

$$A=\frac{d^2}{8}(\varphi-\sin\varphi) \tag{3-18}$$

湿周为

$$\chi=\frac{1}{2}\varphi d$$

图 3-4 圆形管道过水断面

水面宽度为

$$B = d\sin\frac{\varphi}{2}$$

水力半径为

$$R = \frac{d}{4}\left(1 - \frac{\sin\varphi}{\varphi}\right) \tag{3-19}$$

流速，由谢才公式得

$$v = \frac{C}{2}\sqrt{\left(1 - \frac{\sin\varphi}{\varphi}\right)di} \tag{3-20}$$

流量

$$Q = \frac{C}{16}\frac{(\varphi - \sin\varphi)^{3/2}}{\sqrt{\varphi}}d^{5/2}\sqrt{i} \tag{3-21}$$

充水深度 h 和中心角 φ 的关系

$$h = \frac{d}{2}\left(1 - \cos\frac{\varphi}{2}\right) = d\sin^2\frac{\varphi}{4} \tag{3-22}$$

$$\alpha = \frac{h}{d} = \sin^2\frac{\varphi}{4} \tag{3-23}$$

式中 α——充满度。

应该指出的是，在进行无压管道水力计算时，还要参考国家建设部颁发的《室外排水设计规范(2016年版)》(GB 50014—2006)中的有关条款。其中，污水管道应按不满流计算，其最大设计充满度按表3-3选用；雨水管道和合流管道应按满流计算；排水管的最大设计流速，金属管为10 m/s，非金属管为5 m/s；排水管的最小设计流速，在设计充满度下，对污水管道为0.6 m/s。另外，对最小管径和最小设计坡度等也有规定，在实际工作中可参阅有关手册与规范。

表3-3 最大设计充满度

管径或渠高/mm	最高设计充满度
200～300	0.55
350～450	0.65
500～900	0.70
≥1 000	0.75
注：在计算污水管道充满度时，不包括短时突然增加的污水量，但当管径小于或等于300 mm时，应按满流复核。	

三、水力最优断面

从前述的明渠水流的计算公式 $Q = A\frac{1}{n}R^{\frac{2}{3}}\sqrt{i}$ 中可以看出，渠道的输水或泄水能力取决于底坡 i、糙率 n 及过水断面的形状尺寸的大小等方面。在渠道设计时，底坡 i 取决于地形条件或其他条件；糙率 n 取决于选用的建筑材料及施工水平等方面，在底坡和糙率都已知的情况下，流量 Q 取决于过水断面的形状和尺寸。水力最优断面就是指在底坡和糙率已知的情况下，过水断面面积一定时，通过的流量最大，或者当流量一定时，过水断面面积最小的断面。符合这种条件的断面，从理论上说工程量最小，即

$$Q = A\frac{1}{n}R^{\frac{2}{3}}\sqrt{i} = \frac{1}{n}\frac{A^{\frac{5}{3}} \cdot i^{\frac{1}{2}}}{\chi^{\frac{2}{3}}} \tag{3-24}$$

式(3-24)表明，在 n、i、A 一定时，要使流量 Q 最大，则湿周 χ 最小，也就是当 χ 最小时，断面为水力最优断面。由几何学可知，面积相同的而形状不同的几何体中，圆的周长最小。所以，圆形断面和半圆断面即是水力最优断面，但难以施工，尤其是工程中渠道大部分位于土质的地基上，常做成梯形断面。其边坡系数 m 的大小取决于土壤的种类或护面情况，常见的 m 值见表3-4。

表3-4　梯形渠道的边坡系数 m 值

土壤种类	边坡系数 m	土壤种类	边坡系数 m
细砂	3.0～3.5	一般黏土	1.0～1.5
砂壤土和松散壤土	2.0～2.5	密实的重黏土	1.0
密实砂壤土和轻壤土	1.5～2.0	风化的岩石	0.25～0.5
重黏壤土密实的黄土	1.0～1.5	未风化的岩石	0.00～0.25

在这里，讨论在 m 一定的条件下，梯形断面的水力最优条件。梯形断面的湿周 $\chi=b+2h\sqrt{1+m^2}$，边坡系数 m 已知，由于面积 A 给定，b 和 h 相互关联，$b=A/h-mh$，所以有

$$\chi=\frac{A}{h}-mh+2h\sqrt{1+m^2}$$

当水力最优条件下，应有

$$\frac{d\chi}{dh}=-\frac{A}{h^2}-m+2\sqrt{1+m^2}=-\frac{b}{h}-2m+2\sqrt{1+m^2}=0$$

从而得到水力最优的梯形断面的宽深比条件

$$\beta_m=\frac{b}{h}=2(\sqrt{1+m^2}-m) \tag{3-25}$$

矩形断面是梯形断面的特例，$m=0$，计算得 $\beta_m=2$，或 $b=2h$，所以，水力最优矩形断面的底宽为水深的两倍。不同 m 值对应的 β_m 见表3-5。

表3-5　梯形水力最优断面的宽深比 β_m

m	0	0.25	0.50	0.75	1.00	1.25	1.50	1.75	2.00	2.50	3.00
β_m	2.00	1.56	1.24	1.00	0.83	0.70	0.61	0.53	0.47	0.38	0.320

尽管水力最优断面在相同流量下过水断面面积最小，但从经济、技术和管理等方面综合考虑，它有一定的局限性。应用于较大型的渠道时，由于深挖高填，施工开挖工程量及费用大，维持管理也不方便；流量改变时水深变化较大，给灌溉、航运带来不便。其实，设计渠道断面时，在一定范围内取较大的宽深比 β 值，仍然可以让过水断面面积 A 十分接近水力最优断面的面积 A_m。应该考虑综合各种因素，不采用水力最优断面，也可以达到既安全又经济的目的。

四、允许流速

就明渠水流来说，渠道中若流速过大，则发生冲刷；反之，则产生淤积。因此，一条设计合理的渠道应满足

$$v'' < v < v' \tag{3-26}$$

式中 v''——最小允许流速,与水流条件及水流的挟砂特性等多方面的因素有关,可以按经验公式或有关经验选取,也称为不淤积流速。其是保证含沙水流中挟带的泥砂不致在渠道淤积的允许流速下限,可参考有关文献;

v'——最大允许流速,由土壤的种类和护面情况决定,即土壤种类、颗粒大小和密实程度,或取决于渠道的衬砌材料,以及渠中流量等因素。可以根据免遭冲刷的最大允许流速确定,也称不冲流速。

表 3-6 为我国某水利部门多年总结的各种渠道不冲刷的最大允许流速,可供设计明渠时选用。表 3-7 为土质渠道。

表 3-6 明渠最大设计流速

明渠类别	最大设计流速/(m·s^{-1})
粗砂或低塑性粉质黏土	0.8
粉质黏土	1.0
黏土	1.2
草皮护面	1.6
干砌块石	2.0
浆砌块石或浆砌砖	3.0
石灰岩和中砂岩	4.0
混凝土	4.0

表 3-7 土质渠道

	土质	不冲允许流速/(m·s^{-1})		说明
均质黏性土	轻壤土	0.60~0.80		(1) 均质黏性土各种土质的干表观密度为 12.75~16.67 kN/m³。 (2) 表中所列为水力半径 $R=1$ m 的情况。当 $R \neq 1$ m 时,应将表中数值乘以 R^a 才得相应的不冲允许流速。 (3) 对于砂、砾石、卵石和疏松的壤土、黏土,$a=1/3 \sim 1/4$。 (4) 对于密实的壤土、黏土,$a=1/4 \sim 1/5$。
	中壤土	0.65~0.85		
	重壤土	0.70~1.0		
	黏土	0.75~0.95		
	土质	粒径/mm	不冲允许流速/(m·s^{-1})	
均质无黏性土	极细砂	0.05~0.1	0.35~0.45	
	细砂、中砂	0.25~0.5	0.45~0.60	
	粗砂	0.5~2.0	0.60~0.75	
	细砾石	2.0~5.0	0.75~0.90	
	中砾石	5.0~10.0	0.90~1.10	
	粗砾石	10.0~20.0	1.10~1.30	
	小卵石	20.0~40.0	1.30~1.80	
	中卵石	40.0~60.0	1.80~2.20	

还有其他类型的允许流速,例如,为阻止渠床上植物滋生所要求的流速下限,一般为 v 大于 0.6 m/s;防止淤泥沉积,应有 v 大于 0.2 m/s;为防止淤砂,应有 v 大于 0.4 m/s,航道中应有保证航运要求的流速上限等。

单元三 明渠均匀流的水力计算

明渠均匀流的水力计算，可分为以下两类：

一类是对已建成的渠道，根据生产运行要求，进行某些必要的水力计算，例如，求流量；求某渠段水流的水力坡度 $J(=i)$；求某渠段通水后的糙率；绘制渠道运用期间的水深流量关系曲线等。

另一类是为设计新渠道进行水力计算，如确定底宽 b、水深 h、底坡 i 等。这两类计算，都是应用明渠均匀流基本公式进行计算的问题。

实际工程中，梯形断面渠道应用最广，现以梯形渠道为例，说明经常遇到的几种水力计算方法。

由明渠均匀流计算的基本公式和梯形断面各水力要素的计算公式可得

$$Q = AC\sqrt{Ri} = A\frac{1}{n}R^{2/3}\sqrt{i} = \frac{\sqrt{i}}{n}\frac{[(b+mh)h]^{5/3}}{(b+2h\sqrt{1+m^2})^{2/3}} \tag{3-27}$$

从式(3-27)中可看出，$Q=f(b,h,m,n,i)$。已知五个数据，用式(3-27)可求另一个未知数，有时可从式(3-27)中直接求出，有时则要求解复杂的高次方程，相当困难。为此，将两类问题从计算方法角度加以统一研究。只要掌握这些方法，就能顺利进行明渠均匀流的各项水力计算。

一、直接求解法

如果已知其他五个数值，要求流量 Q，或要求糙率 n，或要求底坡 i，只要应用基本公式，进行简单的代数运算，就可直接求得解答。现用算例说明。

【例 3-1】 有一预制的混凝土渡槽，断面为矩形，底宽 $b=1.0$ m，底坡 $i=0.005$，均匀流水深 $h_0=0.5$ m，糙率 $n=0.014$，求通过的流量及流速。

解： 矩形断面，边坡系数 $m=0$，代入基本公式(3-27)得

$$Q = \frac{\sqrt{i}}{n}\frac{[bh]^{5/3}}{(b+2h)^{2/3}} = \frac{\sqrt{0.005} \times (0.5)^{5/3}}{0.014 \times (2)^{2/3}} = 1.0 (\text{m}^3/\text{s})$$

$$v = \frac{Q}{bh} = \frac{1}{0.5} = 2.0 (\text{m/s})$$

【例 3-2】 某一干渠为梯形断面，其流量为 $Q=16$ m³/s，边坡系数 $m=1.5$，底宽 $b=3.0$ m，水深 $h_0=2.84$ m，底坡 $i=0.000\ 17$，求渠道的糙率 n。

解：
$$A = (b+mh)h = (3+1.5\times2.84)\times2.84 = 20.62 (\text{m})$$

$$v = \frac{Q}{A} = \frac{16}{20.62} = 0.78 (\text{m/s})$$

$$\chi = b+2h\sqrt{1+m^2} = 3+5.68\sqrt{3.25} = 13.24 (\text{m})$$

$$R = \frac{A}{\chi} = \frac{20.62}{13.24} = 1.56 (\text{m})$$

由式(3-27)得

$$n = \frac{R^{2/3}\sqrt{i}}{v} = \frac{(1.56)^{2/3} \times \sqrt{0.000\ 17}}{0.78} = 0.022\ 5$$

【例 3-3】 有一顺直的渠道,原设计流量为 2.5 m³/s,岸边长有水草,渠中有少量乱石,实际测量其底坡为 0.000 5,底宽为 3.0 m,渠水深为 1.0 m,边坡系数为 1.5,令渠水流动为均匀流,试校核渠道的输水能力并计算其流速。

解: 已知:$b=3.0$ m,$h=1.0$ m,$m=1.5$,查表 $n=0.030$ 则有

$$A=(b+mh)h=(3.0+1.5\times1.0)\times1=4.5(\text{m}^2)$$

$$\chi=b+2h\sqrt{1+m^2}=3.0+2\times1.0\sqrt{3.25}=6.606(\text{m})$$

$$R=\frac{A}{\chi}=\frac{4.5}{6.606}=0.68(\text{m})$$

$$Q=\frac{A}{n}R^{\frac{2}{3}}i^{\frac{1}{2}}=\frac{4.5}{0.030}\times(0.68)^{\frac{2}{3}}(0.0005)^{\frac{1}{2}}=2.59 \text{ m}^3/\text{s}\approx2.5(\text{m}^3/\text{s})$$

因此输水能力基本满足要求。

$$v=\frac{Q}{A}=\frac{2.59}{4.5}=0.58 \text{ m/s}$$

二、试算法

如果已知其他五个数值,要求正常水深 h_0,或要求底宽 b,其求法还有一种称为设计渠道断面尺寸,这种问题在基本公式中表达 b 和 h 的关系式都是高次方程,不能采用直接求解法,而只能采用试算法或者图解法。

方法如下:假设若干个 h 值,代入基本公式,计算相应的 K 值;若所得的 K 值与已知的 $K_0=\frac{Q}{\sqrt{i}}$ 相等,相应的 h 值即为所求。实际上,试算第 1、2 次常不能得结果。多试验几个 h 值,若大了调小,小了则要调大,通常试验的次数达到 7~8 次时则与真实值就很接近了。

为了减少试算工作,可假设 3~5 个 h 值,即 h_1,h_2,h_3…h_5,求出相应的 $K_1 K_2 K_3$…K_5,画成 $K=f(h)$ 曲线。然后,从曲线上由已知 $K_0=\frac{Q}{\sqrt{i}}$ 的值求出 h。若要求的是 b,则和求 h 的试算法一样。此时,画的曲线是 $K=f(b)$。

下面举例说明。

【例 3-4】 有土渠断面为梯形,边坡系数 $m=1.5$,糙率 $n=0.025$,底宽 $b=4$ m,底坡 $i=0.0006$,求通过流量 $Q=9.0$ m³/s 时均匀流水深(正常水深)h_0。

解: 由于 $K_0=\frac{Q}{\sqrt{i}}=\frac{9.0}{\sqrt{0.0006}}=367.4(\text{m}^3/\text{s})$

可用列表法,将各试算数据列出见表 3-8。

表 3-8 例 3-4 表

b	m	h	A	χ	R	$\sqrt{R}$	n	C	$\sqrt{i}$	K
4		1.0	5.50	7.6	0.72	0.85		37.9		117.14
4		1.2	6.92	8.3	0.83	0.91		38.8		244.49
4	1.5	1.4	8.54	9.0	0.95	0.98	0.025	39.7	$\frac{2.45}{100}$	332.24
4		1.5	9.40	9.4	1.00	1.00		40.0		374.29
4		1.49	9.29	9.37	0.99	0.99		39.9		366.96

由表 3-8 可知，当 $K=366.96\approx367$（即 K_0）时，对应的 $h=1.49$ m，即 h_0（上面的试算结果中也可以不用 K，直接采用流量 Q 也可以）。另外，当数学功底足够时，也可以求解正常水深，即应用先进的现代化手段可求解出：

正常水深 　　$h_0=1.49$ m

也可以将上表中的前四行中选取的水深和流量模数即 K 和 h 的相应值绘在方格坐标上，得 $K=f(h)$ 曲线（图 3-5）。由 $K_0=367.4$ m³/s 在曲线上查得相应的水深 $h_0=1.48$ m。

另外，试算法也可直接根据基本公式进行，而不必列上述表格分项计算，读者可自行练习。不做限定。

图 3-5　$K=f(h)$ 曲线

【例 3-5】　某干渠全长为 9.5 km，输送流量 $Q=13$ m³/s，渠道沿线所经地区为壤土地带，糙率 $n=0.025$，底坡 $i=1/3\,500$，$m=1.5$，已定正常水深为 $h_0=2$ m，求渠底宽 b。

解：由前面的基本公式(3-27)得

$$Q=\frac{\sqrt{i}}{n}\frac{[(b+mh)h]^{5/3}}{(b+2h\sqrt{1+m^2})^{2/3}}=0.676\times\frac{[(b+3)\times2]^{5/3}}{(b+7.2)^{2/3}}$$

假设 $b=3、4、5、6$，算出相应的 Q 值，见表 3-9。

表 3-9　Q 值

b/m	3	4	4.5	6
$Q/(\text{m}^3\cdot\text{s}^{-1})$	9.04	10.98	11.96	14.96

画出 $Q=f(b)$ 曲线（图 3-6），由曲线可查得 $Q=13$ m³/s 时的 $b=5$ m。

图 3-6　$Q=f(b)$ 曲线

三、复式断面渠道的水力计算

明渠复式断面(Compound Cross Section)由两个或三个单式断面组成，如天然河道中的主槽和边滩(图 3-7)。在人工渠道中，如果要求通过的最大流量与最小流量相差很大，也常采用复式断面。它与单式断面比较，能更好地控制淤积，减少开挖量。这部分内容在公路工程地质等相关科目中，也都有阐述。

图 3-7 天然河道复式断面

图 3-7 表示一天然河段的复式断面。在主槽两侧有左、右边滩，流量应各自分算。其原因有以下两点：

(1)主槽的粗糙系数较一般边滩的为小，如果把复式断面作为一个整体，就会容易在粗糙系数的估计上，造成较大的偏差；

(2)滩地水深，亦即水力半径一般较小，如果不实行分算，就会由于边滩的影响，使复式断面的整体流速算得偏低。在极端情况下，如边滩甚宽而水深很小时，这样算出的流量甚至小于仅是主槽部分的流量，这显然是不合理的。

分算的办法，是在边滩内缘作铅垂线 ab 和 cd，将主槽和边滩分开，按整体流量等于各部分流量之和，有

$$Q = Q_1 + Q_2 + Q_3 \tag{3-28}$$

也即

$$K\sqrt{J} = K_1\sqrt{J_1} + K_2\sqrt{J_2} + K_3\sqrt{J_3}$$

式中　J, J_1, J_2, J_3——断面整体和各部分的水面坡度，在均匀流中是相等的。

在此，关于明渠复式断面的例子就不一一列举了。

单元四　明渠非均匀流概述

从前述模块中我们了解到，由于产生明渠均匀流的条件非常严格，自然界中的水流条件很难满足，所以实际的人工渠道或天然河道中的水流绝大多数是非均匀流。明渠非均匀流的特点是底坡线、水面线、总水头线彼此互不平行(图 3-8)。产生明渠非均匀流的原因很多，如明渠横断面的几何形状或尺寸的沿流程改变，粗糙度或底

图 3-8 非均匀流水头线示意图

坡沿流程改变，在明渠中修建水工建筑物(闸、桥梁、涵洞等)，都能使明渠水流产生非均匀流。

在明渠非均匀流中，根据流线的不平行和弯曲程度，也分为明渠非均匀渐变流和明渠非均匀急变流。若流线是接近于相互平行的直线，或流线间夹角很小、流线的曲率半径很大，这种水流称为明渠非均匀渐变流；反之，则称为明渠非均匀急变流。本章主要研究非

均匀渐变流的基本特征和其水流要素沿程的变化规律,有助于解决水渠类工程的防洪及防淤积等问题。

一、明渠水流的三种流态

明渠水流有的比较平缓,如灌溉渠道中的水流和平原地区江河中的水流。如果在明渠水流中有一障碍物,便可观察到障碍物上水深降低,障碍物前水位壅高能逆流上传到较远的地方[图 3-9(a)];而像山区河道中的水流、过坝下溢的水流、跌水、瀑布和险滩地的水流等,水流流得非常湍急。如遇障碍物仅在石块附近隆起,障碍物上水深增加,障碍物干扰的影响不能向上游传播[图 3-9(b)]。以上情况表明,明渠水流存在两种不同的流态,即缓流和急流。其实介于两者之间的,还有第三种流态,即临界流。

(a) (b)

图 3-9 明渠水流的不同流态
(a)缓流;(b)急流

明渠水流要判别流态,还可以用一个量纲为 1 的佛汝德数(Froude)来判断,符号为 F_r:

$$F_r = \frac{v}{\sqrt{gh}} \tag{3-29}$$

当　$F_r < 1$,水流为缓流;
　　$F_r = 1$,水流为临界流;
　　$F_r > 1$,水流为急流。

佛汝德数在水力学中是一个极其重要的判别数,为了加深理解它的物理意义,可将它的形式改写为

$$F_r = \frac{v}{\sqrt{g\frac{A}{B}}} = \frac{v}{\sqrt{gh}} = \sqrt{\frac{\frac{v^2}{2g}}{\frac{h}{2}}} \tag{3-30}$$

由式(3-30)可以看出,佛汝德数是表示过水断面单位重量液体平均动能与平均势能之比的二倍开平方。随着这个比值大小的不同,反映了水流流态的不同。

二、断面比能与临界水深

(一)明渠非均匀流现象

只要是明渠均匀流的任一条件不满足都将发生明渠非均匀流,明渠非均匀流与明渠均匀流的水力特性不同。明渠非均匀流所受的重力沿流线的分力与摩擦阻力不平衡,它是一种变速、变深的流动,水面线通常是曲线,也称为水面曲线。

前面学过,在明渠非均匀流中,有渐变流和急变流两种类型。

从水面曲线的角度来看,明渠非均匀流具有如下基本水力现象:

1. 壅水

明渠非均匀流中,水深沿程增加的水力现象,称为壅水。

2. 降水

沿着流程水深减小的水力现象,称为降水。

3. 水跌

在底坡突然降低或底坡由缓坡变陡折变处附近局部渠段内,水面曲线急剧下降的水力现象,称为水跌。

4. 水跃

渠中水深在局部渠段内呈现突然性的增大的水力现象,通常在水跌发生之后衔接水跌的一种呈波状或漩涡状的水流现象,称为水跃。

上述的四种基本水力现象都是局部干扰的结果,但是在长直的棱柱性的断面渠道中,远离桥、涵、闸、坝等各类水工构造物这些局部的干扰,仍然可以有均匀流存在。

(二)断面比能

图 3-10 所示为一渐变流,若以 0—0 为基准面,则过水断面上单位重量液体所具有的总能量为

$$E = z + \frac{\alpha v^2}{2g} = z_0 + h\cos\theta + \frac{\alpha v^2}{2g} \tag{3-31}$$

式中 θ——明渠底面与水平面的倾角。

图 3-10 渐变流

如果我们把参考基准面选在渠底这一特殊位置,把对通过渠底的水平面 $0'-0'$ 所计算得到的单位能量称为断面比能,并以 E_s 来表示,则有

$$E_s = h\cos\theta + \frac{\alpha v^2}{2g} \tag{3-32}$$

具体的在实用上,因一般明渠底坡较小,可认为 $\cos\theta \approx 1$,因此断面必能经常采用,即

$$E_s = h + \frac{\alpha v^2}{2g} \tag{3-33}$$

即为

$$E_s = h + \frac{\alpha Q^2}{2gA^2} \tag{3-34}$$

由式(3-33)可知,断面比能 E_s 是过水断面上单位重量液体总能量 E 的一部分,二者相差的数值就是两个基准面之间的高差 z_0。由式(3-34)可知,当流量 Q 和过水断面的形状及尺寸一定时,断面比能仅仅是水深的函数,即 $E_s = f(h)$,按照此函数关系可以绘出断面比

能随水深变化的曲线,该曲线称为比能曲线。很明显,要具体绘出一条比能曲线必须首先给定流量 Q 和渠道断面的形状及尺寸。对于一个已经给定尺寸的渠道断面,当通过不同流量时,其比能曲线是不相同的;同样,对某一指定的流量,渠道断面的形状及尺寸不同时,其比能曲线也是不相同的。

假定已经给定某一流量和渠道断面的形状及尺寸,现在来定性地讨论一下比能曲线的特性。由式(3-34)可知,若过水断面面积 A 是水深 h 的连续函数,当 $h \to 0$ 时,$A \to 0$,则 $\dfrac{\alpha Q^2}{2gA^2} \to \infty$,故 $E_s \to \infty$;

当 $h \to \infty$ 时,$A \to \infty$,则 $\dfrac{\alpha Q^2}{2gA^2} \to 0$,故 $E_s \to h \to \infty$。若以 h 为纵坐标,以 E_s 为横坐标,根据上述讨论,绘出的比能曲线,如图 3-11 所示,曲线的下端以横坐标轴为渐近线,上端以与坐标轴成 $45°$ 夹角并通过原点的直线为渐近线。该曲线在 K 点断面比能有最小值 E_{smin}。K 点将曲线分成上下两支。在上支,断面比能随水深的增加而增加;在下支,断面比能随水深的增加而减小。

图 3-11 比能曲线图

另外,从式(3-31)中可以看出

$E_s = E - z_0$,故 $\dfrac{dE_s}{ds} = \dfrac{dE}{ds} - \dfrac{dz_0}{dz}$,而 $\dfrac{dz_0}{ds} = -i$,$\dfrac{dE_s}{ds} = -\dfrac{dh_w}{ds} = -J$,故

$$\frac{dE_s}{ds} = i - J \tag{3-35}$$

对于明渠均匀流,$i = J$,$\dfrac{dE_s}{dh} = 0$,即断面比能沿程不变,这是因为明渠均匀流水深 h_0 及流速 v 沿程不变。

在明渠非均匀流中,对于平坡 $i=0$ 和逆坡 $i<0$ 的渠道,根据式(3-35),$\dfrac{dE_s}{ds}$ 总是负值,即 $\dfrac{dE_s}{ds}<0$。这说明断面比能在此情况下总是沿程减少的;而在顺坡渠道 $i>0$ 的情形,断面比能沿程变化的情况,则要看能坡 $J = -dE/ds$ 与底坡 i 的相对大小来决定了。因为,非均匀流 $i \neq J$。如果水流的能量损失强度(坡度)$J<i$,则 $dE_s/ds>0$;反之,如水流的能量损失强度 $J>i$,则 $dE_s/ds<0$。

由此可见,断面比能沿程变化表示明渠水流的不均匀程度,因此,在明渠非均匀流中,断面比能 E_s 的性质就有着特殊重要的意义。

如果将式(3-34)对 h 取导数,可以进一步了解比能曲线的变化规律

$$\frac{dE_s}{dh} = \frac{d}{dh}\left(h + \frac{\alpha Q^2}{2gA^2}\right) = 1 - \frac{\alpha Q^2}{gA^3}\frac{dA}{dh} \tag{3-36}$$

因在过水断面上 $\dfrac{dA}{dh}$ 为过水断面 A 由于水深 h 的变化所引起的变化率,它恰等于水面宽度(图 3-12),即

$$\frac{dA}{dh} = B \tag{3-37}$$

代入式(3-36)，得

$$\frac{dE_s}{dh}=1-\frac{\alpha Q^2 B}{gA^3}=1-\frac{\alpha v^2}{g}\frac{A}{B} \tag{3-38}$$

若取 $\alpha=1.0$，则式(3-38)可写为

$$\frac{dE_s}{dh}=1-F_r^2 \tag{3-39}$$

式(3-39)说明，明渠水流的断面比能随水深的变化规律是取决于断面上的佛汝德数。对于缓流，$F_r<1$，则 $\frac{dE_s}{dh}>0$，相当于比能曲线的上支，断面比能随水深的增加而增加；对于急流，$F_r>1$，则 $\frac{dE_s}{dh}<0$，相当于比能曲线的下支，断面比能随水深的增加而减少；对于临界流，$F_r=1$，则 $\frac{dE_s}{dh}=0$，相当于比能曲线上下两支的分界点，断面比能为最小值。

图 3-12 不规则过水断面图

(三)临界水深

临界水深水流处于临界状态时的水深，即是指在断面形式和流量给定的条件下，相应于断面比能最小值时的水深。也即 $E_s=E_{smin}$ 时，$h=h_k$，如图 3-11 所示。

临界水深 h_K 的计算公式可根据上述定义得出。

令 $\frac{dE_s}{dh}=0$，以求 $E_s=E_{smin}$ 时之水深 h_K，由式(3-38)得

$$1-\frac{\alpha Q^2 B_K}{g A_K^3}=0 \tag{3-40}$$

或

$$\frac{\alpha Q^2}{g}=\frac{A_K^3}{B_K} \tag{3-41}$$

上式便是求临界水深的普遍式，称为临界水深方程。式中，等号的左边是已知值，右边 B_K 及 A_K 为相应于临界水深的水力要素，均是 h_K 的函数，故可以确定 h_K。由于 A^3/B 一般是水深 h 的隐函数形式，故常采用试算或作图的办法来求解。

对于给定的断面，设各种 h 值，依次算出相应的 A、B 和 $\frac{A^3}{B}$ 值。以 $\frac{A^3}{B}$ 为横坐标，以 h 为纵坐标作图 3-13。

从式(3-41)可知，图中对应于 $\frac{A^3}{B}$ 恰等于 $\frac{\alpha Q^2}{g}$ 的水深 h 便是 h_K。

对于矩形断面的明渠水流，其临界水深 h_K 可用以下关系式求得。

此时，矩形断面的水面宽度 B 等于底宽 b，代入临界水深方程式(3-41)便有

$$\frac{\alpha Q^2}{g}=\frac{(bh_K)^3}{b}$$

图 3-13 临界水深方程曲线图

得

$$h_K = \sqrt[3]{\frac{\alpha Q^2}{gb^2}} = \sqrt[3]{\frac{\alpha q}{g}} \tag{3-42}$$

式中 $q = \dfrac{Q}{b}$——单宽流量。可见，在宽 b 一定的矩形断面的明渠中，水流在临界水深状态下，$Q = f(h_K)$。

利用这种水力性质，工程上出现了有关的测量流量的简便设施。

对于无压圆管水流，其临界水深 h_K 也可从式(3-41)推得，这里不再赘述。

三、临界坡、缓坡和陡坡

若在流量和断面形状、尺寸一定的棱柱体明渠中，当水流作均匀流时，如果改变明渠的底坡，相应的均匀流正常水深 h_0 也会随之而改变。如果变至某一底坡，其均匀流的正常水深 h_0 恰好与临界水深 h_K 相等，此坡度定义为临界底坡。

若已知明渠的断面形状及尺寸，当流量给定时，在均匀流的情况下，可以将底坡与渠中正常水深的关系绘出，如图 3-14 所示。可以看出，当底坡 i 增大时，正常水深 h_0 将减小；反之，当 i 减小时，正常水深 h_0 将增大。从该曲线上，能找出一个正常水深恰好与临界水深相等的 K 点。曲线上 K 点所对应的底坡 i_K 即临界底坡。

图 3-14 底坡与水深关系曲线

在临界底坡上作均匀流时，它要满足临界流方程

$$\frac{\alpha Q^2}{g} = \frac{A_K^3}{B_K}$$

同时满足均匀流的基本方程式

$$Q = A_K C_K \sqrt{R_K i_K}$$

联解上列两式可得临界底坡的计算式为

$$i_K = \frac{gA_K}{\alpha C_K^2 R_K B_K} = \frac{g\chi_K}{\alpha C_K^2 B_K} \tag{3-43}$$

式中 R_K、χ_K、C_K——渠中水深为临界水深时所对应的水力半径、湿周、谢才系数。

由式(3-43)不难看出，明渠的临界底坡 i_K 与断面形状与尺寸、流量及渠道的糙率有关，而与渠道的实际底坡无关。

一个坡度为 i 的明渠，与其相应(即同流量、同断面尺寸、同糙率)的临界底坡相比较可能有三种情况，根据可能出现的不同情况，可将明渠的底坡分为以下三种：

(1) $i < i_K$，$h_0 > h_K$，为缓坡；

(2) $i = i_K$，$h_0 = h_K$，为临界坡；

(3) $i > i_K$,$h_0 < h_K$,为陡坡。

由图 3-14 可以看出,明渠水流为均匀流时,若 $i < i_K$,则正常水深 $h_0 > h_K$;若 $i > i_K$,则正常水深 $h_0 < h_K$;若 $i = i_K$,则正常水深 $h_0 = h_K$。所以,在明渠均匀流的情况下,用底坡的类型就可以判别水流的流态,即在缓坡上的均匀流为缓流,在陡坡上的均匀流为急流,在临界坡上的均匀流为临界流。但是,应该强调的是,这种判别只能适用于均匀流的情况。

另外,上述关于渠底坡度的缓、急之称,是对应于一定流量而言的。对于某一渠道,底坡已经确定,但当流量改变时,所对应的 h_K(或 i_K)也发生变化,从而该渠道是缓坡或陡坡类型也可能随之改变。

总之,在判别水流形态的方法主要有以下三种:
(1) 佛汝德数(F_r),1 为界限值。
(2) 临界水深(h_K)。
(3) 临界底坡(i_K)。

【例 3-6】 一条长直的矩形断面渠道($n=0.02$),宽度 $b=5$ m,正常水深 $h_0=2$ m 时的通过流量 $Q=40$ m³/s。试分别用 h_K、i_K、Fr 及 v_K 来判别该明渠的水流的缓、急状态。

解: 对于矩形断面明渠有三种判别方法。

(1) 应用临界水深判别:

$$h_K = \sqrt[3]{\frac{\alpha Q^2}{gb^2}} = \sqrt[3]{\frac{1 \times 40^2}{9.80 \times 5^2}} = 1.87 \text{(m)}$$

所以,$h_0 = 2$ m $> h_K = 1.87$ m,此水流为缓流。

(2) 应用临界坡度判别:

$$i_K = \frac{Q^2}{K_K^2}, \quad \text{而} \quad K_K = A_K C_K \sqrt{R_K}$$

其中
$$A_K = bh_K = 5 \times 1.87 = 9.35 \text{(m}^2\text{)}$$
$$\chi_K = b + 2h_K = 5 + 2 \times 1.87 = 8.74 \text{(m)}$$
$$R_K = \frac{A_K}{\chi_K} = \frac{9.35}{8.74} = 1.07 \text{(m)}$$
$$K_K = A_K C_K \sqrt{R_K} = A_K \frac{1}{n} R_K^{1/6} R_K^{1/2} = \frac{A_K}{n} R_K^{2/3} = \frac{9.35}{0.02} \times 1.07^{2/3} = 489 \text{(m}^3/\text{s)}$$

即
$$i_K = \frac{Q^2}{K_K^2} = \frac{40^2}{489^2} = 0.006\,7$$

$$i = \frac{Q^2}{K^2}, \quad \text{而} \quad K = AC\sqrt{R}$$

其中
$$A = bh_0 = 5 \times 2 = 10 \text{(m}^2\text{)}$$
$$\chi = b + 2h_0 = 5 + 2 \times 2 = 9 \text{(m)}$$
$$R = \frac{A}{\chi} = \frac{10}{9} = 1.11 \text{(m)}$$
$$K = AC\sqrt{R} = \frac{A}{n} R^{2/3} = \frac{10}{0.02} \times 1.11^{2/3} = 536.0 \text{(m}^3/\text{s)}$$

所以
$$i = \frac{Q^2}{K^2} = \frac{40^2}{536^2} = 0.005\,6$$

可见 $i = 0.005\,6 < i_K = 0.006\,7$,此水流为缓流。

(3)应用佛汝德数判别：

$$F_r^2 = \frac{\alpha v^2}{gh}$$

由于 $h = h_0 = 2 \text{ m}$

$$v = \frac{Q}{A} = \frac{Q}{bh_0} = \frac{40}{5 \times 2} = 4 (\text{m/s})$$

所以 $$F_r^2 = \frac{\alpha v^2}{gh} = \frac{1 \times 4^2}{9.80 \times 2} = 0.816 < 1$$

可见 $F_r < 1$，此时水流为缓流。

单元五 非均匀渐变流水面曲线的定性分析

一、明渠渐变流的基本微分方程

明渠中水面曲线的分析和计算，在实际工程中具有重要的意义。而水面曲线的分析和计算，是从明渠恒定非均匀流必须满足的基本微分方程而得出的，下面就来讨论其微分方程。

由单元四的内容可知，断面必能随水深及流程的变化规律，即

$$\frac{dE_s}{ds} = i - J$$

$$\frac{dE_s}{dh} = 1 - \frac{\alpha Q^2 B}{g A^3} = 1 - \frac{\alpha v^2}{g \frac{A}{B}} = 1 - F_r^2$$

因此
$$\frac{dh}{ds} = \frac{i - j}{1 - F_r^2} \tag{3-44}$$

式(3-44)即是明渠非均匀渐变流的基本微分方程，它反映了水深沿程变化规律的关系式。

二、棱柱形渠道中恒定非均匀渐变流水面曲线定性分析

1. 水面曲线定性分析必备的条件

棱柱形渠道中的断面尺寸、流量、糙率及底坡均已知，另外，渠道要无限长，即是长度足够，水面曲线才可在渠中充分发展。

从明渠非均匀渐变流的微分方程上看出，水深 h 沿程变化规律是和渠道底坡 i 及实际水流的流态有关。因此，分析水面曲线应该根据底坡和流态进行。

2. 明渠底坡

在单元一中知道底坡有三种，即顺坡($i>0$)、逆坡($i<0$)和平坡($i=0$)。其中，顺坡又可分为缓坡、临界坡和陡坡，因此底坡共有五种情况。且在这五种情况的底坡中，可以将水流分区。

由于对于顺坡渠道水流有可能形成均匀流，因此存在正常水深 h_0，此时明渠均匀流的水面线即称为 $N-N$ 线；而在棱柱体渠道中，若流量、断面尺寸、断面形状等一定时，则临界水深相同，各断面临界水深线称为 $K-K$ 线。$N-N$ 线、$K-K$ 线都与底坡线平行，在上述的五种底坡上的 $N-N$ 线、$K-K$ 线等的分布情况如图3-15所示。即依次为缓坡、临界坡、陡坡、平坡和逆坡五种。

图 3-15　明渠的底坡类型
(a)缓坡；(b)临界坡；(c)陡坡；(d)平坡；(e)逆坡

于是，就将底坡上的空间由 $N-N$ 线、$K-K$ 线将其分成不同的区域，一般规定如下：

(1) a 区：水面线位于 $N-N$ 线和 $K-K$ 线之上的流区。

(2) b 区：水面线位于 $N-N$ 线和 $K-K$ 线之间的流区。b 区有两种情况：$N-N$ 线在 $K-K$ 线之上的缓坡明渠或 $N-N$ 线在 $K-K$ 线之下的陡坡明渠。

(3) c 区：水面线位于 $N-N$ 线和 $K-K$ 线之下底坡之上的流区。

同时，为方便区分不同底坡上的流区，特别规定：缓坡($0<i<i_K$)为"1"类，下脚标为"1"；陡坡($i>i_K>0$)为"2"类，下脚标为"2"；临界坡($i=i_K>0$)为"3"类，下脚标为"3"；逆坡($i<0$)为"4"类，上脚标为"′"；平坡($i=0$)为"0"类，下脚标为"0"。

由上述可知，明渠中共有 12 种流区，分别是 a_1、b_1、c_1、a_2、b_2、c_2、a_3、b_3、c_3、b'、c'、b_0、c_0。

3. 水面曲线定性分析

现以缓坡渠道为例进行说明：

(1) a_1 型水面曲线，曲线中 $h>h_0>h_K$，水流为缓流，所以 $J<i$，$F_r<1$，$\dfrac{dh}{dl}>0$，即水深是沿程增加的。所以，a_1 型曲线为壅水曲线。对于 a_1 型曲线的发展趋势，则向上游，当 $h\to h_0$ 时，$J\to i$，则 $\dfrac{dh}{dl}\to 0$，即水深沿程不变，也就是向上游以 $N-N$ 线为渐近线。向下游，水深越来越大，极限情况 $h\to\infty$，则 $A\to\infty$，$v\to 0$，此时 $F_r\to 0$，$J\to 0$，则 $\dfrac{dh}{dl}=i$，即水深沿程变化率和底坡 i 相同，只是变化方向相反，因此下游则以水平线为渐近线，如图 3-16(a)所示。

(2) b_1 型水面曲线，如图 3-16(b)所示，曲线中 $h_0>h>h_K$，水流为缓流，所以 $J<i$，$F_r<1$，$\dfrac{dh}{dl}<0$，即水深是沿程减小的。所以，b_1 型曲线为降水曲线。对于 b_1 型曲线的发展趋势，则向上游，当 $h\to h_0$ 时，$J\to i$，则 $\dfrac{dh}{dl}\to 0$，即水深沿程不变。也就是，向上游以 $N-N$ 线为渐近线。向下游，水深越来越小，极限情况 $h\to h_K$，此时 $F_r\to 1$，则 $\dfrac{dh}{dl}\to-\infty$。当水深接近 h_K，水面曲线有与 $K-K$ 线相垂直的趋势，这仅仅是一种理论的结果，实际此时水流已不属

图 3-16 明渠缓坡渠道曲线类型图

于渐变流,所以以虚线绘出上游 $h_1=(0.95—0.99)h_0$,下游 $h_2=h_K$。

(3)c_1 型水面曲线,$0<i<i_K$,$h_0>h_K$,水流为缓流,曲线的断面水深 $h<h_k<h_0$ 位于 c_1 区,有 $\dfrac{dh}{dl}>0$,即水深是沿程增加的壅水曲线。对于 c_1 型曲线的发展趋势,则向上游,以急流控制断面水深为起始水深(如收缩断面水深等),向下游,$h\to h_K$,$F_r\to 1$,则 $\dfrac{dh}{dl}\to+\infty$,水流穿越 $K-K$ 线时,渠道中将出现水跃与下游水面曲线衔接,如图 3-16(c)所示。

其余的 9 种水面曲线,根据上述的分析思路,大家课下自行分析,书中附有水面曲线分析表,供大家参考。

总的来说,分析水面曲线,遵循如下规律:

(1)在 a、c 区内的水面曲线,是水深沿程增加的壅水曲线,而 b 区的水面曲线则是水深沿程减小的降水曲线。

(2)水面曲线与正常水深线 $N-N$ 渐近相切。

非均匀流动中,当 $h\to h_0$ 时,水深沿程不再变化,水流称为均匀流动。

(3)水面曲线与临界水深线 $K-K$ 呈正交趋势。

但是实际水流仍要向下游流动,因而水流便越出渐变流的范围而形成了急变流动的水跃或水跌现象。

(4)水面曲线在向上、下游无限抬升时将趋于水平线。

(5)在临界坡渠道($i=i_K$)的情况下,$N-N$ 线与 $K-K$ 线重合。

4. 水面曲线的计算与绘制

前面对棱柱体明渠均匀渐变流水面曲线做了前面的定性分析,在工程实践中也需要定量的了解水深沿程变化,即确定水面曲线的位置,其实理论上来讲只需对微分方程积分就可以,但积分非常困难,通常采用分段求和法。它适用于各种明渠水流情况。应用前面推导出断面比能沿程变化微分方程为

$$\frac{dE_s}{ds}=i-J$$

假定在微小距离 Δl 段内 E_s、j 成线性变化,现将其改写成差分方程形式为

$$\frac{dE_s}{\Delta l}=i-\bar{j} \quad \text{或} \quad \Delta l=\frac{\Delta E_s}{i-\bar{j}}=\frac{E_{s_2}-E_{s_1}}{i-\bar{j}} \tag{3-45}$$

式中 E_{s_2}，E_{s_1}——分别表示 Δl 段上下两断面的断面比能；

$\bar{j}$——表示流段的平均水力坡度，$\bar{j}=\dfrac{1}{2}(J_1+J_2)$，$J$ 可以根据 $J=\dfrac{Q^2}{K^2}=\dfrac{Q^2}{A^2C^2R}$ 计算得出。

具体的计算绘制曲线实例这里就不再列举，见表 3-10，有兴趣的同学可以参考相关书籍阅读和学习。

表 3-10　各类水面曲线简图及工程实例

	水面曲线简图	工程实例
$i<i_K$		
$i>i_K$		
$i=i_K$		
$i=0$		
$i<0$		

单元六 水跌与水跃

前面讲述了明渠非均匀流的四种基本水力现象。具体来说,其中的水跌和水跃都是明渠非均匀流中的急变流,是不同流态转换的局部水力现象。明渠急变流是在自然界和工程中十分常见的一类水流现象,典型的例子有堰(Weirs)、闸(Sluice)和弯道水流,以及水跃、水跌等。由于在水面曲线分析和计算中,经常遇到流态的过渡问题,故本节着重介绍水跃和水跌两种局部的水力现象。另一方面,在工程实际问题中,常利用水跃来消除泄水建筑物下游高速水流的巨大动能,以便确保下游建筑物的安全。

一、水跌

当明渠水流由缓流过渡到急流时,水面会在短距离范围内急剧降落,这种水流现象称为水跌。水跌发生在明渠底坡突变或有跌坎处,其上、下游流态分别为缓流和急流,如图 3-17(a)、(b)所示。由于边界的突变,水流底部和下游的受力条件显著改变,使重力占主导地位,它力图将水流的势能转变成动能,从而使水面急剧下降,形成局部的急变流流段,水面急剧地从临界水深线之上降落到临界水深线之下。

图 3-17 水跌发生位置图示

根据明渠渐变流水面线的理论分析,水跌上游的水面下降不会低于临界水深,水跌下游的水深小于临界水深,因此,转折断面上的水深 h_D 应等于临界水深,所以,在进行明渠恒定渐变流的水面曲线分析时通常近似取 $h_D = h_K$ 作为控制水深。

二、水跃

水跃是明渠水流从急流状态过渡到缓流状态时水面突然跃起的局部水力现象(图 3-18)。其可以在溢洪道下、洪水闸下、跌水下游形成,也可以在平坡渠道闸下出流时形成。

图 3-18 水跃发生的位置与形式图

在水跃发生的流段内,流速大小及其分布不断变化。水跃区域的上部(图 3-18)旋滚区充满着剧烈翻滚的旋涡,并掺入大量气泡,称为表面旋滚区;在底部流速很大,主流接近渠底,受下游缓流的阻遏,在短距离内水深迅速增加,水流扩散,流态从急流转变为缓流,称为扩散主流区。表面旋滚区和扩散主流区之间存在大量的质量、动量交换,不能截然分开。

水跃是明渠急变流的重要水流现象,它的发生不仅增加了上、下游水流衔接的复杂性,还会引起大量的能量损失,是实际工程中有效的消能方式。在闸、陡槽等泄水建筑物的下游,一般都会有水跃的产生。

1. 水跃发生的形式

水跃发生的形式,有完整水跃和不完整水跃(也称不完整水跃)两种。

(1)完整水跃是指发生在棱柱形渠道的,其跃前水深 h' 和跃后水深 h'' 相差显著的水跃。这种水跃发生时,水表面有旋滚的水跃,消耗的能量相对多。

(2)不完整水跃是指水跃发生,水面只能产生一系列的波浪,波峰沿程减小直至消失,这种形式的水跃也称为波状水跃,该水跃发生时消耗的能量小于完整水跃。

2. 共轭水深

水跃发生前后断面的水深(用 h'、h'' 表示),它们之间具有相互依存的关系,称为共轭水深,习惯上称上述的共轭水深分别为第一共轭水深和第二共轭水深。共轭水深的计算此处忽略,可以参阅相关资料自学。

3. 水跃长度

水跃长度是消能建筑物(尤其是建筑物下游加固保护段)的尺寸设计的主要依据之一。但是,到目前为止,关于水跃长度的确定还没有可供应用的理论公式,虽然经验公式很多,但彼此相差较大。

根据明渠流的性质和试验的结果,目前采用的经验公式多以 h'、h'' 和来流的佛汝德数 F_{r_1} 为自变量。下面介绍几个常用的平底矩形断面明渠水跃长度计算的经验公式:

(1)以跃后水深表示的,如

$$美国垦务局公式 \qquad l_j = 6.1 h'' \tag{3-46}$$

该式适用范围为 $4.5 < F_{r_1} < 10$。

(2)以水跃高度表示的,如

$$Elevatorski 公式 \qquad l_j = 6.9(h'' - h') \tag{3-47}$$

长科院根据资料将系数取为 $4.4 \sim 6.7$。

(3)以 F_{r_1} 表示的,如

$$成都科技大学公式 \qquad l_j = 10.8 h'(F_{r_1} - 1)^{0.93} \tag{3-48}$$

该式系根据宽度为 $0.3 \sim 1.5$ m 的水槽上 $F_{r_1} = 1.72 \sim 19.55$ 的实验资料总结而来的:

$$陈椿庭公式 \qquad l_j = 9.4 h'(F_{r_1} - 1) \tag{3-49}$$

关于平底梯形渠中的水跃长度的公式这里就不再一一列举了,可以查阅相关书籍。

小 结

本模块主要介绍了明渠均匀流的形成条件和水力特性,明渠均匀流的底坡,明渠均匀流的基本计算公式,关键在于明渠均匀流的基本水力计算,其常见的类型即求明渠的流速

和流量(即过水能力)、水深、底宽、底坡及糙率。明渠非均匀流的四种基本水力现象、渠道底坡、临界水深方程是重点,水面曲线的定性分析是难点。

复习思考题

一、计算题

1. 有一条长直的梯形断面明渠,边坡系数 $m=1.5$,糙率 $n=0.025$,底坡 $i=0.0049$,过流断面底宽 $b=3$ m,正常水深 $h_0=0.5$ m。求该断面的流量 Q 及其平均流速 v。

2. 为测定某梯形断面渠道的糙率 n 值,选取 $L=150$ m 长均匀的流段进行测量。已知渠底宽度 $b=10$ m,边坡系数 $m=1.5$,水深 $h_0=3.0$ m,两断面的水面高差 $\Delta Z=0.3$ m,流量 $Q=50$ m³/s,试计算 n 值。

3. 某梯形断面渠道中的均匀流动,流量 $Q=20$ m³/s,渠道底宽 $b=5.0$ m,水深 $h_0=2.5$ m,边坡系数 $m=1.0$,糙率 $n=0.025$,试求渠道底坡 i。

4. 一路基排水沟需要通过流量 Q 为 1.0 m³/s,沟底坡度 i 为 $4/1000$,水沟断面采用梯形,并用小片石干砌护面,$n=0.02$,边坡系数 m 为 1。试按水力最优断面条件决定此排水沟水流为均匀流时的断面尺寸。

5. 有一输水渠道,在岩石中开凿,采用矩形过流断面。$i=0.003$,$Q=1.2$ m³/s。令水流为均匀流,试按水力最优断面条件设计断面尺寸。

6. 一梯形渠道,水流属于明渠均匀流流动,边坡系数 $m=1.5$,糙率 $n=0.035$,底坡 $i=0.006$,过流断面底宽 $b=3$ m,正常水深 $h_0=1.2$ m。求该断面的流量 Q 及其平均流速 v。

7. 有一条长直的梯形断面明渠,边坡系数 $m=1.0$,糙率 $n=0.0225$,底坡 $i=0.0003$,过流断面底宽 $b=4$ m,该断面的流量 $Q=4.5$ m³/s,求其正常水深 h_0 及其平均流速 v。

8. 有一条长直的梯形断面明渠,边坡系数 $m=1.5$,糙率 $n=0.032$,底坡 $i=0.007$,过流断面底宽 $b=4.5$ m,该断面的流量 $Q=6.5$ m³/s,求正常水深 h_0。

二、简答题

1. 什么是顺坡?什么是逆坡?什么是平坡?
2. 明渠均匀流的形成条件和水力特性分别是什么?
3. 什么是水力最优断面?水力最优条件下矩形断面的宽深比是多少?
4. 断面比能指的是什么?它与断面单位总能量有什么关系?
5. 什么是临界水深?临界水深方程是什么?每一项的水力学意义是什么?
6. 什么是正常水深?缓坡渠道及陡坡渠道中正常水深与临界水深有何关系?
7. 明渠非均匀流的四种基本水力现象分别是什么?
8. 明渠有哪几种水流形态?如何判定?
9. 什么是水跌?什么是水跃?水跃有哪几种类型?它们有什么特点?
10. 绘图说明比能曲线的意义。
11. 如何定性分析 a_1、a_2、a_3、b_2、b_1、b'、c_0、c' 型水面曲线?

三、填空题

1. 明渠均匀流中,_____线与_____线及_____线互相平行,_____坡度与_____坡度及_____坡度相等。

2. 断面比能_____时所对应的水深即临界水深。

3. 水流处在明渠均匀流时的水深即_____。

4. 佛汝德数 F_r_____水流为缓流；佛汝德数 F_r_____水流为急流；而佛汝德数 F_r_____水流为临界流。

5. 水流由缓流向急流过渡的水流状态，称之为_____；水流由急流向缓流过渡的水流状态，称之为_____。

四、拓展题

如何定性分析和定量计算水面曲线的类型？

模块四 堰流与下游消能

学习目标

1. 掌握堰流的定义，能够对其进行分类；
2. 掌握堰流的作用。

能力目标

了解泄水建筑物下游的消能形式和措施。

学习重点

堰流的分类及其对下游水流的影响。

堰流和闸下出流属于急变流的范畴，其水头损失以局部水头损失为主，沿程水头损失往往忽略不计。这种水流形式在实际工程中应用极其广泛，如在水利工程中，常用作引水灌溉、泄洪的水工建筑物；在给水排水工程中，堰流是常用的溢流设备和量水设备；在交通土建工程中，宽顶堰流理论是小桥涵孔水力计算的基础。

单元一 堰流及其分类

无压缓流经障壁溢流时，上游发生壅水，然后水面降落，这一局部水流现象称为堰流。障壁称为堰。障壁对水流具有两种形式的作用：其一是侧向收缩，如桥涵；其二是底坝的约束，如闸坝等水工建筑物。研究堰流的目的是探讨堰流的过流能力 Q 与堰流其他特征量的关系，从而解决工程中有关水力学的问题。

如图 4-1 所示，表征堰流的特征量有：堰宽 b，即水流漫过堰顶的宽度；堰前水头 H，即堰上游水位在堰顶上的最大超高；堰壁厚度 δ 和它的剖面形状；下游水深 h 及下游水位高出堰顶的高度 Δ；堰上、下游高 p 及 p'；行近流速 v_0 等。根据堰流的水力特点，可按 δ/H 的大小将堰划分为以下三种基本类型：

(1) 薄壁堰（$\delta/H<0.67$），水流越过堰顶时，堰顶厚度 δ 不影响水流的特性，如图 4-2(a) 所示。薄壁堰根据堰口的形状，一般有矩形堰、三角堰和梯形堰等。薄壁堰主要用作量测流量的一种设备。

图 4-1 堰流示意图

(2)实用堰（$0.67<\delta/H<2.5$），堰顶厚度δ对水舌的形状已有一定影响，但堰顶水流仍为明显弯曲向下的流动。实用堰的纵剖面可以是曲线形，如图 4-2(b)所示；也可以是折线形，如图 4-2(c)所示。工程上的溢流建筑物常属于这种堰。

(3)宽顶堰（$2.5<\delta/H<10$），堰顶厚度δ已大到足以使堰顶出现近似水平的流动，如图 4-2(d)所示，但其沿程水头损失还未达到显著的程度而仍可以忽略。水利工程中的引水闸底坝即属于这种堰。

图 4-2　各种类型的堰顶水流示意图
(a)薄壁堰；(b)实用堰(曲线形)；(c)实用堰(折线形)；(d)宽顶堰

当$\delta/H>10$时，沿程水头损失逐渐起主要作用，不再属于堰流的范畴。

堰流形式虽多，但其流动却具有一些共同特征。水流趋近堰顶时，流股断面收缩，流速增大，动能增加而势能减小，故水面有明显降落。从作用力方面看，重力作用是主要的；堰顶流速变化大，且流线弯曲，属于急变流动，惯性力作用也显著；在曲率大的情况下有时表面张力也有影响；因溢流在堰顶上的流程短（$0\leqslant\delta\leqslant 10H$），黏性阻力作用小。在能量损失上主要是局部水头损失，沿程水头损失可忽略不计（如宽顶堰和实用堰），或无沿程水头损失（如薄壁堰）。由于上述共同特征，堰流基本公式可具有同样的形式。

影响堰流性质的因素除δ/H外，堰流与下游水位的连接关系也是一个重要因素。当下游水深足够小，不影响堰流性质（如堰的过流能力）时，称为自由式堰流；否则，称为淹没式堰流。开始影响堰流性质的下游水深，称为淹没标准。另外，当堰宽b小于上游渠道宽度B时，称为侧收缩堰；当$b=B$时，则称为无侧收缩堰。

单元二　堰流的基本公式

一、基本计算公式

如图 4-3 所示，现用能量方程式来推求堰流计算的基本公式。

对堰前断面 0—0 及堰顶断面 1—1 列出能量方程，以通过堰顶的水平面为基准面。其中，0—0 断面为渐变流；而 1—1 断面由于流线弯曲属急变流，过水断面上测压管水头不为常数，故用 $\left(z+\dfrac{p}{\gamma}\right)$ 表示 1—1 断面上测压管水头平均值。由此可得

图 4-3 薄壁堰模拟图

$$H+\frac{\alpha_0 v_0^2}{2g}=\left(z+\frac{p}{\gamma}\right)+(\alpha_1+\zeta)\frac{v_1^2}{2g}$$

式中　v_1——1—1 断面的平均流速；

　　　v_0——0—0 断面的平均流速，即行近流速；

　　　α_0，α_1——相应断面的动能修正系数；

　　　ζ——局部损失系数。

设 $H+\dfrac{\alpha_0 v_0^2}{2g}=H_0$，其中 $\dfrac{\alpha_0 v_0^2}{2g}$ 为行近流速水头，H_0 称为堰顶总水头。

令 $\left(z+\dfrac{p}{\gamma}\right)=\xi H_0$，$\xi$ 为某一修正系数。则上式可改写为

$$H_0-\xi H_0=(\alpha_1+\zeta)\frac{v_1^2}{2g}$$

即

$$v_1=\frac{1}{\sqrt{\alpha_1+\zeta}}\sqrt{2g(H_0-\xi H_0)}$$

因为堰顶过水断面面积一般为矩形，设其断面宽度为 b；1—1 断面的水舌厚度用 kH_0 表示，k 为反映堰顶水流垂直收缩的系数。则 1—1 断面的过水面积应为 $kH_0 b$；通过流量为

$$Q=kH_0 bv=kH_0 b\frac{1}{\sqrt{\alpha_1+\zeta}}\sqrt{2g(H_0-\xi H_0)}=\varphi k\sqrt{1-\xi}\,b\,\sqrt{2g}\,H_0^{3/2}$$

式中　$\varphi=\dfrac{1}{\sqrt{\alpha_1+\zeta}}$——流速系数。

令 $\varphi k\sqrt{1-\xi}=m$，称为堰的流量系数，则有

$$Q=mb\sqrt{2g}H_0^{3/2} \tag{4-1}$$

式(4-1)虽是针对矩形薄壁堰推导而得的流量公式，如仿照上述方法，对实用堰和宽顶堰进行流量公式推导，将得出与式(4-1)同样形式的流量公式，只是流量系数所代表的数值不同。因此，式(4-1)称为堰流基本公式。

实际工程中，堰顶水头 H 的量测是很方便的，但计算行近流速 v_0，则需先已知流量，而流量需由式(4-1)算出。由于式中 H_0 包括行近流速水头，应用式(4-1)计算流量不很方便。为了避免这点，可将堰流的基本公式改用堰顶水头 H 表示，即

$$Q=m_0\sqrt{2g}bH^{3/2} \tag{4-2}$$

式中，$m_0=m(1+\alpha_0 v_0^2/2gH)^{3/2}$，为计及行近流速的堰流流量系数。

从上面的推导可以看出，影响流量系数的主要因素是 φ，k，ξ，即 $m=f(\varphi,k,\xi)$。其中，φ 主要是反映局部水头损失的影响；k 是反映堰顶水流垂直收缩的程度；而 ξ 则是代表堰顶断面的平均测压管水头与堰顶总水头之间的比例系数。显然，所有这些因素除与堰顶水头 H 有关外，还与堰的边界条件，如上游堰高 P 以及堰顶进口边缘的形状等有关。所以，不同类型、不同高度的堰，其流量系数各不同。

实际应用时,有时下游水位较高或下游堰高较小影响了堰的过流能力,这种堰流称为淹没溢流。此时,可用小于1的淹没系数 σ 表明其影响,因此,淹没式的堰流基本公式可表示为

$$Q = \sigma m b \sqrt{2g} H_0^{3/2} \tag{4-3}$$

或

$$Q = \sigma m_0 b \sqrt{2g} H^{3/2} \tag{4-4}$$

当堰顶过流宽度小于上游来流宽度或是堰顶设有闸墩及边墩时,过堰水流就会产生侧向收缩,减少有效过流宽度并增加局部阻力,从而降低过流能力。

为考虑侧向收缩对堰流的影响,有两种处理方法,一种和淹没堰流影响一样,在堰流基本公式中乘以侧向收缩系数 ε;另一种是将侧向收缩的影响合并在流量系数中考虑。

二、堰流的水流特点和过流能力

(一)薄壁堰

薄壁堰流由于具有稳定的水头和流量关系,因此,常作为水力模型试验或野外流量测量中一种有效的量水工具。另外,工程上广泛应用的曲线形实用堰,其外形一般按照矩形薄壁堰流水舌下缘曲线设计。所以,薄壁堰流的研究具有实际意义,如图4-4所示为矩形薄壁堰流。另外,还有三角形薄壁堰。

图 4-4 矩形薄壁堰流

薄壁堰在形成淹没溢流时,下游水面波动较大,溢流很不稳定。所以,一般情况下量水用的薄壁堰不宜在淹没条件下工作。当堰下游水位高于堰顶且下游发生淹没水跃时,将会影响堰流性质,形成淹没式堰流。

(二)实用堰

实用堰主要用作蓄水挡水建筑物——坝,或净水建筑物的溢流设备。根据堰的专门用途和结构本身稳定性要求,其剖面可设计成曲线或折线两类,如图4-5、图4-6所示。

(三)宽顶堰

许多水工建筑物的水流性质,从水力学的观点来看,一般都属于宽顶堰流。例如,小桥桥孔的过水,无压短涵管的过水,水利工程中的节制闸、分洪闸、泄水闸,灌溉工程中

的进水闸、分水闸、排水闸等。当闸门全开时，都具有宽顶堰的水力性质。因此，宽顶堰理论与水工建筑物的设计有密切的关系。宽顶堰上的水流现象是很复杂的。根据其主要特点，抽象出的计算图形如图 4-7（自由式）、图 4-8（淹没式）所示。

图 4-5　流线类实用堰

图 4-6　折线类实用堰

图 4-7　自由式宽顶堰顶水流

图 4-8　淹没式宽顶堰顶水流示意图

1. 自由式无侧收缩宽顶堰

宽顶堰上的水流主要特点，可以认为：自由式宽顶堰流在进口不远处形成一收缩水深 h_1（即水面第一次降落），此收缩水深 h_1 小于堰顶断面的临界水深 h_K，形成流线近似平行于堰顶的渐变流，最后在出口（堰尾）水面再次下降（水面第二次降落），如图 4-7 所示。

自由式无侧收缩宽顶堰的流量计算可采用堰流基本公式（4-1）得出

$$Q = mb\sqrt{2g}H_0^{1.5}$$

式中，流量系数 m 与堰的进口形式以及堰的相对高度 p/H 等有关，可按经验公式计算；对于直角进口，有

$$m=0.32 \quad [(p/H)>3]$$

$$m=0.32+0.01\frac{3-(p/H)}{0.46+0.75(p/H)} \quad [0\leqslant(p/H)\leqslant3]$$

对于圆角进口(当$r/H\geqslant0.2$,r为圆进口圆弧半径),有

$$m=0.36 \quad [(p/H)>3]$$

$$m=0.36+0.01\frac{3-(p/H)}{1.2+1.5(p/H)} \quad [0\leqslant(p/H)\leqslant3]$$

宽顶堰的流量系数最大不超过0.385,因此,宽顶堰的流量系数m的变化范围,应为$0.32\sim0.385$。

2. 淹没式无侧收缩宽顶堰

自由式宽顶堰堰顶水深h_1小于临界水深h_K,即堰顶上的水流为急流。从图4-7可知,当下游水位低于坎高,即$\Delta<0$时,下游水流绝对不会影响堰顶水流的性质。因此,$\Delta>0$是下游水位影响堰顶水流的必要条件,即$\Delta>0$是形成淹没式堰的必要条件。至于形成淹没式堰流的充分条件,是下游水位影响堰顶上水流由急流转变为缓流。但是由于堰壁的影响,堰下游水流情况复杂,因此使其发生淹没水跃的条件也较复杂。目前,用理论分析来确定淹没充分条件尚有困难,在实际工程中,一般采用实验资料来加以判别。通过实验,可以认为淹没式宽顶堰的充分条件是

$$\Delta=h-p'\geqslant0.8H_0 \tag{4-5}$$

当满足条件式(4-5)时,为淹没式宽顶堰。

3. 侧收缩宽顶堰

如堰前引水渠道宽度B大于堰宽b,则水流流进堰后,在侧壁发生分离,使堰流的过水宽度实际上小于堰宽。同时,也增加了局部水头损失。若用侧收缩系数ε考虑上述影响,则自由式侧收缩宽顶堰的流量公式为

$$Q=m\varepsilon b\sqrt{2g}H_0^{1.5}=mb_c\sqrt{2g}H_0^{1.5} \tag{4-6}$$

式中,$b_c=\varepsilon b$,称为收缩堰宽;收缩系数ε可用经验公式

$$\varepsilon=1-\frac{a}{\sqrt[3]{0.2+(p/H)}}\sqrt[4]{\frac{b}{B}}\left(1-\frac{b}{B}\right) \tag{4-7}$$

计算。其中,a为墩形系数:直角边缘$a=0.19$;圆角边缘$a=0.1$。

若为淹没式侧收缩宽顶堰,即

$$Q=\sigma mb_c\sqrt{2g}H_0^{1.5} \tag{4-8}$$

【例4-1】 求流经直角进口无侧收缩宽顶堰的流量Q。已知堰顶水头$H=0.85$ m,坎高$p=p'=0.50$ m,堰下游水深$h=1.10$ m,堰宽$b=1.28$ m,取动能修正系数$\alpha=1.0$。

解: 首先,判明此堰是自由式还是淹没式,即

$$\Delta=h-p'=1.10-0.50=0.60(\text{m})>0$$

所以,淹没式的必要条件满足,但

$$0.8H_0>0.8H=0.8\times0.85=0.68(\text{m})>\Delta$$

则淹没式的充分条件不满足,故此堰是自由式。

计算流量系数m:

因$p/H=0.50/0.85=0.588<3$,则由式(4-2)得

$$m=0.32+0.01\times\frac{3-0.588}{0.46+0.75\times 0.588}=0.347$$

计算流量 Q：

由于 $H_0=H+\dfrac{\alpha Q^2}{2g\,[b(H+p)]^2}$，代入式(4-2)，得

$$Q=mb\sqrt{2g}\,H_0^{1.5}=mb\sqrt{2g}\left[H+\frac{\alpha Q^2}{2gb^2(H+p)^2}\right]^{1.5}$$

在计算中常采用迭代法解此高次方程。将有关数据代入上式，得

$$Q=0.347\times 1.28\times\sqrt{2\times 9.8}\times\left[0.85+\frac{1.0\times Q^2}{2\times 9.8\times 1.28^2\times(0.85+0.50)^2}\right]^{1.5}$$

得迭代式

$$Q_{(n+1)}=1.966\times\left[0.85+\frac{Q_{(n)}^2}{58.525}\right]^{1.5}$$

式中，下标 n 为迭代循环变量。

取初值 $(n=0)$ $Q_{(0)}=0$，得

第一次近似值：$Q_{(1)}=1.966\times 0.85^{1.5}=1.54(\mathrm{m^3/s})$

第二次近似值：$Q_{(2)}=1.966\times\left(0.85+\dfrac{1.54^2}{58.525}\right)^{1.5}=1.65(\mathrm{m^3/s})$

第三次近似值：$Q_{(3)}=1.966\times\left[0.85+\dfrac{1.65^2}{58.525}\right]^{1.5}=1.67(\mathrm{m^3/s})$

现 $\left|\dfrac{Q_{(3)}-Q_{(2)}}{Q_{(3)}}\right|=\dfrac{1.67-1.65}{1.67}\approx 0.01$

若此计算误差小于要求的误差限值，则 $Q\approx Q_3=1.67(\mathrm{m^3/s})$。

当计算误差限值要求为 ε 值，要一直计算到

$$\left|\frac{Q_{(n+1)}-Q_{(n)}}{Q_{(n+1)}}\right|\leqslant\varepsilon$$

为止，则 $Q\approx Q_{(n+1)}$。

校核堰上游是否为缓流：

由 $\quad v_0=\dfrac{Q}{b(H+p)}=\dfrac{1.67}{1.28\times(0.85+0.50)}=0.97(\mathrm{m/s})$

则 $\quad F_r=\dfrac{v_0}{\sqrt{g(H+p)}}=\dfrac{0.97}{\sqrt{9.8\times(0.85+0.50)}}=0.267<1$

故上游水流确为缓流。缓流流经障壁形成堰流，因此上述计算有效。

4. 宽顶堰的水力计算

因 $H_0=H+\dfrac{\alpha_0 v_0^2}{2g}=H+\dfrac{\alpha_0 Q^2}{2gA_0^2}$，按式(4-1)，水力计算公式为

$$\left.\begin{aligned}Q&=\varepsilon\sigma mb\sqrt{2g}\left(H+\frac{\alpha_0 Q^2}{2gA_0^2}\right)^{\frac{3}{2}}\\ A_0&=f(H)\end{aligned}\right\} \quad (4\text{-}9)$$

式中　A_0——堰前断面 0—0 处的过面积(图 4-7)。

如上游渠道断面为矩形，渠宽为 B 时，式(4-9)可写成

$$Q = \varepsilon\sigma m b \sqrt{2g} \left[H + \frac{\alpha_0 Q^2}{2gB^2(H+P)^2} \right]^{\frac{3}{2}} \quad (4\text{-}10)$$

式(4-10)中，Q 和 H 均为隐函数，求解 Q 或 H 均需试算。计算步骤如下：
(1)判别出流状态，确定淹没系数 σ；
(2)计算流量系数(按经验公式)m 及侧收缩系数；
(3)按已知条件，求解有关问题。
宽顶堰水力计算回顾及方法。
(1)已知 H、p_1、p_2、B、b、h_t、渠道断面形状尺寸，求 Q(符号意义见前)。
按式(4-9)试计算流量 Q，一般按下式控制精度要求，即

$$\left| \frac{Q_n - Q_{n-1}}{Q_n} \right| \leqslant \Delta \quad (4\text{-}11)$$

计算流量的程序框图如图 4-9 所示。

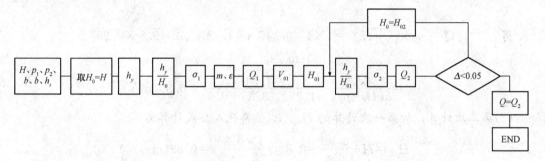

图 4-9　计算流量的程序框图

(2)已知 Q、B、b、p_1、p_2、h_t、渠道断面形状，求堰的泄流宽度 b。
这类问题因 b 未知，则 ε 未知，也需试算。程序框图如图 4-10 所示。

图 4-10　程序框图

(3)已知 Q、B、b、p_1、p_2、h_t、渠道断面形状，求堰顶水头 H。试算框图如图 4-11 所示。

图 4-11　试算框图

【例 4-2】 已知宽顶堰 $H=0.85$ m，坎高 $p_1=p_2=0.5$ m，下游水深 $h_t=1.12$ m，无侧收缩，$b=1.28$ m，求泄流量 Q。

解：（1）第一次计算。

$H_0 = H = 0.85$ m

$\dfrac{h_y}{H_0} = \dfrac{h_t - p_2}{H_0} = \dfrac{1.12 - 0.5}{0.85} = 0.73 < 0.8$，属自由出流，$\sigma = 1$。

$\dfrac{p_1}{H} = \dfrac{0.5}{0.85} = 0.5882 < 3$，采用式(4-6)计算流量系数，有

$$m = 0.32 + 0.01 \times \dfrac{3 - \dfrac{p_1}{H}}{0.46 + 0.75 \dfrac{p_1}{H}} = 0.32 + 0.01 \times \dfrac{3 - \dfrac{0.5}{0.85}}{0.46 + 0.75 \times \dfrac{0.5}{0.85}}$$

$$= 0.3468$$

又 $\varepsilon = 1$

得 $Q = \varepsilon \sigma m b \sqrt{2g} H_0^{\frac{3}{2}} = 1 \times 1 \times 0.3468 \times 1.28 \times \sqrt{2 \times 9.8} \times 0.85^{\frac{3}{2}}$

$$= 1.54 \, (\text{m}^3/\text{s})$$

$$v_{01} = \dfrac{Q_1}{b(H+p_1)} = \dfrac{1.54}{1.28 \times (0.85 + 0.5)} = 0.89 \, (\text{m/s})$$

（2）第二次计算，按第一次计算的 H_0、v_{01} 值再代入公式计算为

$$H_{01} = H + \dfrac{\alpha_0 v_{01}^2}{2g} = 0.85 + \dfrac{1 \times 0.89^2}{2 \times 9.8} = 0.89 \, (\text{m/s})$$

$$\dfrac{h_y}{H_{01}} = \dfrac{1.12 - 0.5}{0.89} = 0.6966 < 0.8, \quad \sigma = 1$$

$$Q_2 = \varepsilon \sigma m b \sqrt{2g} H_{01}^{\frac{3}{2}} = 1 \times 1 \times 0.3468 \times 1.28 \sqrt{2 \times 9.8} \times 0.89^{\frac{3}{2}}$$

$$= 1.65 \, (\text{m}^3/\text{s})$$

$$v_{02} = \dfrac{Q_2}{b(H+p_1)}$$

$$= \dfrac{1.65}{1.28 \times (0.85 + 0.5)}$$

$$= 0.95 \, (\text{m/s})$$

（3）验算精度，即

$$\Delta = \left| \dfrac{Q_2 - Q_1}{Q_2} \right| = \left| \dfrac{1.65 - 1.54}{1.65} \right| = 0.067 > 0.05$$

（4）验算出流状态，即

$$H_{02} = H + \dfrac{\alpha_0 v_{02}^2}{2g}$$

$$= 0.85 + \dfrac{1 \times 0.95}{2 \times 9.8}$$

$$= 0.90 \, (\text{m/s})$$

$$\dfrac{h_y}{H_{02}} = \dfrac{1.12 - 0.5}{0.90}$$

$$= 0.6889 < 0.8, \quad \sigma = 1$$

$$Q_3 = \varepsilon\sigma b\sqrt{2g}H_{02}^{\frac{3}{2}} = 1\times1\times0.3468\times1.28\sqrt{2\times9.8}\times0.90^{\frac{3}{2}} = 1.68(\text{m}^3/\text{s})$$

$$v_{03} = \frac{Q_3}{b(H+p_1)} = \frac{1.68}{1.28\times(0.85+0.5)} = 0.9722(\text{m/s})$$

$$H_{03} = H + \frac{\alpha_0 v_{03}^2}{2g} = 0.85 + \frac{1\times0.9722^2}{2\times9.8} = 0.8982(\text{m})$$

$$\frac{h_y}{H_{03}} = \frac{h_t - p_2}{H_3} = \frac{1.12-0.5}{0.8982} = 0.6903 < 0.8,\ \sigma=1$$

属自由出流，与出判流态一致，故
$$Q = Q_3 = 1.68\ \text{m}^3/\text{s}$$

【例 4-3】 有一矩形宽顶堰，槛高 $p_1=p_2=1$ m，堰顶水头 $H=2$ m，堰宽 $b=2$ m，引水渠宽 $B=3$ m，下游水深 $h_t=1$ m，求泄流量 Q。

解： 因 $B>b$，故为有侧收缩堰。

又 $h_y = h_t - p_2 = 1-1 = 0$，故为自由出流，$\sigma=1$。由式(4-7)，边墩为矩形边缘，$a=0.19$ 得

$$\varepsilon = 1 - \frac{a}{\sqrt[3]{0.2+\frac{p_1}{H}}}\sqrt[4]{\frac{b}{B}}\left(1-\frac{b}{B}\right)$$

$$= 1 - \frac{0.19}{\sqrt[3]{0.2+\frac{1}{2}}}\sqrt[4]{\frac{2}{3}}\left(1-\frac{2}{3}\right) = 0.9355$$

$\frac{p_1}{H} = \frac{1}{2} = 0.5 < 3$，有

$$m = 0.32 + 0.01\times\frac{3-\frac{p_1}{H}}{0.46+0.75\frac{p_1}{H}} = 0.32+0.01\times\frac{3-0.5}{0.46+0.75\times0.5}$$

$$= 0.3499$$

若取 $v_0=0$，则有 $H_0=H=2$，得

$$Q = \varepsilon\sigma m b\sqrt{2g}H_0^{\frac{3}{2}} = 0.9355\times1\times0.3449\times2\times\sqrt{2\times9.8}\times2^{\frac{3}{2}}$$

$$= 8.0805(\text{m}^3/\text{s})$$

若考虑 v_0 影响，因渠中流量未知，应按上个工程实例方法计算。渠中行接流速一般应予考虑。若堰前为大水库，可取 $v_0=0$。

【例 4-4】 某进水闸具有直角前缘闸坎。坎前河底高程 $\nabla_0=100$ m，上游水位 $\nabla_1=107$ m，下游水位 $\nabla_2=102$ m，坎顶高程 $\nabla=103$ m，闸分两孔，墩形为圆形边缘，上、下游渠道断面为矩形，渠宽 $B=20$ m，泄流量 $Q=200$ m^3/s，所求需闸孔泄流宽度 b。

解： (1) 求总水头 H_0。

$$H = \nabla_1 - \nabla = 107-103 = 4(\text{m})$$

$$p_1 = \nabla - \nabla_0 = 103-100 = 3(\text{m}),\ 取\ \alpha_0=1$$

$$H_0 = H + \frac{\alpha_0 v_0^2}{2g} = H + \frac{1}{2g}\left[\frac{Q}{B(H+p_1)}\right]^2$$

$$= 4 + \frac{1}{19.6}\times\left(\frac{200}{20\times(4+3)}\right)^2 = 4.104(\text{m})$$

(2)流量系数m。

$\frac{p_1}{H} = \frac{3}{4} = 0.75 < 3$,有

$$m = 0.32 + 0.01 \frac{3 - \frac{p_1}{H}}{0.45 + 0.75 \frac{p_1}{H}} = 0.32 + 0.01 \times \frac{3 - 0.75}{0.45 + 0.75 \times 0.75}$$

$$= 0.342\ 2$$

(3)泄水宽度b(因b与ε有关,只能试算)

$h_y = \nabla_2 - \nabla = 102 - 103 = -1(m)$;$\sigma = 1$。取$\varepsilon_1 = 0.95$

$$b = \frac{Q}{\varepsilon_1 \sigma m \sqrt{2g} H_0^{\frac{3}{2}}} = \frac{200}{0.95 \times 1 \times 0.342\ 2 \times \sqrt{19.6} \times (4.104)^{\frac{3}{2}}}$$

$$= 16.71(m)$$

按式(4-7)计算,墩形系数$a = 0.1$,有

$$\varepsilon_x = 1 - \frac{a}{\sqrt[3]{0.2 + \frac{p_1}{H}}} \sqrt[4]{\frac{b_1}{B}} \left(1 - \frac{b}{B}\right)$$

$$= 1 - \frac{0.1}{\sqrt[3]{0.2 + 0.75}} \sqrt[4]{\frac{16.71}{20}} \left(1 - \frac{16.71}{20}\right)$$

$$= 0.984\ 0 > \varepsilon_1$$

取$\varepsilon_2 = 0.980$

$$b_2 = \frac{200}{0.980 \times 1 \times 0.342\ 2 \times \sqrt{19.6} \times (4.104)^{\frac{3}{2}}} = 16.202\ 6$$

$$\varepsilon_x = 1 - \frac{0.1}{\sqrt[3]{0.2 + 0.75}} \times \sqrt[4]{\frac{16.202\ 6}{20}} \left(1 - \frac{16.202\ 6}{20}\right) = 0.981\ 7$$

$$\varepsilon_x \approx \varepsilon_2 = 0.980$$

得 $\varepsilon = 0.98$,$b = b_2 = 16.202\ 6$

每孔宽 $b_n = \frac{b}{n} = \frac{16.202\ 6}{2} = 8.10$

上述结果为水力条件要求的孔宽,即泄流宽度。在实际工程中,还应考虑闸孔标准梁的长度及闸门尺寸标准等,最后结合水力计算结果选定进水闸孔宽度。

【例4-5】 进水闸的坎前河底高程$\nabla_0 = 100$ m,上游水位$\nabla_1 = 107$ m,下游水位$\nabla_2 = 106.7$ m,堰顶高程$\nabla = 103$ m,闸分两孔,闸墩头部为半圆形,堰的进口为直角方形,渠道宽$B = 20$ m,堰的泄流宽度$b = 16$ m,求堰的泄流量Q。

解:(1)计算H、m为

$$H = \nabla_1 - \nabla = 107 - 103 = 4(m),\ p_1 = 3\ m$$

$\frac{p_1}{H} = \frac{3}{4} = 0.75 < 3$,得$m = 0.342$。

(2)计算σ、ε为

$$h_y = \nabla_2 - \nabla = 106.7 - 103 = 3.7(m)$$

设$H_0 = H = 4$ m,则$\frac{h_y}{H_0} = \frac{3.7}{4} = 0.925 > 0.8$,属淹没出流,查表(内插)得$\sigma = 0.76$。

$$\varepsilon = 1 - \frac{a}{\sqrt[3]{0.2 + \frac{p_1}{H}}} \sqrt[4]{\frac{b}{B}} \left(1 - \frac{b}{B}\right)$$

$$= 1 - \frac{0.1}{\sqrt[3]{0.2 + 0.75}} \sqrt[4]{\frac{16}{20}} \times \left(1 - \frac{16}{20}\right) = 0.9808$$

(3) 第一次流量值为

$$Q_1 = \varepsilon \sigma m b \sqrt{2g} H_0^{\frac{3}{2}} = 0.9808 \times 0.76 \times 0.342 \times 16 \times \sqrt{19.6} \times 4^{\frac{3}{2}} = 144.46 (\text{m}^3/\text{s})$$

$$v_{01} = \frac{Q_1}{A_{01}} = \frac{Q}{B(H+p_1)} = \frac{144.46}{20 \times (4+3)} = 1.0319 (\text{m/s})$$

$$H_{01} = H + \frac{\alpha_0 v_0^2}{2g} = 4 + \frac{1 \times (1.0319)^2}{2 \times 9.8} = 4.0543 (\text{m})$$

$$\frac{h_y}{H_{01}} = \frac{3.7}{4.0543} = 0.9126 > 0.8, \text{为淹没出流}.$$

查表得 $\sigma = 0.817$，又因 $\varepsilon = 0.9808$，故 $m = 0.342$。

(4) 第二次流量计算。

$$Q_2 = \varepsilon \sigma m b \sqrt{2g} H_{01}^{\frac{3}{2}} = 0.9808 \times 0.817 \times 0.342 \times 16 \times \sqrt{19.6} \times (4.0543)^{\frac{3}{2}} = 158.47 (\text{m}^3/\text{s})$$

$$v_{02} = \frac{Q_2}{B(H+p_1)} = \frac{158.47}{20 \times (4+3)} = 1.132 (\text{m/s})$$

$$H_{02} = H + \frac{\alpha_0 V_{02}^2}{2g} = 4 + \frac{1 \times 1.132^2}{19.6} = 4.0654 (\text{m})$$

$$\frac{h_y}{H_{02}} = \frac{3.7}{4.0654} = 0.9101 > 0.8, \text{属淹没出流；查表得} \sigma = 0.80$$

(5) 第三次流量计算。

$$Q_3 = \varepsilon \sigma m b \sqrt{2g} H_{02}^{\frac{3}{2}} = 0.9808 \times 0.8 \times 0.342 \times 16 \times \sqrt{19.6} \times (4.0654)^{\frac{3}{2}} = 155.81 (\text{m}^3/\text{s})$$

$$v_{03} = \frac{Q_3}{B(H+P_1)} = \frac{155.81}{20 \times (4+3)} = 1.1129 (\text{m/s})$$

$$H_{03} = H + \frac{\alpha_0 v_{03}^2}{2g} = 4 + \frac{1 \times 1.1129^2}{19.6} = 4.0632 (\text{m})$$

$$\frac{h_y}{H_{03}} = \frac{3.7}{4.0632} = 0.9106, \quad \sigma = 0.8178$$

(6) 第四次流量计算。

$$Q_4 = \varepsilon \sigma m b \sqrt{2g} H_{03}^{\frac{3}{2}} = 0.9808 \times 0.8178 \times 0.342 \times 16 \times \sqrt{19.6} \times (4.0632)^{\frac{3}{2}} = 159.15 (\text{m}^3/\text{s})$$

$$v_{04} = \frac{Q_4}{B(H+P_1)} = \frac{159.15}{20 \times (4+3)} = 1.1368 (\text{m/s})$$

$$H_{04} = H + \frac{\alpha_0 v_{04}^2}{2g} = 4 + \frac{1 \times (1.1368)^2}{2 \times 9.8} = 4.0659 (\text{m})$$

$$\frac{h_y}{H_{04}} = \frac{3.7}{4.0659} = 0.9100, \quad \sigma = 0.8180$$

(7) 第五次流量计算。

$$Q_5 = \varepsilon \sigma m b \sqrt{2g} H_{04}^{\frac{3}{2}} = 0.9808 \times 0.818 \times 0.342 \times 16 \times \sqrt{19.6} \times (4.0659)^{\frac{3}{2}} = 159.35 (\text{m}^3/\text{s})$$

(8)误差。

$$\Delta = \left|\frac{Q_5 - Q_4}{Q_5}\right| = \left|\frac{159.35 - 159.14}{159.35}\right| = 0.0013 = 0.13\%$$

故 $Q = 159.35 \text{ m}^3/\text{s}$

从上述计算可知，用迭代法求解宽顶堰流量高次方程，是一种行之有效的方法，但计算十分复杂，可用计算机语言编制程序，用计算机去求解。

单元三 泄水建筑物下游的消能

一、消能的形式

在堰、闸下游，陡坡渠道的尾端，桥涵出口，跌水等处的水流，其流速较高，会冲刷河床，危及水工建筑物的安全。为了把引起冲刷的水流能量在比较短的区域内消除而设置的消能措施，称为消能工。消能工的形式较多，按作用的基本形式可划分为以下三种：

(1)底流型衔接消能[图 4-12(a)]。在紧接泄水建筑物的下游修建消能池，使水跃在池内形成，借水跃实现急流向下游河道中缓流的衔接过渡，并利用水跃消除余能。由于衔接段主流在底部，故称为底流型衔接消能。

(2)面流型衔接消能[图 4-12(b)]。在泄水建筑物尾端修建低于下游水位的跌坎，将宣泄的高速急流导向下游水流的表层，并受其顶托而扩散。坎后形成的底部旋滚，既可隔开主流与河床，以免其直接冲刷河床，又可消除余能。由于衔接段高流速主流在表层，故称为面流型衔接消能。

(3)挑流型衔接消能[图 4-12(c)]。在泄水建筑物尾端修建高于下游水位的挑流鼻坎，将宣泄水流抛射向空中再跌落到远离建筑物的下游，形成的冲刷坑不致影响建筑物的安全。挑流水舌潜入冲刷坑水垫中所形成的两个旋滚可消除大部分余能。这种方式称为挑流型衔接消能。

图 4-12 各种消能模式图
(a)底流型；(b)面流型；(c)挑流型

以上三种底流式衔接都是通过水跃消能，但它们的消能效率和工程保护的范围却不相同。远离水跃衔接因有较长急流段要保护而不经济；淹没水跃衔接，若淹没程度过大则消能效率降低，水跃段长度也比较大；临界水跃衔接消能效率较高，需要保持的范围也最短，但要避免水跃位置不够稳定的缺点。因此，工程中采用稍有淹没的水跃衔接和消能。

二、消能池

(一) 消能池基本设计原则

根据泄水建筑物下游地基情况，消能池可分为降低护坦和在护坦末端加筑消能坎两种基本形式，如图 4-13 所示。

图 4-13 消能池的基本形式

降低护坦式消能池的设计原则是让池内发生稍有淹没的水跃，使出池水流为缓流，以便与下游河道缓流平稳衔接，类似于淹没宽顶堰流。

(二) 消能池水力计算

如图 4-13 所示，消力池的水力计算问题有两个，即确定池深和池长。其计算要求是能确保池中的淹没水跃条件。

1. 计算池深 ε

设渠道为平坡矩形，则有

$$\begin{cases} h_c'' = \dfrac{h_c}{2}\left[\sqrt{1+8F_{r1}} - 1\right] & \text{①} \\ s + h_t + \Delta z = \sigma h_c'' = h'' & \text{②} \\ \Delta z = \dfrac{q^2}{2q\varphi^2 h_t^2} - \dfrac{q^2}{2g(\sigma h_c'')^2} & \text{③} \end{cases}$$

式中　σ——安全系数，$\sigma=1.05\sim1.10$；
　　　Δz——消力池出口壅高水头，按宽顶堰前壅高水头计算；
　　　φ——流速系数，一般取 $\varphi=0.8\sim0.95$；
　　　h_t——下游水深；

F_{r1}——$c-c$ 断面佛汝德数；

q——单宽流量。

联立解式①、②、③，得

$$\sigma h_c'' + \frac{q^2}{2g(\sigma h_c'')^2} = h_t + \frac{q^2}{2g\varphi^2 h_t^2}$$

$$h_t + \frac{q^2}{2g\varphi^2 h_t^2} = f(h_t) = A = Const$$

$$\sigma h_c'' + \frac{q^2}{2g(\sigma h_c'')^2} - s = f(s) \tag{4-12}$$

则式(4-12)可写成

$$f(s) = f(h_t)$$

其中，h_t、q、h_c 均已知，A 可算出数值，假定一系列 s 值，若式(4-9)成立，则相应的 s 值即所求池深。试算程序框图如图4-14 所示。

图 4-14 试算程序框图

试算时，所取初始值 s 可参考下述经验公式的计算值，即

$$s = 1.25(h_0'' - h_t)$$

2. 消力池长度 l——按经验公式计算

如图 4-13 所示：

宽顶堰进口
实用堰进口

$$\left. \begin{array}{l} l_0 = 1.47\sqrt{(p+0.24H_0)H_0} \\ l_0 = 1.33\sqrt{(p+0.323H_0)H_0} \\ l = l_0 + l_1 = l_0 + \phi_s l_y \end{array} \right\}$$

式中　P——跌坎高度；

H_0——含行流速的消力池进口段水头；

ϕ_s——消力池壁面阻挡影响对池长的折减系数，一般取 $\phi_s = 0.7 \sim 0.8$；

l_y——水跃长度。

【例 4-6】消力池计算。一矩形渠道中有宽顶堰，堰宽 $b=8$ m，堰高 $p=1.5$ m，无侧收缩，流量系数 $m=0.342$，流量 $Q=26.8$ m³/s，下游水深 $h_c=1.2$ m，$i=0$，试判别下游水流衔接形式并确定是否需要修建消力池。

解：(1)判别水流衔接形式。

按前述公式，$\varepsilon = \sigma_{ms} = 1$，$m=0.342$，有

$$H_0 = \left(\frac{Q}{mb\sqrt{2g}} \right)^{\frac{2}{3}} = \left(\frac{26.8}{0.342 \times 8 \times \sqrt{19.6}} \right)^{\frac{2}{3}} = 1.7 \text{(m)}$$

$$E_0 = H_0 + p = 1.7 + 1.5 = 3.2 \text{(m)}$$

取 $\varphi = 0.95$，由前述公式试算得 $h_c = 0.48$ m

令
$$h_c = h_c' = 0.48 \text{ m}$$

又
$$h_K = \sqrt[3]{\frac{\alpha Q^2}{gb^2}} = \sqrt[3]{\frac{1 \times 26.8^2}{9.8 \times 8^2}} = 1.05 \text{(m)}$$

则
$$h_c'' = \frac{h_c}{2}\left[\sqrt{1 + 8\left(\frac{h_K}{h_c}\right)^3} - 1\right] = \frac{0.48}{2} \times \left[\sqrt{1 + 8 \times \left(\frac{1.05}{0.48}\right)^3} - 1\right] = 1.97 \text{(m)}$$

$h_c'' = h_t = 1.2$ m，将发生远离式水跃，需修建消力池。

(2) 消力池水力计算。

$$q = \frac{Q}{b} = \frac{26.8}{8} = 3.35 \text{(m}^3/\text{s} \cdot \text{m)}$$

$$f(h_t) = h_t + \frac{q^2}{2g\varphi^2 h_t^2} = 1.2 + \frac{3.35^2}{2 \times 9.8 \times (0.95 \times 1.2)^2} = 1.64 \text{(m)}$$

初设值 $S_1 = 1.25 \times (h_c'' - h_t) = 1.25 \times (1.97 - 1.2) = 0.96 \text{(m)}$

$$E_0 = H_0 + p + s' = 1.70 + 1.5 + 0.96 = 4.16 \text{(m)}$$

$$k_0 = \frac{q}{\varphi \sqrt{2g}} = \frac{3.35}{0.95 \times \sqrt{19.6}} = 0.7965$$

$$h_c^{(1)} = \frac{k_0}{\sqrt{E_0}} = \frac{0.7965}{\sqrt{4.16}} = 0.3905 \text{(m)}$$

$$h_c^{(2)} = \frac{k_0}{\sqrt{E_0 - h_c^{(1)}}} = \frac{0.7965}{\sqrt{4.16 - 0.3905}} = 0.4102 \text{(m)}$$

$$h_c^{(3)} = \frac{k_0}{\sqrt{E_0 - h_c^{(2)}}} = \frac{0.7965}{\sqrt{4.16 - 0.4102}} = 0.4113 \text{(m)}$$

$$h_c^{(4)} = \frac{k_0}{\sqrt{E_0 - h_c^{(3)}}} = \frac{0.7965}{\sqrt{4.16 - 0.4113}} = 0.4114 \text{(m)}$$

$$h_c^{(5)} = \frac{k_0}{\sqrt{E_0 - h_c^{(4)}}} = \frac{0.7965}{\sqrt{4.16 - 0.4114}} = 0.4114 \text{(m)}$$

所以 $h_c = 0.4114$ m，令 $h_c' = h_c = 0.411 \text{(m)}$

则
$$h_c'' = \frac{h_c}{2}\left[\sqrt{1 + 8\left(\frac{h_K}{h_c}\right)^3} - 1\right]$$

$$= \frac{0.411}{2} \times \left[\sqrt{1 + 8 \times \left(\frac{1.05}{0.411}\right)^3} - 1\right] = 2.18 \text{(m)}$$

$$f(s_1) = \sigma h_c'' + \frac{q^2}{2g(\sigma h_c'')^2} - s_1$$

$$= 1.05 \times 2.18 + \frac{1}{19.6} \times \left(\frac{3.35}{1.05 \times 2.18}\right)^2 - 0.96$$

$$= 1.44 \text{(m)}$$

由此可知，s_1 不符合要求，再设 s 值试算见表 4-1。

由表 4-1 试算结果得 $s = 0.69$ m。

(3) 池长计算。

取 $\varphi = 0.75$，由公式有

$$l_0 = 1.47\sqrt{(P+0.24H_0)H_0}$$
$$= 1.47 \times \sqrt{(1.5+0.24 \times 1.70) \times 1.70} = 2.65(\text{m})$$
$$l_y = 6.9(h_c'' - h_c) = 6.9 \times (2.1 - 0.432) = 11.51(\text{m})$$
$$l = l_0 + \varphi l_y = 2.65 + 0.75 \times 11.51 = 11.28(\text{m})$$

表 4-1 消力池池深 a 试算表

次数	s/m	E_0/m	h_c/m	h_c''/m	$f(s)$/m	次数	S/m	E_0/m	h_c/m	h_c''/m	$f(s)$/m
1	0.96	4.16	0.411	2.18	1.44	3	0.70	3.90	0.432	2.10	1.63
2	0.80	4.00	0.432	2.11	1.56	4	0.60	3.80	0.441	2.08	1.71

消能池的其他水力计算，这里就不作详述了。

三、闸下出流

闸门主要用来控制和调节河流或水库中的流量。闸下出流和堰流不同，堰流上下游水面线是连续的，闸下出流上下游水面线被闸门阻隔中断。因此，闸下出流的水流特征和过水能力，与堰流有所不同。闸下的过水能力受闸门形式、闸前水头、闸门开度、闸底坎类型和下游水位等因素的影响。

闸下出流的形式可分为自由式闸下出流和淹没式闸下出流两种。但需要注意的是，淹没出流会引起闸门振动，工程应用时应当尽量避免这种出流方式。

小 结

堰流是一类常见的水工建筑物，根据堰壁厚度对堰顶水流的影响将堰流分为薄壁堰、实用堰和宽顶堰三种形式。薄壁堰主要用作挡水的作用；宽顶堰的作用相当于桥梁或涵洞；实用断面堰的形式有两种，分别为流线型和折线型。其中，薄壁堰对堰顶的水流无顶托和约束作用；实用堰对堰顶的水流逐渐开始产生顶托和约束作用；而宽顶堰对堰顶的水流的顶托和约束作用明显。堰流的工程应用非常广泛，须多了解、掌握。

复习思考题

1. 什么是堰？什么是堰流？
2. 堰流可分为哪几种？它们对水流有何影响？
3. 如何理解宽顶堰与桥涵的作用实质相同？

阅读延伸

阅读一：工程常见的流动现象

工程常见的流动现象有孔口出流、管嘴出流、有压管流、明渠均匀流、明渠非均匀流、堰流和闸下出流及渗流等现象。前面已经对明渠均匀流、堰流和闸下出流作了简要的介绍，现在分别对未涉及的内容作介绍。

一、孔口出流

液体(多指水)经容器壁孔口流出的水力现象，称为孔口出流，如图1所示。

图1 孔口出流

当容器中水位(或压强)不变，孔口的出流量恒定时，称为恒定出流；而当容器壁比较薄，或孔口具有锐缘时，孔口的壁厚对出流没有干扰作用，称为薄壁孔口；液体从容器的四面八方流向孔口，流线成光滑曲线向孔口断面集中，在孔口断面上流线不互相平行，继续收缩到孔口断面距孔口断面$d/2$(d是孔口直径)处，流线才趋于平行，该断面称为收缩断面，也就是图1中的$c-c$断面。其中收缩断面的面积A_c小于孔口面积A，其比值$\varepsilon = A_c/A$则称为收缩系数。当孔口断面尺寸远小于作用水头H时，如圆形孔口$d/H \leqslant 0.1$时，$c-c$断面上各点流速暂可以认为相等，这时的孔口称为小孔口。

如图1中，选$0-0$、$c-c$断面列能量方程，取通过孔口中心的水平面为零基准面，则

$$H + \frac{p_a}{\gamma} + \frac{\alpha_0 v_0^2}{2g} = 0 + \frac{p_c}{\gamma} + \frac{\alpha_c v_c^2}{2g} + h_w \tag{1}$$

如图1所示，假定容器内为水，孔口水流流入大气，称为自由出流，此时$c-c$断面压强P_c为大气压强，h_w为水流流经孔口时的局部水头损失，$h_j = \xi_c \frac{v_c^2}{2g}$。

设 $H_0 = H + \frac{\alpha_0 v_0^2}{2g}$，$\alpha_c = 1.0$，则

$$H_0 = (1+\xi_c)\frac{v^2}{2g} \tag{2}$$

$$v_c = \frac{1}{\sqrt{1+\xi_c}}\sqrt{2gH_0} = \phi\sqrt{2gH_0} \tag{3}$$

式中 H_0——作用水头(包括流速水头在内)；

ξ_c——孔口局部阻力系数；

ϕ——流速系数，$\phi = \frac{1}{\sqrt{1+\xi_c}}$。

孔口出流的流量为Q，有

$$Q = vA_c = \varepsilon\phi A\sqrt{2gH_0} = \mu A\sqrt{2gH_0} \tag{4}$$

式中，$\mu = \phi\varepsilon$ 为孔口的流量系数，由经验测得，圆形小孔口 $\phi = 0.97\sim0.98$，$\mu = 0.60\sim0.62$。

值得注意的是，孔口在容器壁上的位置影响收缩的状况。当孔口的两边或一边同容器的壁或者底重合时，顺壁面流向孔口的流线是直线，孔口的这一边不发生收缩，也称为非全部收缩；当孔口的边与相邻器壁的相距小于3倍孔口尺寸时，邻壁将影响孔口的收缩，也称为非完善收缩，以上情况下，收缩系数将比完善收缩时增大，薄壁小孔口完善收缩时，收缩系数 $\varepsilon = 0.64$。

对于 $d/H > 0.1$ 的大孔口，也可以近似应用小孔口的公式，不同的是此时的 H_0 是大孔口形心上的作用水头，其流量系数见表1。

表1 大孔口的流量系数 μ 值表

边界条件	流量系数
中等尺度的孔口，没有导墙，全部收缩	0.65
大孔，全部，不完善收缩	0.70
底部孔口，完善收缩	0.65~0.70
底部孔口，不完善收缩	0.70~0.75
底部孔口，侧面有导墙	0.80~0.85

二、管嘴出流

如图2所示，在孔口断面处，外接一直径与孔口吻合，而长为孔口直径的3~4倍的短管段，称为管嘴，水（或液体）经过管嘴并在出口处满管流出的水力现象，称为管嘴出流。

图2是圆柱形外管嘴，水（或液体）进入管嘴直至收缩断面 $c—c$ 的流动情况与孔口相同。由于收缩，使水（或液体）与管壁分离，形成漩涡区，之后水流再扩大断面充满整个管道断面后流出。假设水箱水位不变，表面为大气压强，则有

$$H_0 = H + \frac{\alpha_0 v_0^2}{2g} = \frac{\alpha v^2}{2g} + h_w$$

图2 管嘴出流

式中 h_w ——管嘴的水头损失，由于管嘴不长，通常忽略沿程水头损失，则 $h_w = \xi_n \frac{v^2}{2g}$。

v 为管嘴出口断面的平均流速，最后得到的是

$$v = \frac{1}{\sqrt{\alpha + \xi_n}}\sqrt{2gH_0} \tag{5}$$

由于 $Q = vA$，

所以
$$Q = \phi_n A\sqrt{2gH_0} = \mu_n A\sqrt{2gH_0} \tag{6}$$

式中 ϕ_n ——管嘴的流速系数；
μ_n ——管嘴的流量系数。

通过对管嘴的真空度分析，要使圆柱形管嘴正常工作，需要满足管长 $l = (3\sim4)d$，$H_0 \leqslant 9$ m。管嘴若过短，流束将不能扩大到全管断面而呈孔口出流特征；管嘴若过长，则沿程水头损失的比重加大，忽略后误差加大。

三、有压管流

液体沿管道做满管流动的水力现象称为有压管流。根据有压管流的运动要素的变化情况及管道的布置情况可以将其分为简单管道和串并联管道。

1. 简单管道

管径大小不变,没有分支的管道,通常称为简单管道。具体地如路基中的倒虹吸管涵、水泵的吸水管与压水管、管路中各等直径的管段等,均属于简单管路。简单管道有短管和长管之分。图 3 是简单管道的短管的淹没出流形式。两侧水位差为 H,选取上下游断面分别为 1—1 和 2—2,以第二个水池的水面为零基准面,动能修正系数均看做 1,则列能量方程如下:

图 3　简单管道的短管

$$H+0+\frac{\alpha_1 v_1^2}{2g}=0+0+\frac{\alpha_2 v_2^2}{2g}+h_w$$

式中　v_1,v_2——断面 1 和 2 的平均流速;
　　　h_w——自断面 1—1 流到断面 2—2 的全部水头损失。

通常,可以认为水池很大,$v_1 \approx v_2 \approx 0$,

所以

$$H=h_w=\left(\lambda\frac{l}{d}+\sum\xi\right)\frac{v^2}{2g} \tag{7}$$

式中　v——管中流速;
　　　λ——管道沿程阻力系数;
　　　l——管道总长度;
　　　$\sum\xi$——管道中各个局部阻力系数之和。

管中流量为

$$Q=vA \tag{8}$$

因此,上面的式(7)可化为

$$H=h_w=\left(\lambda\frac{l}{d}+\sum\xi\right)\frac{Q^2}{2gA^2} \tag{9}$$

2. 复杂管道

两条以上管道组成的管道,称为复杂管道。其可分为串联管道、并联管道和管网等类型。

(1)串联管路。如图 4 所示,由三段不同管径的管段组成的管道,形成串联管道,连接点上有流量 q 流出,则各管段的流量 Q_1、Q_2、Q_3 的关系为

$$Q_1=Q_2+q \tag{10}$$

$$Q_2=Q_3+q \tag{11}$$

图 4　串联管道图示

取 1—1 断面和 D 断面列能量方程如下:

$$H+0+0=0+0+\frac{\alpha_3 v_3^2}{2g}+h_{wA-D}$$

$$h_{wA-D} = h_{w1} + h_{w2} + h_{w3} = \sum_1^3 h_{wi}$$

当管道 n 根不同直径的管段组成时,有

$$h_w = \sum_1^n h_{wi} \tag{12}$$

对于图 4 所示的管道,有

$$\begin{aligned} h_{wA-D} &= h_{w1} + h_{w2} + h_{w3} \\ &= \left(\lambda_1 \frac{l_1}{d_1} + \sum \xi_1\right)\frac{v_1^2}{2g} + \left(\lambda_2 \frac{l_2}{d_2} + \sum \xi_2\right)\frac{v_2^2}{2g} + \left(\lambda_3 \frac{l_3}{d_3} + \sum \xi_3\right)\frac{v_3^2}{2g} \end{aligned} \tag{13}$$

式中 λ_1、λ_2、λ_3——各管段的沿程阻力系数;

$\sum \xi_1$、$\sum \xi_2$、$\sum \xi_3$——各管段的局部阻力系数,管段连接处的局部损失,要根据阻力系数,对应的那段流速水头则计入该管段损失内。

(2)并联管道。两条或者两条以上的管道在同一处分开,经过一段距离后又在同一处汇合,这些条管道就称为并联管道,如图 5 所示。

由于 A、B 两点是并联各管共有的,两点的测压管水头差 H_{AB} 可以看做是总水头差($v_A \approx v_B$),所以,经过并联的任何一条管道流动的水头损失都是相等的,也就是和 H_{AB} 相等。

图 5　并联管道

$$h_{wAB} = h_{w1} = h_{w2} = h_{w3} = H_{AB} \tag{14}$$

可以将式(10)和式(11)与式(14)联立,对应得出并联管道中各段流经流量的比例关系。

四、渗流

1. 渗流的达西定律

液体在多孔介质中的流动,称为渗流。所谓多孔介质,即由固体骨架构成具有无数空隙的物质。工程中所指的多孔介质有土壤、沙石及有裂隙的岩石等。而液体中常见的有石油、天然气、水及化学试剂等。工程中地下水运动是常见渗流的实例。渗流计算理论在交通土建工程、水利工程、水文地质、石油开采等各方面都具有重要的意义。例如,井、集水廊道、围堰施工等都需要研究渗流问题。近半个世纪以来,渗流理论在生物力学中也有重要应用。

研究渗流主要是分析水在岩土中的流动,即地下水运动。当含水率很大时,在岩土中流动的水,绝大部分为重力水,其自由表面称为浸润面或地下水水面,在平面问题中,称为浸润线或地下水面线,其表面压强等于大气压强。在重力水区内,岩土孔隙一般被水充满,又称为饱和区。这里着重介绍的是重力水的渗流规律。

(1)岩土渗流特性 岩土的渗流特性主要有以下两种。

1)透水性——岩土透水的能力。岩土都能透水,只是其透水能力大小有差别。工程中所指的不透水层,只是与相邻土层对比,其透水性可以忽略而已。按岩土的透水性能划分,可分为以下四类:

①均质岩土与非均质岩土。凡各点透水性能都相同的岩土,称为均质岩土;否则,称为非均质岩土。

②各向同性岩土与各向异性岩土。各个方向透水性都相同的岩土，称为各向同性岩土，或等向岩土；否则，称为各向异性岩土。

自然界中的岩土构造是很复杂的，一般都是各向异性非均质岩土。但这里的介绍仅限于较简单的均质各向同性岩土。

2) 给水度——在重力作用下岩土中能释放出来的水体积与总体积之比。它等于容水度与持水度之差。容水度即岩土容纳水的最大体积与总体积之比；持水度即重力作用下所保持的水体积与总体积之比。

岩土性质对渗流有很大的制约作用和影响。岩土的结构是由大小不等的固体颗粒混合组成的。由岩土颗粒组成的结构，称为骨架。岩土的渗流特性与其孔隙率和不均匀系数(Cu)有关。岩土所占总体积 V 与孔隙体积 V_V 之比，称为孔隙率 e，即

$$e_0 = V_V/V \quad (小于1) \tag{15}$$

孔隙率反映了岩土的密实程度。对于均质岩土，孔隙率 e 与面积孔隙率 e 相等。设岩土中孔隙面积为 A_1，骨材面积为 A_2，总面积为：$A = A_1 + A_2$。对于岩土颗粒的均匀程度，可用不均匀系数(Cu)表示，这里可以参阅《土质学与土力学》。

(2) 渗流的简化模型。所谓渗流的简化模型，即把渗流区概化为边界条件、流量、阻力及渗透压力与实际情况完全一样，但渗流区内并无岩土颗粒而是为水所充满的连续流动。因此，渗流模型中的流速与实际渗流中的流速是不同的；显然，渗流模型中的流速只是一种虚构的流速，用该流速来分析或描述渗流运动，只是一种简化复杂渗流问题的手段，也给理论分析工作带来了诸多方便。岩土孔隙率 e 详见表2。

表2　岩土孔隙率 e 值表

岩土种类	黏　　土	粉　　砂	中粗混合砂	均匀砂
e	0.45～0.55	0.40～0.50	0.35～0.40	0.30～0.40
岩土种类	细中混合砂	砾　　石	砾石粗砂	砂　　岩
e	0.30～0.35	0.30～0.45	0.20～0.35	0.10～0.20

(3) 渗流达西定律。法国的工程师达西(Henri Darcy)在1856年通过了大量的实验研究，总结得到渗流能量损失与渗流速度之间的关系，即达西定律。

达西实验装置如图6所示。横截面面积为 A 的圆筒内充填的是均匀的砂，砂层的厚度为 l，由金属网支撑。水由稳压水箱经水管 A 流入圆筒中，再经砂层渗滤后由出水管 B 流出。其流量由量筒 C 量测，在砂层上下两端装测压管以量测渗流的水头损失。由于渗流速度极小，所以流速水头可以忽略不计，总水头可用测压管水头来代替和表示，水力坡度可以用测压管坡度来表示，即

$$J = \frac{h_w}{l} = \frac{H_1 - H_2}{l} \tag{16}$$

图6　达西实验装置

科学家达西分析了大量实验资料,得到圆筒内的渗流量 Q 与圆筒横截面面积 A 和水力坡度 J 成正比,并与土壤的透水性能有关。达西建立的基本关系为

$$Q=kAJ \tag{17}$$

$$v=\frac{Q}{A}=kJ \tag{18}$$

式中　k——渗透系数,其反映了土壤的透水性能,由实验室或现场测定,当近似计算时可以采用表3中的 k 值。

表3　各种土壤渗流系数 k 值表

土的分类	渗流系数 $k/(\text{cm}\cdot\text{s}^{-1})$	土的分类	渗流系数 $k/(\text{cm}\cdot\text{s}^{-1})$
黏土	6×10^{-6}	粉质黏土	$6\times10^{-6}\sim1\times10^{-4}$
黄土	$3\times10^{-4}\sim6\times10^{-4}$	卵石	$1\times10^{-1}\sim6\times10^{-1}$
细砂	$1\times10^{-3}\sim6\times10^{-6}$	粗砂	$2\times10^{-2}\sim6\times10^{-2}$

达西实验的渗流区为均质的砂土,属于均匀渗流,断面上任一点流速 v 均等于断面的平均流速。因为达西定律指出水力坡度与渗流速度成正比,只适用于层流渗流,所以达西定律也称为渗流线性定律。

在交通土建和水利工程中,大多数渗流运动都服从达西定律,但在堆石坝、堆石排水等大孔隙介质中,渗流为紊流,此时不能使用线性定律而应采用非线性渗流定律来解释,这里的内容不再涉及,可以参阅水利工程专业书籍。

2. 集水廊道渗流

集水廊道是建造在无压含水层中用以汲取地下水和降低地下水水位的建筑物,如图7所示,其应用范围很广。从廊道取水,则地下水会不断流向廊道,其两侧可形成对称于廊道轴线的降水浸润线。这种渗流,一般属于非恒定渗流,但是若含水层体积很大,廊道很长,可以看作平面渗流问题。抽水一段时间后,廊道中将保持某一恒定水深 h,并近似地形成无压恒定渐变渗流,两侧浸润线的形状及位置基本不变,所有垂直于廊道轴线的过水断面,其渗流情况相同。

图7　集水廊道
1—浸润线;2—不透水层;
3—地下天然水面;4—地面

设不透水层基底坡度 $i=0$,过水断面为宽矩形时,有 $A=bh$,$q=Q/b$,则有

$$\frac{q}{k}\text{d}s=-h\text{d}h$$

对于廊道一边,自 $(0、h)$ 至 $(x、z)$ 两断面积分上式,从而得到浸润线方程为

$$z^2-h^2=\frac{2q}{k}x \tag{19}$$

当 $x=R$,$Z=H$,代入式(19)可得集水廊道每侧面单位长度上的涌水量公式如下:

$$q=\frac{k(H^2-h^2)}{2R} \tag{20}$$

因　　　　$q=\dfrac{k(H-h)(H+h)}{2R}$,　令 $\bar{J}=\dfrac{H-h}{R}$

则
$$q = \frac{k\overline{J}}{2}(H+h) \tag{21}$$

式中 q——单宽流量；
$\overline{J}$——浸润线平均水力坡度，见表4；
R——集水廊道影响半径；
k——渗透系数。

通常，廊道水深 h 一般远小于含水层厚度 H，若略去不计，则上述的式(20)和式(21)就可以化简为

$$\overline{J} = \frac{H}{R} \tag{22}$$

$$q = \frac{kH^2}{2R} = \frac{kH\overline{J}}{2} \tag{23}$$

式(22)和式(23)可以用来初步估算涌水量 q。

表4 浸润线平均水力坡度

土 壤 类 别	J	土 壤 类 别	J
粗砂、冰川沉积土	0.003～0.005	粉质黏土	0.05～0.10
砂土	0.005～0.015	黏土	0.15
微弱黏性砂土	0.03		

【例1】 如图8所示，拟在公路沿线修建一条排水沟，用以降低地下水水位。其中，含水层厚度 $H = 1.5$ m，土壤的渗透系数 $k = 0.016$ cm/s，浸润线平均坡度 $\overline{J} = 0.03$(微弱黏性砂土)，排水沟长 $l = 80$ m，试求两侧流向排水明沟的渗透流量及浸润线。

图8 集水廊道形式排水沟

解：(1)渗透流量计算，由式(22)和式(23)则有

$$R = \frac{H}{J} = \frac{1.5}{0.016} = 93.75 \text{(m)}$$

$$q = \frac{kH^2}{2R} = \frac{0.00016 \times (1.5)^2}{2 \times 93.75} = 19.2 \times 10^{-7} (\text{m}^3 \cdot \text{s}^{-1} \cdot \text{m}^{-1})$$

从两侧流向排水沟的渗流量为

$$Q = 2lq = 2 \times 80 \times 19.2 \times 10^{-7} = 3.072 \times 10^{-4} (\text{m}^3 \cdot \text{s}^{-1})$$

(2)浸润线计算。由于 $H \gg h$ 而用式(22)和式(23)，取 $h = 0$，由公式 $Z^2 - h^2 = \frac{2q}{k}x$ 得浸润线方程为

$$Z = \sqrt{\frac{2q}{k}x}$$

浸润线坐标见表5，浸润线如图8所示。

表5 集水廊道浸润线

X/m	10	20	30	40
Z/m	0.49	0.69	0.85	0.98

3. 单井的渗流

井在工程上应用范围很广,它是汲取地下水或作降低地下水水位的集水建筑物。它的类型有很多种。

根据含水层的不同,可以分为普通井和自流井两种。在普通井和自流井中又可以分为完全井和不完全井等,普通井又称为潜水井,自流井又称为承压水井,如图9所示。

图9 水井
(a)普通井;(b)自流井

对于各种完全井外,尤其是普通完全井,设含水层的厚度为H,当从井中抽水时,四周地下水向井集流,并将导致地下水水位下降,若含水层体积很大,井中抽水只会在其附近一定范围内形成一个对称于井轴的漏斗形浸润线,但含水层厚度H仍将保持恒定;另外渗流流向井的过水断面则是一系列圆柱面,其径向各断面的渗流情况相同,除井壁附近区域外,浸润线的曲率很小,可看作恒定渐变流渗流,并可应用裘皮幼公式计算断面平均流速。读者参考相关书目中的本段内容即可阅读理解。

除普通完全井外,还有自流完全井、大口井和基坑等渗流及降水建筑物,它们的工作原理都是渗流原理。

阅读二:水力学中的主要实验

一、静水压强实验

(一)实验目的

(1)验证水力学基本方程;
(2)测定静止液体内某点的静水压强;
(3)测定液体的密度和重度。

(二)实验原理与计算公式

静水压强的实验仪器为静压仪,如图10所示,液体表面压强为p_0,液体内任意一点的压强满足基本方程

$$p = p_0 + \gamma h$$

同时,按照连通器的原理,连续的同种液体的水平面为等压面。因此,各点的静水压强符合:

$$p_0 = p_a + \gamma h_0 = p_a + \gamma(h_T - h_0)$$

或者
$$p_0 = \gamma h_T = \gamma(h_T - h_0)$$

那么观察点的压强为
$$p_1 = p_0 + \gamma h_1 = p_0 + \gamma(h_1 - h_0)$$

而压强的液柱表示形式为
$$p_0/\gamma = h_0 = h_T - h_0$$
$$p_1/\gamma = P_0/\gamma + h_1 = (h_T - h_0) + (h_1 - h_0)$$

在 CD 管中分别注入不同液体，可以测得液体的密度或者重度，因为
$$p_0 = \gamma_c(h_5 - h_4) = \gamma_D(h_7 - h_6)$$

或
$$\gamma_c/\gamma_D = (h_7 - h_6)/(h_5 - h_4)$$

图 10　静压仪

（三）实验仪器装置和实验步骤

静压仪由密闭水箱、水头调节器、测压管（1、2、3、4、5、6、7）及连通器（3）和高程标示板组成。

实验步骤如下：

(1) 观察和熟悉仪器，之后检查密闭水箱的气密性是否良好。

(2) 打开气阀，将水头调节器放置中位，向水箱注入清水至红线刻度处。

(3) 向固定在刻度板上的测压管中注入水、酒精（也可以是其他液体）至适当水平，之后关闭气阀。

(4) 提升调节器至一定高度（高位），使水返流回水箱，箱内空气受压缩，此时 $p_0 > p_a$，待稳定后观测水箱水面以及各测压管液面高度，将观察到的数据记入到表格中。

(5) 降低调节器至一定高度（低位），重复前面的操作，观察，将观察到的数据再记入表格中。

（四）实验报告

记录实验数据填入表 6，并完成如下工作内容：

(1) 分别求出各次测量时 A、B 点的压强及 p_0，并验证静水力学基本方程的能量表达式，即
$$z_1 + \frac{p_1}{\gamma} = z_2 + \frac{p_2}{\gamma}$$

(2) 求出酒精或其他液体的重度。

(3) 对实验结果进行分析。

(4) 注意本次实验的注意事项。

表 6　静水压强实验报告表

箱内状态	测次	标高								$z_1 + \dfrac{p_1}{\gamma}$	$z_2 + \dfrac{p_2}{\gamma}$
		∇_0	∇_1	∇_2	∇_3	∇_4	∇_5	∇_6	∇_7		
$p_0 > p_a$											
$p_0 < p_a$											

$\nabla_A =$ 　　　$\nabla_B =$

二、水动力学水流流动实验

(一)实验目的

演示流场中不同边界条件下水的流动现象。

(二)实验原理

采用气泡示踪法,把流场中的流线、边界层分离等现象,旋涡发生的区域和形态的流动图像清晰地演示出来。

(三)实验设备

流动演示仪。

(四)演示内容

(1)显示水流经过逐渐扩散、逐渐收缩、断面突然扩大、突然缩小、圆柱绕流、圆弧渐缩、圆端墩形绕流、壁面冲击、直角弯道等管道剖面上的流动图像。
(2)显示流线疏密程度与水流横截面面积的大小有关,流线形状与边界形状有关。
(3)显示恒定流时,流线与迹线重合,流线不相交也不转折的特性显示。

三、伯诺里方程实验

(一)实验目的

(1)加深对伯诺里方程(即能量方程)中各项意义的理解,掌握水流中的能量转换规律。
(2)测定和绘制总水头线和测压管水头线图。
(3)理解水力坡度。

(二)实验设备

该实验的实验仪器为伯诺里方程实验仪。

(三)实验原理

在实验管路中沿管内水流方向取 n 个过水断面,列出进口断面 1 至断面 i 的伯诺里方程式为

$$z_1 + \frac{p_1}{\gamma} + \frac{\alpha_1 v_1^2}{2g} = z_2 + \frac{p_2}{\gamma} + \frac{\alpha_2 v_2^2}{2g} + h_{w1-2}$$

$$= z_i + \frac{p_i}{\gamma} + \frac{\alpha_i v_i^2}{2g} + h_{w1-i}$$

取 $\alpha_1 = \alpha_2 = \cdots \alpha_i = 1$,选好基准面,从已设置的各断面的测压管中读出 $z + \frac{p}{\gamma}$ 值,测出通过管路的流量即可算出各断面平均流速 v 及 $\frac{\alpha v^2}{2g}$,从而可得到各断面测压管水头和总水头。

(四)实验步骤

(1)认识和熟悉实验仪器设备,分清各测压管与各测压点、毕托管测点的对应关系。

(2)打开进水阀门,使水箱充水,待水箱溢流后,关闭调节阀检查所有测压管水面是否齐平。如果不平,则要排气进行调平,以备实验使用。

(3)打开调节流量阀门,观察测压管水头线和毕托管总水头线的变化趋势及位置水头、压强水头之间关系;观察当流量增加或减少时,测压管水头和毕托管总水头的变化情况。

(4)调节流量阀门的开启度,待流量稳定后,测记各测压管液面读数,同时用量筒和秒表按体积法测记流量(毕托管总水头做演示用,不必测记读数)。

(5)变换调节流量阀开度1~2次,按上面的步骤(4)重复测量,并使其中一次阀门开到最大(以液面降到标尺最低点为限)。

(五)实验成果

实验成果见表7~表10。

(1)有关常数:实验台号:第(台),水箱水面读数∇_0(cm)。
(2)测记数值。
(3)计算流速水头。
(4)总水头。

表7 实验成果1

实验次数	实验项目 → 测压管号										$z+\dfrac{p}{\gamma}$									实验流量 /(cm³·s⁻¹)
1																				
2																				
3																				

表8 实验成果2

测点编号	1⁰	2 3	4	5	6⁰ 7	8⁰ 9	10 11	12⁰ 13	14⁰ 15	16⁰ 17	18⁰ 19
管径 d/cm											
两点间距离 /cm											

注:①标有"0"的为毕托管测点。
②2、3为直管均匀流段同一断面上的两个测压点,10、11为弯管非均匀流断面上的两个测压点。

表9　实验成果3

管径 d /cm	$Q_1=$ cm³/s			$Q_2=$ cm³/s			$Q_3=$ cm³/s		
	A	v	$\dfrac{v^2}{2g}$	A	v	$\dfrac{v^2}{2g}$	A	v	$\dfrac{v^2}{2g}$

表10　实验成果4

实验次数	实验项目 测压管号								实验流量 /(cm³·s⁻¹)
	$z+\dfrac{p}{\gamma}+\dfrac{v^2}{2g}$								
1									
2									
3									

(5)在下列框里绘制上述成果中最大流量下的总水头线和测压管水头线。

四、雷诺实验

(一)实验目的

(1)观察层流和紊流的流动形态,以及二者相互转变的过程。

(2)测定临界雷诺数。

(二)实验设备

雷诺实验仪,如图11所示。

图11　雷诺实验仪

(三)实验原理

雷诺数是层流和紊流流动形态的判别数,其可以用式(24)表达,即

《桥涵水力水文》
学习评价手册

主　编　郭丰敏
副主编　程　胜　李　崴　杨　龙

北京理工大学出版社
BEIJING INSTITUTE OF TECHNOLOGY PRESS

模块一　水静力学

单元一　静水压强及其特性

知识评价

1. 什么是静水压强？什么是静水压力？

2. 静水压强具有哪几个特性？

3. 关于静水压强，下列说法中正确的有(　　)。
A. 静水压强有大小，没方向，是标量
B. 静水压强无大小，有方向
C. 静水压强既有大小，又有方向，是个矢量
D. 静水压强既有大小，又有方向，是个标量
E. 静水压强和静水压力是指同一个概念

能力评价

1. 如何确认静水压强的方向？
在图1-1中确认A、B、C三点的静水压强的方向，绘到图上。

2. 如何使用测压计测定静水中某点的静水压强？

图1-1

教师评价

（任课教师对学生的学习效果进行评价并签字认可）

评价：	成绩：
	签字：

单元二 液体平衡微分方程

知识评价

1. 填空：_____、_____静止液体中水平面为等压面。
2. 液体平衡微分方程表达式及其意义是什么？

能力评价

如图 1-2 所示的各个面，请问哪个是等压面？

图 1-2

教师评价

（任课教师对学生的学习效果进行评价并签字认可）

评价：	成绩：
	签字：

单元三 重力作用下静水压强分布规律

知识评价

1. 重力作用下静水压强基本公式是什么?

2. 静水压强分成哪几类?分别是什么?

3. 静水压强的单位有哪几类?分别是什么?它们之间的关系如何?

4. 量度静水压强的仪器和方法有哪几种?如何施测?

5. 什么是静水压强分布图？如何绘制静水压强分布图（即绘制静水压强分布图的规则）？

能力评价

1. $p=10$ kN/m² ＝_____ Pa ＝_____个工程大气压＝_____ m 水柱高度。

2. 在淡水面以下 2 m 深处的 A 点，其绝对压强＝_____ kPa ＝_____个工程大气压＝_____ m 水柱高度；该点的相对压强＝_____ kPa ＝_____个工程大气压＝_____ m 水柱高度。[假定此处液面大气压强 $P_0=0.5$ 个工程大气压]

3. 选择正确答案写填在括号内。

(1) 静水压强 p 的大小是（　　）。

A. 液面压强 P_0 和自重压强 γh 之和　　B. 大气压强 P_a 和自重压强 γh 之和

C. 计算点以上液柱重产生的压强

(2) 静水压强的分布（　　）。

A. 在任何情况下都是均匀的　　B. 在任何情况下都是非均匀的

C. 受压面水平时是均匀的　　D. 受压面垂直时是均匀的

(3) 静水中任意一点的压强（　　）。

A. 来自上方的大　　B. 来自下方的大

C. 水平方向的大　　D. 各向均相对

4. 什么是比位能、比压能、比势能？在静止液体中各处的比势能的数量关系有何特征？

能力拓展

设淡水自由表面处压强 $p_0=5$ m 水柱高度，求该水面以下 3 m 深度处的绝对压强、相对压强，并用三种压强单位表示。

教师评价

（任课教师对学生的学习效果进行评价并签字认可）

评价：	成绩：
	签字：

单元四　平面壁上的静水总压力

知识评价

什么是图解法？什么是解析法？

能力评价

图解法和解析法有何区别，其计算步骤有什么不同？

能力拓展

1. 图 1-3 所示为桥墩施工围堰用的钢板桩，当水深 $h=4$ m 时，求每米宽钢板桩所受的静水总压力及其对 C 点的力矩 M。

图 1-3

2. 图 1-4 所示为一长方形平面闸门，高为 3 m，宽为 2 m，上游水位高出门顶 3 m，下游水位高出门顶 2 m，求：(1)闸门所受总压力和作用点；(2)若上、下游水位同时上涨 1 m 时，总压力作用点是否会有变化？请做简要论证。

图 1-4

模块二 水动力学

单元一 概述

知识评价

1. 描述液体运动的方法有哪几种？它们分别是什么？

2. 什么是流量？

3. 水力三要素指的是什么？它们之间有什么关系？

4. 欧拉法描述液体运动时通常将液体分为哪几种类型？

5. 填空。
(1) 水流运动要素不随_____变化的称为恒定流；流速和水深_____称为均匀流。
(2) 流线成彼此平行的直线的液流，称为_____，也就是水流各运动要素不随空间的变化而变化的，称为_____。
(3) 有压流只能发生在_____水流的封闭管道里；无压流具有_____液面。
(4) 水力半径越大反映断面_____能力越大；水力半径是衡量_____的一个重要表征量。
(5) 拉格朗日法以_____线为研究对象；欧拉法以_____线为研究对象，二者的区别在于_____。

能力评价

1. 有压流与无压流有哪些区别？

2. 流线与迹线有哪些区别？

能力拓展

试根据图 2-1 计算过水断面上的水力三要素。

图 2-1

教师评价

（任课教师对学生的学习效果进行评价并签字认可）

评价：	成绩：
	签字：

单元二 恒定流的连续性方程

知识评价

试简述恒定流的连续性方程表达式。

能力评价

1. 过水断面( )。
A. 恒为平面 B. 恒为曲面
C. 流线相互平行时为平面 D. 流线为直线时为平面

2. 某输水管各段直径分别为 $d_1=2.5$ cm，$d_2=5.0$ cm，$d_3=10.0$ cm，出口流速 $v_1=0.60$ m/s，如图 2-2 所示，求流量及其他管段的平均流速。

图 2-2

教师评价

(任课教师对学生的学习效果进行评价并签字认可)

评价：	成绩：
	签字：

单元三　恒定流的能量方程

知识评价

1. 绘图说明液流能量转化关系图。

2. 分析说明恒定流的能量方程表达式。

3. 什么是水力坡度、测压管坡度、底坡？

4. 什么是水流阻力和水头损失？水头损失分为哪几类？试说明产生不同的水头损失的原因。

能力评价

1. 达西公式为_____，是用来计算_____大小的通用公式。

2. 采用谢才公式和达西公式解决同一个问题时，得出的结果_____。对于管流，一般应该采用_____公式计算；对于明渠水流，一般应采用_____公式计算。

3. 水力坡度是指_____；测压管坡度是指_____，一段水流从第一个断面流到第二个断面时，其总水头线沿程_____，其测压管水头线沿程_____。

能力拓展

1. 试简述恒定流能量方程的水力学意义。

2. 试简述恒定流能量方程的应用条件和注意事项。

3. 如图 2-3 所示，$d_1=200$ mm，$d_2=400$ mm，已知 $p_1=78.4$ kPa，$p_2=34.6$ kPa，$v_2=1$ m/s，$\Delta Z=1$ m，试确定水流方向及两断面间的水头损失。

图 2-3

4. 如图 2-4 所示的平底渠道，断面为矩形，宽为 1 m，渠底上升的坎高为 0.6 m，水流从坎前向坎后流动，属于明渠渐变流，坎前水深 $H=1.8$ m，坎后水面跌落 0.4 m，坎顶水流依然为渐变流，忽略水流过程中的水头损失，求渠中流量 Q。

图 2-4

模块三　明渠水流

单元一　明渠均匀流概述

知识评价

1. 试简述明渠均匀流具有的水力特性。

2. 明渠均匀流的形成条件有哪些？

3. 什么是顺坡、逆坡和平坡？

4. 明渠均匀流的基本计算公式表达式有哪几个？

5. 什么是水力最优断面和允许流速？

能力评价

1. 明渠水流是指具有_____水面，水面上各点均受_____作用。
2. 明渠均匀流的水力特性是_____平行，_____相等。
3. 梯形水力最优断面的几何特征之一是_____为_____的一半。
4. 选择正确答案填写在括号内。

(1) 水力最优断面是( )。

A. 流速控制在不冲不淤的断面

B. 最易施工的断面

C. 相对的以最小断面面积获得最大输水能力的断面

D. 水力半径最小的断面

(2) 正常水深是( )。

A. 均匀流的水深　　　　　　　　B. 相应断面比能最小的水深

C. 通过设计流量时发生的水深　　D. 经常出现的水深

(3) 均匀流两条渠道的断面形状及尺寸、糙率和流量均相等，若底坡 $i_1 > i_2$，则正常水深( )。

A. $h_{01} > h_{02}$　　　　B. 不能确定　　　　C. $h_{01} < h_{02}$　　　　D. $h_{01} = h_{02}$

5. 为什么明渠均匀流的总水头线与水面线相平行，且和底坡线相平行？试论证说明。

教师评价

(任课教师对学生的学习效果进行评价并签字认可)

评价：	成绩：
	签字：

单元二　明渠均匀流的水力计算

知识评价

1. 试简述表达明渠均匀流的基本计算公式。

2. 如何计算明渠均匀流的正常水深？通过什么方式计算较为简便？

能力评价

1. 有一梯形的均匀流渠道，$i=0.0004$，$n=0.035$，$m=1.0$，$h_0=1.2$ m，$b=3$，试计算渠道的输水能力及流速。

2. 某梯形断面渠道中的均匀流，其流量 $Q=2.8$ m³/s，渠道底宽 $b=4.0$ m，水深 $h_0=1.8$ m，边坡系数 $m=1.0$，$n=0.025$，试求渠道底坡 i。

3. 为测定某梯形断面渠道的糙率值 n，选取长度 $l=300$ m 的均匀流段进行测量。已知渠道底宽为 6 m，边坡系数为 1.5，正常水深为 2.0 m，两断面的水面高差 $\Delta Z=0.2$ m，流量为 $Q=5.0$ m³/s。试计算 n 值。

4. 有一输水渠道，在岩石中开凿，采用矩形过水断面，$i=0.000\,4$，$Q=2.5$ m³/s，令水流为均匀流，试按水力最优断面条件设计渠道断面尺寸。

5. 一路基排水沟属于均匀流，需要通过的流量 $Q=2.0$ m³/s，沟底坡度 $i=0.000\,3$，水沟断面采用梯形，并用小片石干护面，边坡系数 $m=1.5$，$n=0.027$，试按水力最优断面条件决定此排水沟的断面尺寸。

单元三　明渠非均匀流概述

知识评价

1. 明渠水流有哪几种流态？

2. 什么是断面比能和临界水深？

能力评价

1. 如何判定水流的各种流态？仔细分析，详细判定。

2. 详细说明明渠非均匀流的四种基本水力现象。

3. 选择正确答案填写到括号内。
(1)非均匀流的平坡和逆坡渠道的断面比能(　　)。
A. 沿程减少　　　　　　　　　　B. 沿程不变
C. 沿程增加　　　　　　　　　　D. 沿程可增可减，不确定
(2)断面比能是指(　　)。

A. $E_s = a + h$　　　　　　　　B. $E_s = h + \dfrac{\alpha v^2}{2g}$

C. $E_s = a + \dfrac{\alpha v^2}{2g}$　　　　　　D. $E_s = a + h + \dfrac{\alpha v^2}{2g}$

(3)断面比能函数 $E_s = f(h)$ 是(　　)。
A. 单调递增
B. 单调递减
C. 由∞逐渐减到最小值后又逐渐增大到∞
D. 由极小值逐渐增至∞后又逐渐减至极小值
(4)临界水深是(　　)。
A. 均匀流时发生的水深　　　　　B. 通过设计流量时的水深
C. 断面比能最大时的相应水深　　D. 断面比能最小时的相应水深
(5)若佛汝德数 $F_r = 2.1$，则水流为(　　)。
A. 层流　　　　　B. 紊流　　　　　C. 急流　　　　　D. 缓流
(6)就渠道底坡而言，明渠均匀流产生在(　　)。
A. 平坡　　　　　　　　　　　　B. 顺坡
C. 平坡、顺坡、逆坡均有可能　　D. 逆坡

教师评价

(任课教师对学生的学习效果进行评价并签字认可)

评价：	成绩：
	签字：

单元四　明渠非均匀流水面曲线的定性分析

知识评价

1. 明渠底坡有哪几种类型？试绘图说明。

2. 如何定义水面曲线所在区域？属于 a、b、c 哪个区域？

能力拓展

定性分析 a_1、a_3、b_1、b_2、c_0、c_3 水面曲线。

教师评价

　　（任课教师对学生的学习效果进行评价并签字认可）

评价：	成绩：
	签字：

单元五　水跌与水跃

知识评价

1. 水流由_____过渡的局部水力现象称为水跌；由_____突然跃起的局部水力现象称为水跃。

2. 水跃的发生有哪几种形式？

3. 水跃长度是怎样计算的？试论述说明水跃对下游的影响。

教师评价

（任课教师对学生的学习效果进行评价并签字认可）

评价：	成绩：
	签字：

模块四　堰流与下游消能

单元一、二　堰流及其分类　堰流的基本公式

知识评价

1. 什么是堰？它是如何分类的？试绘图说明。

2. 各种不同类型的堰对其顶端的水流有何影响？

3. 在下面空白处书写堰流的基本计算公式。

能力评价

1. 已知堰顶水头 $H=0.78$ m，坎高 $p=p'=0.60$ m，堰下游水深为 $h=1.05$ m，堰宽 $b=1.30$ m，假定动能修正系数 $\alpha=1.0$。试计算流经直角进口无侧收缩宽顶堰的流量 Q。

2. 某河流进水闸底板高程与上游河床高程相同,如图 4-1 所示,均为 5.0 m,闸孔共 28 个,孔宽 10.0 m,闸墩厚 $h=1.8$ m,墩头为半圆形,边墩为 1/4 圆弧,圆弧半径 $r=1.9$ m,闸上游河宽 $B_0=315$ m 闸全开,上游水位为 9.0 m,当下游水位为 5.0 m 时,求过闸流量(含侧收缩的流量系数 $m=0.368\,8$)。

图 4-1

单元三 泄水建筑物下游的消能

知识评价

1. 泄水建筑物下游水流具有什么特点？为什么要采取工程措施消能？

2. 试举例说明泄水建筑物下游水流的衔接与消能有哪几种形式。它们的消能原理是什么？各应用在什么条件下？

能力评价

如何进行消能池的水力计算？

教师评价

（任课教师对学生的学习效果进行评价并签字认可）

评价：	成绩：
	签字：

模块五　河流概论

单元一　水循环与径流形成过程

知识评价

1. 试绘图说明自然界水循环分为哪几种情况。

2. 地表径流是怎样形成的？其经历了哪几个阶段？

3. 径流的影响因素有哪些？

能力评价

什么是河流？按水量补给来源不同，河流分为哪几种类型？长春地区属于哪一类？

教师评价

（任课教师对学生的学习效果进行评价并签字认可）

评价：	成绩：
	签字：

单元二、三 河流与流域 泥砂运动

知识评价

1. 从河源到河口，可以将一条河流分为_____、_____、_____、_____和_____共五部分。
2. 河流直接流入海洋、湖泊或其他大江大河的，称_____；同一脉络相通的湖、江河、溪涧，称为_____。
3. 河流的集水区域称为_____，相邻流域的分界线叫作_____，也称为_____。
4. 河流比降是指_____。
5. 中泓线是指_____线，也称_____线。
6. 泥砂运动的形式有_____、_____两种，划分的原则是以_____作为标准。

能力评价

1. 如何划分大小流域？

2. 绘图分析说明河流的横断面与纵断面。

3. 试分析说明河段是怎样分类的。

4. 什么是水流的挟沙能力?

5. 什么是河相关系与造床流量?

6. 水文观测时,应该注意哪些项目?

能力拓展

选择正确答案填写在括号内。

1. 河流复式断面是指(　　)。
   A. 有边滩和江心滩　　　　　　　　B. 有主槽又有边滩
   C. 有河槽和河滩　　　　　　　　　D. 有河槽和边滩
2. 推移质和悬移质(　　)。
   A. 是绝对的,不能转化的　　　　　B. 能互相转化
   C. 推移质不能转化为悬移质　　　　D. 不能确定
3. 下列流域面积不属于大流域的是(　　)km^2。
   A. 93　　　　　　　　　　　　　　B. 118
   C. 501　　　　　　　　　　　　　D. 32
4. 稳定河段的断面特征是(　　)。
   A. 河槽较深,断面多呈 U 形
   B. 河槽深窄,断面常呈 V 形
   C. 河槽较宽浅,断面以复式为多

教师评价

(任课教师对学生的学习效果进行评价并签字认可)

评价:	成绩:
	签字:

单元四 形态观测与水文调查

知识评价

1. 在修建桥梁涵洞时,主要应观测哪些水文要素?

2. 水位测量方法有哪几种?

3. 流速测量的方式方法有哪些?

4. 简述水深的测量方法。

能力评价

1. 什么是形态断面(即水文断面)?水文断面应该如何选取?

2. 什么是洪水比降?如何确定一次洪水的比降?

3. 选择正确答案填写在括号内。
   (1) 水文断面(　　)。
   A. 应该靠近桥位　　　　　　　　　　B. 应该远离桥位,以免互相干扰
   C. 应靠近水文站

(2)水文断面应与( )。
A. 河岸线垂直,特别河岸线与流向不太平行时
B. 桥轴线平行,特别是对斜交桥
C. 主流方向垂直
(3)工程地点短期观测水位常用( )。
A. 自计水位计   B. 水准仪抄平,测水面标高
C. 直接水尺法
(4)中泓线是指( )。
A. 河槽的几何中线   B. 流线
C. 江心滩的中心线   D. 各横断面上最大水深点的连线

能力拓展

一条平原天然河流上某桥,桥位处据水文资料推算出设计水位 $H_P=116.50$ m,设计流量 $Q_P=2\,500$ m³/s,(形态计算法计算结果可以与之比较),洪水比降 $I=0.000\,4$,河滩部分长有杂草,表层土质为黏土,糙率 $n_t=0.05$,河槽部分(标高为 109.00 m 以下)为中砂层,糙率 $n_c=0.02$,底层(标高在 103.00 m 以下)为砾石夹粗砂,沿桥轴线断面资料如表 5-1 所列,试计算其流量及平均流速。

表 5-1

桩号/m	K4+295	+310	+360	+375	+395	+420	K4+435
地面标高/m	118.25	111.50	110.00	105.50	106.50	110.90	121.10

教师评价

(任课教师对学生的学习效果进行评价并签字认可)

评价:	成绩:
	签字:

模块六 水文统计基础

单元一 水文统计的意义

知识评价

1. 水文现象有哪几个基本特性？

2. 简述水文现象的分析研究方法。

3. 什么是几率和频率？什么是总体和样本？

能力评价

1. 自然界中的各种现象，按其发生的情况不同，可以归纳为_____类事件，分别是_____、_____、_____。其中_____事件也称_____事件。

2. 通过皮尔逊掷币试验可以得出：当随机事件试验的次数越多，频率越_____几率。而试验次数越少，频率越_____几率。

3. 频率和几率既有区别又有联系，几率是描述随机事件出现_____性大小的_____，是个_____值；而频率是描述随机事件出现_____性大小的_____，是根据有限的试验结果计算而_____的，将随试验的_____的不同而变化，当试验次数少时，频率和几率值相差_____；当试验次数无线增多时，频率_____几率。

教师评价

（任课教师对学生的学习效果进行评价并签字认可）

评价：	成绩：
	签字：

单元二 随机变量及其概率分布

知识评价

1. 重现期与物理学中的周期有何区别？洪水的重现期与累计频率有何关系？

2. 随机变量最主要的统计参数有哪几个？

能力评价

1. 均方差是怎么计算出来的？

2. 如何计算变差系数和偏态系数？

教师评价

（任课教师对学生的学习效果进行评价并签字认可）

评价：	成绩：
	签字：

单元三、四　水文频率曲线线型　频率曲线参数估计方法

知识评价

1. 海森几率格纸是一种什么样的格纸?

2. 中国的水文情势符合_____方程。
3. 频率曲线参数估计方法有哪几种?

能力评价

1. 如何计算皮尔逊Ⅲ型频率曲线的离均系数值?

2. 如何计算皮尔逊Ⅲ型频率曲线的模比系数值?

能力拓展

1. 正确分析经验频率曲线,并说明其存在的问题。

2. 均值、变差系数、偏态系数这几个参数对频率曲线分别有什么影响?

教师评价

(任课教师对学生的学习效果进行评价并签字认可)

评价:	成绩:
	签字:

模块七　大中桥设计流量推算

知识评价

1. 大中桥梁在设计流量的推算过程中，应按照《_____勘测设计规范》的要求，根据所掌握的_____情况，选择适当的计算方法。

2. 桥梁设计资料的来源主要有三个方面，分别是_____、_____、_____。

3. 水文统计对资料的要求是非常严格的，应该做到_____、_____、_____、_____。

能力评价

1. 分析说明设计流量推算中，有特大洪水资料时，应如何处理？

2. 分析说明缺乏观测资料时规定频率的流量如何确定。

3. 理论频率曲线与经验频率曲线有什么区别与联系？

能力拓展

1. 推算桥涵的设计流量时，基本原理和计算公式有哪些？

2. 石太高速公路太原段某桥，地形为黄土丘陵区，其汇水面积 $F=32 \text{ km}^2$，主河沟长 $L=9 \text{ km}$，主河沟平均坡度 $I_Z=15‰$。该工程点无实测流量资料，试用暴雨推理公式推求规定频率 $P=2\%$ 的流量。

3. 有一小河沟，主河沟平均坡度 $I_Z=55‰$，土质为黏土，河床弯曲、生长杂草，经调查得 25 年一遇的历史洪水位，水文断面近似梯形，底宽 4 m，坡度 1∶1.5，年最大水深 $H_Z=1.2$ m，试以简化公式推算规定频率的流量（$P=1\%$、$P=2\%$）。

教师评价

（任课教师对学生的学习效果进行评价并签字认可）

评价：	成绩：
	签字：

模块八 大中桥桥位勘测设计

知识评价

1. 桥位勘测设计的主要任务是什么?

2. 桥位勘测设计的主要内容有哪些?

3. 桥位选择时的一般要求有哪些?

4. 桥位调查的内容主要包括哪些方面?

5. 桥孔布设的原则有哪些?

能力评价

1. 桥位总平面图中包括一般_____的内容以及_____、_____、_____、_____、_____、_____、_____、_____、_____等。

2. 桥位总平面图的测绘范围包括_____、_____、_____的位置,并要满足施工_____的需要。一般情况下,总平面图的比例尺采用_____:_____。

3. 桥址地形图的测绘范围应能满足_____、_____的需要,采用的比例尺一般为_____:_____。

4. 桥头引道和桥址纵断面图的测绘内容包括_____及_____,一般采用的比例尺为_____:_____。

能力拓展

1. 如何计算最小桥孔净长和桥孔设计长度?

2. 桥面中心最低标高是怎么确定的?

3. 怎么计算各种壅高值?

教师评价

（任课教师对学生的学习效果进行评价并签字认可）

评价：	成绩：
	签字：

模块九　桥梁墩台冲刷

知识评价

1. 桥梁墩台冲刷包括哪几个方面?

2. 什么是桥下一般冲刷?一般冲刷产生的原因是什么?

3. 什么是墩台的局部冲刷?局部冲刷产生的原因是什么?

4. 河床自然演变冲刷有哪几种类型?

能力拓展

1. 分析说明非黏性土河槽的一般冲刷深度是如何计算的。

2. 非黏性土河床桥墩局部冲刷深度是如何计算的？采用什么公式？

教师评价

（任课教师对学生的学习效果进行评价并签字认可）

评价：	成绩：
	签字：

综合评价

一、已知一拟建涵洞，涵前水深为 2.8 m，如下图所示。其上游为棱柱形渠道，底宽 8 m，边坡系数 $m=1.5$，底坡 $i=0.0009$，糙率 $n=0.025$。当流量 $Q=41$ m³/s 时，分步计算并说明水面曲线的类型。

提示 1. 根据明渠均匀流的条件与水力特性试算出正常水深 h_0。

提示 2. 根据临界水深方程确定临界水深 h_k。

提示 3. 根据正常水深和临界水深的比较，结合比能曲线判断渠道的类型。

提示 4. 选择控制断面，确定渠末水深，进行分段，建议水深差取 0.2 m。列表计算水深、过水面积、湿周、水力半径、流速、水力坡度、平均水力坡度、底坡度与平均水力坡度之差、流速水头、断面比能、相邻断面比能之差、相邻两断面间距、各个断面的水位。

提示 5. 将各个计算出来的水位点绘到上面图上，连接各水位点形成水面曲线，并标明水面曲线类型。

教师评价

（任课教师对学生的学习效果进行评价并签字认可）

评价：	成绩：
	签字：

二、某一级公路通过拉拉河，拟建一座开心桥。桥下不通航，桥位地处开阔段，河道顺直。

1. 设计洪水频率为1%，河滩部分表土为粗砂，$n_1=0.020$，河槽部分表土为砾石 $n_2=0.030$，经调查得洪水比降为 $I=0.0005$。

2. 拟定总冲刷深度为4.1 m，壅高＋股高＋浪高为0.57 m。

3. 河床地质资料：河道表层粗砂＋砾石厚1.5 m，第二层为砾石夹砂厚5.0 m，以下为岩石层。

4. 形态断面处（拟定为桥位断面处）资料见下表。

桩号/m	K9+400	+420	+460	+500	+520	+540	+580	+610	+650	+690	+740
地面标高/m	138.00	137.00	136.50	133.60	132.90	131.20	129.80	126.00	125.10	127.0	129.7
桩号/m	+790	+810	+850								
地面标高/m	133.50	135.00	137.50								

5. 假定设计水位 $H_p=135.0$ m。

6. 水文站的多年观测资料见下表。

顺序	年份	年最大洪峰流量/(m³·s⁻¹)	顺序	年份	年最大洪峰流量/(m³·s⁻¹)
1	1965	185	21	1985	109
2	1966	201	22	1986	96
3	1967	105	23	1987	186
4	1968	175	24	1988	230
5	1969	148	25	1989	259
6	1970	162	26	1990	280
7	1971	192	27	1991	187
8	1972	139	28	1992	113
9	1973	159	29	1993	146
10	1974	86	30	1994	133
11	1975	90	31	1995	58
12	1976	149	32	1996	112
13	1977	161	33	1997	157
14	1978	184	34	1998	232
15	1979	179	35	1999	179
16	1980	164	36	2000	231
17	1981	188	37	2001	62
18	1982	191	38	2002	141
19	1983	790	39	2003	152
20	1984	820	40	2004	168

海森机率格纸

提示 1. 根据形态断面的勘测资料，在米格纸上选好比例尺及横纵坐标，将断面上的各点点绘在米格纸上，且连接相邻的各点。

提示 2. 在绘制好河床底面轮廓的米格纸上找到 H_p 的位置和两岸边界相交，找到交点处的桩号，补足点。

提示 3. 根据桥涵水文知识，确定河滩与河槽的分界线。

提示 4. 通过米格纸上的河滩、河槽的划分，按照形态法确定滩槽的流量、总断面的流量及流速等水力要素值。

提示5. 根据断面水文资料(最大洪峰流量资料)表格，将表格纵列增加，按照顺序号、年份、流量、流量(由大到小顺序排列)、累积频率、……，共八列；横行将40年资料做成40行，第1行上面还应有表头，40行后外加一行"合计"，表格列好后将后四列的内容计算好填到表内。

提示6. 通过表格的内容，计算理论频率曲线的三个统计参数，并且根据表格的第5列作为横坐标，以相对应的第4纵列值作为纵坐标，对应的就有40个点，在海森几率格纸上选择好纵坐标后，将所有的点点绘在格纸上，之后做经验频率曲线。

提示7. 通过计算将理论频率曲线的各个点的相对流量的大小计算出来，对应点横坐标依然为累计频率，纵坐标为计算出的流量值，将诸点依然点绘到绘制有经验频率曲线的海森几率格纸上。

提示 8. 调整理论频率曲线使其与经验频率曲线达到适线。

提示 9. 将两条线适线后的统计参数应用到公式中,计算设计流量的大小,可以与前面的形态法计算的全断面的流量作比较。

提示 10. 根据设计流量及设计水位等,按照非通航河流的桥位标高的计算公式,选定壅高、股高和浪高等,确定桥梁的标高,在米格纸上通过标高线与河床底面线相交,找到两个交点,两点间的距离即为桥梁长度。

提示11. 根据桥孔净长的计算公式，计算桥孔净长。布设桥墩台，选择最佳方案，且根据墩台布设原则，设置满足条件的桥梁墩台。

提示12. 根据桥位所在位置的河床基本情况，结合墩台布设的位置的地质情况，分析每个桥墩位置的冲刷情况，计算冲刷的不利组合，设计每个桥墩的基础最浅埋置深度。其中一般冲刷深度、局部冲刷深度有计算公式，自然演变冲刷深度根据形态的具体情况拟定冲刷深度。

总结：设计的桥为特大桥、大桥、中桥还是小桥？桥长多少？桥孔净长多少？桥面中心的最低标高多少？布设了多少个桥墩？墩宽多少？设计流量多少？设计流速多少？每个墩基础埋置深度多少？……

教师评价

（任课教师对学生的学习效果进行评价并签字认可）

评价：	成绩：
	签字：

项目编辑：瞿义勇
策划编辑：李 鹏
策划编辑：广通文化

免费电子教案下载地址
www.bitpress.com.cn

北京理工大学出版社
BEIJING INSTITUTE OF TECHNOLOGY PRESS

通信地址：北京市海淀区中关村南大街5号
邮政编码：100081
电话：010-68948351 82562903
网址：www.bitpress.com.cn

关注理工职教
获取优质学习资源

ISBN 978-7-5682-7944-4

定价:49.00元

$$R_e=\frac{vd}{v}=\frac{4Q}{\pi dv}=KQ \tag{24}$$

式中，$K=\frac{4}{\pi dv}$。

（四）实验步骤

1. 测记本实验有关常数

2. 观察层流和紊流形态

打开进水阀门使水箱充水到水箱溢流。水流稳定后，微微开启调节流量阀，并注有颜色（紫粉色）水于实验管内，使颜色水流成一条线，则可观察到紫粉色的水与清水互不相混的层流流态。然后逐渐开大调节流量阀，通过紫粉色水的直线变化观察层流转变到紊流的水力特征，待管中完全紊流后，逐渐调小调节流量阀，观察水流从紊流转变到层流的水力特征。

3. 测定下临界雷诺数

(1)将调节流量阀打开，使管中呈完全紊流，再逐步关小调节流量阀，使流量减小。当流量调节到紫粉色的颜色水在全管中刚刚拉直成一直线状态止，此时是下临界状态。

(2)用量筒及秒表按体积法测定流量，计算下临界雷诺数。

(3)重新打开调节流量阀，使其形成完全紊流，按上述步骤量测下临界雷诺数三次。

(4)同时由水箱中的温度计量记水温。

4. 测定上临界雷诺数

逐步开启调节流量阀，使管中水流由层流过渡到紊流，当紫粉色的水线刚开始散开时，即为上临界状态，此时的雷诺数即为上临界雷诺数，如上测量数次即可。

注意：开启调节流量阀的时候，不可开得过大，以免水箱中的水体引起紊动，影响实验效果，视觉效应极差。

5. 实验成果的整理

(1)有关数据。实验台号第（号），管径(cm)，水温(摄氏度)，运动黏滞系数$v(\text{cm}^2/\text{s})$，计算常数$K(\text{s/cm})$。

(2)记录与计算。记录与计算见表11。

表 11　实验成果

实验次数	颜色水线形态	水体积 V/cm^3	时间 /s	流量 $Q/(\text{cm}^3 \cdot \text{s}^{-1})$	临界雷诺数 R_{ck}	备注
					下临界雷诺数	
					上临界雷诺数	

五、沿程阻力实验

(一)实验目的

(1)研究恒定流状态下,均匀流时,压力管中水流沿程阻力的变化。
(2)测定沿程阻力系数 λ 值。

(二)实验原理

$$h_f = \lambda \cdot \frac{l}{4R} \cdot \frac{v^2}{2g}$$

$$\lambda = \frac{2dgh_f}{lv^2} = \frac{2d\left(\frac{1}{4}\pi d^2\right)gh_f}{lQ^2} = K\frac{h_f}{Q^2} \tag{25}$$

式中,$K = \frac{\pi^2 d^5 g}{8l}$。

(三)实验设备

沿程阻力实验仪。

(四)实验步骤

(1)测试前仔细检查测压管各连接处是否可靠,是否漏水,橡皮管是否破损,并记录有关的仪器设备常数值。
(2)分别对管道的水银压差计和水压差计进行排气,排气后需要对水压计顶部充气。
(3)打开进水阀门,检查水压计内液面是否齐平,水银压差计内 Δh 是否为零。
(4)全开进水阀门,开启调节流量阀,流量从小到大,分别测读压差计各测压管液面读数,并用量筒和秒表按体积法测量流量值。
(5)注意小的压差用水压差计,大压差改用水银压差计测压差。
(6)实验中测量一次水温。
(7)实验结束要关闭调节流量阀门,使压差计回零,检查完毕。

(五)实验成果的整理

1. 有关常数的记录

实验台号:第(台);圆管直径 d(cm);测量段管长 l(m);
水温(摄氏度);运动黏滞系数 v(cm$^2 \cdot$ s^{-1});计算常数 K(cm$^5 \cdot$ s^{-3})。

2. 记录与计算

记录与计算见表12。

表 12 记录与计算

实验次数	体积 V/cm^3	时间 T/s	流址 Q /(cm$^3 \cdot$ s^{-1})	流速 v /(cm$\cdot$ s^{-1})	R_e	水压差计读数		水头损失 h_r/cm	阻力系数 λ	$R_e < 2\,370$ $\lambda = \frac{64}{R_e}$
						h_1	h_2			
1										

续表

实验次数	体积 V/cm^3	时间 T/s	流址 Q /(cm³·s⁻¹)	流速 v /(cm·s⁻¹)	R_e	水压差计读数		水头损失 h_r/cm	阻力系数 λ	$R_e<2\,370$ $\lambda=\dfrac{64}{R_e}$
						h_1	h_2			
2										
3										
1										
2										
3										
4										
5										
6										
7										
8										

六、局部阻力实验

（一）实验目的

(1)掌握管路局部阻力系数 ξ 值的测定方法。
(2)测定局部阻力系数 ξ 值与理论公式求得值进行比较。

（二）实验原理

因
$$h_j = \xi \frac{v^2}{2g} \tag{26}$$

则局部阻力系数 $\xi = \dfrac{h_j}{v^2/2g}$。

（三）实验设备

局部阻力实验仪。

（四）实验步骤

(1)打开进水阀门，使水箱充水，待水箱溢流后，检查各测压管水位是否齐平，若不平则要进行排气调平。
(2)全开调节流量阀门，待水稳定后，正确读出突然扩大或突然缩小处前后渐变流断面测压管上的水面读数，若水面波动则要取其平均值记录。
(3)用量筒和秒表按体积法测量流量。
(4)改变调节流量阀开度，重复测读测压管水面读数和测量实验流量 2～4 次。
(5)实验结束，关闭调节流量阀，检查测压管水面齐平后，再关闭进水阀。

(五)实验成果的整理

(1)断面突然扩大的记录与计算见表13。

表13　断面突然扩大记录表

实验测次	水体积 V/cm^3	时间 T/s	流量 Q/cm^3	断面Ⅰ					断面Ⅱ					局部损失 h_j	阻力系数	
				$\dfrac{p_1}{\gamma}$	A_1	v_1	$\dfrac{v_1^2}{2g}$	$\dfrac{p_1}{\gamma}+\dfrac{v_1^2}{2g}$	$\dfrac{p_2}{\gamma}$	A_2	v_2	$\dfrac{v_2^2}{2g}$	$\dfrac{p_2}{\gamma}+\dfrac{v_2^2}{2g}$		实测 $\xi_{扩}$	理论 $\xi_{扩}$
1																
2																
3																
4																

实验台号：第(台)；圆管直径 d_1(cm)；d_2(cm)。

(2)断面突然收缩的记录与计算见表14。

表14　断面突然收缩记录表

实验测次	水体积 V/cm^3	时间 T/s	流量 Q/cm^3	断面Ⅰ					断面Ⅱ					局部损失 h_j	阻力系数	
				$\dfrac{p_1}{\gamma}$	A_1	v_1	$\dfrac{v_1^2}{2g}$	$\dfrac{p_1}{\gamma}+\dfrac{v_1^2}{2g}$	$\dfrac{p_2}{\gamma}$	A_2	v_2	$\dfrac{v_2^2}{2g}$	$\dfrac{p_2}{\gamma}+\dfrac{v_2^2}{2g}$		实测 $\xi_{缩}$	理论 $\xi_{缩}$
1																
2																
3																
4																

七、明渠非均匀流的基本水力现象演示实验

(一)实验目的

(1)演示在不同底坡情况下矩形水槽中非均匀渐变流的水面曲线，加深对非均匀渐变流水面曲线的感性认识。

(2)观察水跃现象的特征及水跃的衔接形式。

(3)观察水流经过小桥和涵洞的水力图式。

(二)实验原理

略。

(三)实验设备

多功能变坡实验水槽，如图12所示。该实验水槽分为上下两段，用铰链连接。通过螺杆升降坡度，内有堰、小桥和涵洞的模型。

图12　多功能变坡实验水槽

(四)实验步骤

(1)打开进水阀门,测定流量 Q,计算临界水深 a_3 及临界底坡 i_k。调整水槽底坡使 $i=i_k$,此时槽中应为临界流。放下闸门1如图12所示,即可出现 a_3 型水面曲线和 c_3 型水面曲线。

(2)调整上下游底坡,使 $i_1<i_k$,$i_2>i_k$,流量不变,此时出现 b_1 和 b_2 的降水曲线。曲线上、下游一定远处水深为上、下游正常水深 h_0。

(3)调整上下游底坡,使 $i_1>i_k$,$i_2<i_k$,流量不变,此时出现水跃。调整上、下游坡度,可以看到水跃的三种不同衔接形式。

(4)保持底坡不变,放下闸门1、2、3,如图12所示。此时上游槽中即可出现 a_1、c_1、c_2、a_2 型水面曲线。同时还有水跃出现。

(5)如果在水槽中放入各种堰的模型,调整底坡也可以看到雍水、降水曲线以及水跌和水跃等基本的水力现象。

(6)在水槽中放入小桥模型,控制下游水深,观察水流经过小桥形成的自由出流和淹没出流的水力图式。

(7)在水槽中放入涵洞模型,控制流量、底坡,观察水流经过涵洞时的有压力式、半压力式和无压力式涵洞的水力图式。

该演示实验就是俗称的双变坡槽实验,仔细观察和分析,将诸多内容和土木工程、交通土建工程紧密结合起来,真正将理论付诸实践。

项目二　桥涵水文

模块五　河流概论

学习目标

1. 掌握河流的基本知识；
2. 正确认识地表径流的形成过程及影响因素；
3. 认识河流及其流域和流域的表示方法；
4. 认识并掌握河流的泥砂运动。

能力目标

1. 认识完整河流的形态要素、能够进行河段分类；
2. 掌握水文观测的要点，能够进行水文观测。

学习重点

地表径流的形成过程及影响因素，河流的形态要素，形态观测与水文调查，水文断面的确定和选择，洪水调查及工程地质调查。

修建公路，当跨越河渠时，需要修建桥梁和涵洞，以便通过车辆和宣泄洪水。修建后的桥涵与河流的床面形成一个三维构筑物，并且此三维实体受水流的作用，其几何尺寸是不断变化的。那么若想知道这个三维实体能容许多少水流顺利通过，同时能保障通行安全，首先应了解自然界水的运行变化规律，并在桥涵设计施工中应用这些规律。

单元一　水循环与径流形成过程

一、自然界水循环

自然界的水是在不断运动中的：海洋和陆地上的水受到太阳辐射热的作用，蒸发上升到大气中，且随着大气而运动；在一定的条件下，大气中的水汽凝结成降水，重新降落到地球表面；降落到地表的水一部分被蒸发，另一部分则经过河道又汇入海洋。水循环总的趋势是海洋向陆地输送水汽，陆地向海洋注入径流。在海洋向内陆输送水汽的过程中，一部分水在陆地上空冷凝降落，形成径流，向海洋流动，另一部分再次蒸发成水汽继续向更远的内陆输送,越向内陆运动水汽越少,循环逐渐减弱,直到不能形成降水为止。水的这种周而复始的运动过程称为水循环。如图 5-1 所示。同时,由于水的循环路径不同,可以将其分为自然界中的水的大循环和小循环两种形式。

图 5-1　自然界水循环示意图

水在自然界中的循环运动,为人类带来了取之不尽、用之不竭的水资源,对人类的生产活动有着重大影响;同时,水循环也改变着地球的面貌。研究水循环对抗御洪旱灾害,改造自然,利用自然都具有十分重要的意义。

二、径流形成过程

径流是指降水所形成的,沿着流域地面和地下向河川、湖泊、水库、洼地等流动的水流。其可以分为地面径流和地下径流两大类。

(1)地面径流(也称地表径流):沿着地面流动的水流称为地面径流,或地表径流。地面径流的常见形式为河川径流、降雨径流和融雪径流。所谓河川径流,是地表水汇集到河槽后,在重力作用下沿河床流动的水流。径流因降水形式和补给来源的不同,可分为降雨径流和融雪径流。

总的说来,地面径流的形成要经过降水阶段、蓄渗阶段、坡面漫流阶段和河槽集流阶段的过程,如图 5-2 所示。

图 5-2　径流形成示意图

(2)地下径流：是径流的另一种表现形式。其是地下水由补给区向排泄区流动的地下水流，也称基流。

径流形成过程：汇水区内，自降雨开始到水流汇集到流域出口断面的整个物理过程，称为径流形成过程。径流的形成是相当复杂的过程，为便于分析一般把它概括为产流过程和汇流过程两个阶段。

（一）产流过程

降落到流域内的雨水，一部分会损失掉，剩下的部分形成径流。

降雨扣除损失后的雨量称为净雨。显然，净雨和它形成的径流在数量上是相等的，但二者的过程却完全不同，净雨是径流的来源，而径流则是净雨汇流的结果。净雨在降雨结束时就停止了，而径流却要延长很长时间。

将降雨扣除损失成为净雨的过程称为产流过程，净雨量也称为产流量。降雨不能产生径流的那部分降雨量称为损失量。在前期十分干旱的情况下，降雨产流过程中的损失量称为最大损失量，记为IM。

沿着土壤孔隙流动，一部分会从坡侧土壤孔隙流出，注入河槽形成径流，称为表层流或壤中流。形成表层流的净雨称为表层流净雨；另一部分会继续向深处下渗，到达地下水面后，以地下水的形式补给河流，称为地下径流。形成地下径流的净雨称为地下净雨，包括浅层地下水(潜水)和深层地下水(承压水)。

流域产流过程又称为流域蓄渗过程。在这一阶段，流域对降雨进行了一次再分配。

（二）汇流过程

净雨沿坡面从地面和地下汇入河网，然后再沿着河网汇集到流域出口断面，这一完整的过程称为流域汇流过程。前者称为坡地汇流，后者称为河网汇流。

1. 坡地汇流过程

坡地汇流分为以下三种情况：

(1)坡面流。超渗雨满足了填洼后产生的地面净雨沿坡面流到附近河网的过程，称为坡面漫流。坡面漫流是由无数股彼此时分时合的细小水流所组成，通常没有明显的固定沟槽，雨强很大时可形成片流。坡面漫流的流程较短，一般不超过数百米，历时也短。地面净雨经坡面漫流注入河网，形成地面径流。大雨时地面径流是构成河流流量的主要来源。

(2)表层流径流。表层流净雨沿坡面侧向表层土壤孔隙流入河网，形成表层流径流。表层流流动比地面径流慢，到达河槽也较迟，但对历时较长的暴雨，数量可能很大，成为河流流量的主要组成部分。表层流与地面径流有时能相互转化，例如，在坡地上部渗入土中流动的表层流，可在坡地下部流出，以地面径流形式流入河槽；部分地面径流也可能在坡面漫流过程中渗入土壤中流动成为表层流。这就是实际工作中把表层流归入地面径流的原因。

(3)地下径流和基流。向下渗透到地下潜水面或深层地下水体后，沿水力坡度最大的方向流入河网，称为坡地地下径流。深层地下水汇流很慢，所以降雨以后，地下水流可以维持很长时间，较大河流可以终年不断，是河川的基本径流，所以常称为基流。

在径流形成过程中，坡地汇流过程对净雨在时程上进行第一次再分配。降雨结束后，坡地汇流仍将持续一定时间。

2. 河网汇流过程

各种成分径流经坡地汇流注入河网，从支流到干流，从上游向下游，最后流出流域出口断面，这个过程称为河网汇流或河槽集流过程。

坡地水流进入河网后，使河槽水量增加，水位升高，这就是河流洪水的涨水阶段。在涨水段，由于河槽储蓄一部分水量，所以对任一河段，下断面流量总小于上断面流量。随降雨和坡地漫流量的逐渐减少直至完全停止，河槽水量减少，水位降低，这就是退水阶段。这种现象称为河槽调蓄作用。

河槽调蓄是对净雨在时程上进行的第二次再分配。

一次降雨过程，经植物截留、下渗、填洼、蒸发等损失，进入河网的水量显然比降雨量少，且经过坡地汇流和河网汇流，使出口断面的径流过程远比降雨过程变化缓慢，同时，降雨、产流和汇流，是从降雨开始到水流流出流域出口断面经历的全过程，它们在时间上并无截然的分界，而是同时交错进行的。

三、影响径流的主要因素

从径流形成过程来看，影响径流变化的主要因素有气候因素、下垫面因素及人为因素等。

（一）气候因素

气候因素中涵盖降雨因素和蒸发因素两大因素。

(1)降雨因素：降雨强度越大，历时时间越短，径流过程就越急促，所产生的径流量就越大；反之，则径流量就越小。

(2)蒸发因素：若蒸发的强度大，且降雨前期土壤含水量小，入渗增大，从而导致径流量减小；反之，则径流量就增大。

（二）下垫面因素

下垫面因素是指流域内的地形、地质、植被、湖泊、沼泽等自然地理因素，统称为下垫面因素。而当流域面积小，地面及河沟坡度小，流域形状狭长，岩土渗透力强，植被密集时，河川径流量就小；反之，河川径流的径流量则大。

（三）人为因素

人类活动对自然界有很大影响，利弊皆有，修建水库、封山育林、水土保持等对河川径流起到调蓄的作用；而乱砍盗伐、破坏植被等则对河川径流起负面作用，也会使得径流量变小变差。

单元二　河流与流域

一、河流

降落到地面上的雨水，除下渗、蒸发等损失外，其余水在重力作用下形成地面径流。

地面径流长期侵蚀地面，冲成沟壑，形成小溪，汇集成河流。河流是河槽和其中水流的统称。河流可分为干流和支流，一般把长度最长或水量最大的河流称为干流；流入干流的河流则称为支流。

(一)河流的分段

一条河流沿水流方向，自高向低可分为河源、上游、中游、下游和河口五段。河源是河流的发源地，多为泉水、溪涧、冰川、湖泊或沼泽等。上游紧接河源，多处于深山峡谷中，坡陡流急，河谷下切强烈，常有急滩或瀑布。中游河段坡度渐缓，河槽变宽，两岸常有滩地，冲淤变化不明显，河床较稳定。下游是河流的最下段，一般处于平原区，河槽宽阔，河床坡度和流速都较小，淤积明显，浅滩和河湾较多。河口是河流的终点，即河流注入海洋或内陆湖泊的地方。这一段因流速骤减，泥砂大量淤积，往往形成三角洲。

(二)河流的基本几何特征

一般用河流长度、横纵断面、弯曲系数及河道纵比降等表示河流的基本特征。

1. 河流的长度

自河源沿主河道至河口的距离称为河流长度，简称河长，以 km 计。可通过实际调查获得，也可在适当比例尺的地形图上或航测图上量得。

2. 河流的横、纵断面

河流中垂直于水流方向的断面称为横断面，如图 5-3 所示。河床一般由河槽和河滩两部分组成。河槽是河流宣泄洪水和输送泥砂的主要通道，植被不易生长，且在洪水期有底沙运动；河槽两侧洪水漫溢的滩地称为河滩，河滩上通常长有草类、树木或可种植农作物，被洪水淹没的次数较少，河槽中无底沙运动。河槽中较高的可移动的泥砂堆称为边滩，其余部分称为主槽。只有河槽没有

图 5-3 河床横断面示意图

河滩的断面称为单式断面；有河槽又有河滩的断面称为复式断面，图 5-4(a)所示为单式断面；图 5-4(b)、图 5-4(c)所示为复式断面。图 5-4(b)所示复式断面为一槽一滩(多为河湾处)；图 5-4(c)所示为一槽两滩(多为平原和微丘区纵向顺直式河段中)。河流中沿水流方向各断面最大水深点的连线称为中泓线，沿中泓线的断面称为河流的纵断面。河流纵断面能反映河床的沿程变化。

3. 河道纵比降

任意河段两端(水面或河底)的高差 Δh 称为落差，单位河长的落差称为河道纵比降，简称比降，用小数或千分数表示。常用的比降有水面比降和河底比降。河流沿程各段的比降都不相同，一般自河源向河口逐渐减小。水面比降随水位的变化而变化，河底比降则较稳定。当河段纵断面近于直线时，比降按式(5-1)计算：

$$J=\frac{Z_1-Z_0}{l}=\frac{\Delta h}{l} \tag{5-1}$$

式中 J——河段的比降；

Z_1，Z_0——河段上、下断面水面或河底高程(m)；

l——河段长度(m)。

(a)　　　　　　　　　(b)　　　　　　　　　(c)

图 5-4　单式断面和复式断面示意图

(a)单式断面；(b)复式断面(一槽一滩)；(c)复式断面(一槽两滩)

当河底高程沿程变化时，可在纵断面图(图 5-5)上从下断面河床处作一斜线，使斜线以下的面积与原河底线以下的面积相等，该斜线的坡度即为河道的平均比降。其计算公式为

$$J=\frac{(Z_0+Z_1)l_1+(Z_1+Z_2)l_2+\cdots\cdots+(Z_{n-1}+Z_n)l_n-2h_0L}{L^2} \quad (5\text{-}2)$$

式中 Z_0，…，Z_n——自下游到上游沿程各点河底高程(m)；

l_1，…，l_n——相邻两点间的距离(m)；

L——河段的全长(m)。

图 5-5　河流纵断面示意图

河流比降一般都比较小，常用千分数表示。例如，湖南省的湘江，河长为 826 km，平均比降 $J=0.134‰$。

(三)河段分类

进行桥位设计时，在有关桥位选择、桥孔布设、确定桥梁墩台的埋深、布置调治构造物等水文计算中，必须了解桥位所在河段的各种特点，掌握河段变形的客观规律，以便提出切合实际的设计方案。《公路工程水文勘测设计规范》(JTG C30—2015)中，将河段分为以下几类。

1. 山区河段

山区河段可分为峡谷河段和开阔河段两类，且这两类河段都为稳定性河段。

山区河段的形态特征为：在平面上多急弯、卡口，宽窄相同，河床为 V 形或 U 形；河

流纵断面多呈凸型，比降缓陡相连。峡谷河段河床狭窄，河岸陡峭多为石质，中、枯水期河槽无明显区别；开阔河段河面较宽，有边滩，有时也有不大的河漫滩和明显阶地，有的地方也会出现心滩和沙洲，比降较缓，河床泥砂较细。

山区河段的水文泥砂特征为：河床比降陡，一般大于0.2%；流速大，洪水时河槽中水流平均流速可达到5~8 m/s；水位变幅大，个别可达到50 m；含沙量小，河床泥砂颗粒较大，由于流速大，搬运能力强，故洪水时河床上有卵石运动。

山区河段的河床演变特征为：河流稳定，变形多为单向的切蚀作用，速度相当缓慢；峡谷河段的进口或窄口的上游，受壅水的影响易形成洪淤、枯冲；开阔河段有时有较厚的颗粒较细的沉积物，且多呈洪冲、枯淤变化；两岸对河流的约束和钳制作用大。

各河段区别要点为：峡谷河段，河床窄深，床面岩石裸露或为大漂石覆盖，河床比降大，多急弯、卡口，断面呈V形或U形；开阔河段和顺直微弯河段岸线整齐，河槽稳定，断面多呈U形，滩、槽分明，各级洪水流向基本一致。

2. 平原区河段

平原区河段可分为顺直微弯河段、分汊河段、弯曲河段、宽滩河段、游荡河段五类。其中顺直微弯河段为稳定河段，游荡河段为不稳定河段，其他均为次稳定河段。

平原河段形态特征为：平原河段，平面外形可分为顺直微弯型、分汊型、弯曲型、宽滩型和游荡型；河谷开阔，有时河槽高出地面，靠两侧堤防束水；河床横断面多呈宽浅矩形，通常横断面上滩槽分明，在河湾处横断面呈斜三角形，凹岸侧窄深，凸岸侧为宽且高的边滩，过渡段有浅滩、沙洲；枯水期河槽中露出多种形态的泥砂堆积体；由于平原区河流多河弯、浅滩连续分布，因此河床纵断面亦深浅相间。

平原河段水文泥砂特征为：河床比降平缓，一般小于0.01%；流速小，洪水时河槽中水流平均流速多为2~4 m/s；洪峰持续时间长，水位和流量变幅小于山区河流；河床泥砂颗粒较细；水流输送泥砂以悬移质为主，多为砂、粉砂和黏粒，但也有推移质；满足下列条件时为宽滩河流。

$$\frac{Q_t}{Q_p}>0.4 \quad 或 \quad \frac{Q_t}{Q_c}>0.67 \tag{5-3}$$

式中　Q_t——河滩流量；

　　　Q_p——河床流量；

　　　Q_c——河槽流量。

平原河段河床演变特征为：顺直微弯河段，中水时河槽顺直微弯，边滩呈犬牙状交错分布，洪水时边滩向下游平移，对岸深槽也向下游平移；分汊河段，中高水时河槽分汊，分汊可能有周期性的交替变迁趋势；弯曲型河段，凹冲凸淤，为自由弯曲型河段，由于周而复始的凹冲凸淤，随着凹岸侧的冲刷下切和侵蚀，弯顶会横移下行；凸岸侧则扭曲伸向下游，与此同时弯曲路径加长，阻力加大，颈口缩短，洪水时就将发生裁弯取直现象；宽滩蜿蜒河段河床演变与弯曲型河段类似；游荡型河段河槽宽浅，沙洲众多且变化迅速，主流、支汊变化无常。

各河段区别要点为：稳定性和次稳定性河段的区别，前者河槽岸线、河槽、洪水主流均基本稳定，变形缓慢；后者河湾发展下移，主流在河槽内摆动。另外，分汊河段两汊有交替变迁的趋势；宽滩河段泛滥宽度很宽，达几千米甚至十几千米，滩槽宽度比、流量比都较大，河滩水流流速小，河槽水流流速大。

3. 山前区河段

山前区河段可分为山前变迁河段和冲积漫流河段两类，这两类河段均为不稳定河段。

山前区河段的形态特征为：山前变迁河段，多出现在较开阔且地面坡度较平缓的山前平原地带，河段距山口较远，其下多是比较稳定的平原河段，水流多支汊，主流迁徙不定，河槽岸线不稳，洪水时主流有滚动可能；冲积漫流河段，距山口较近，河床坡度较陡，因为地势单调平坦，水流出山口后呈喇叭形散开，流速、水深骤减，水流挟带大量泥砂落淤在山口坦坡上形成冲积扇。

山前区河段的水文泥砂特征为：河床比降介于山区河段和平原河段之间，一般为 0.1‰～1‰，但冲积漫流河段有时为 2‰～5‰；流速也介于山区河段与平原河段之间，洪水时河槽中水流平均流速可达 3.5 m/s；水流宽浅，水深变幅不大，既小于山区也小于平原区；泥砂中等或较大，在干旱、半干旱地区，洪水时往往携带大量细颗粒泥砂（既有悬移质又有推移质），是淤积的主要材料。

山前区河段的河床演变特征为：山前变迁型河段，泥砂与河床演变特点有类似平原游荡型河段之处，但其比降和泥砂颗粒皆大于平原游荡型河段，主要还是山前河流的特点，其夺流改道之势更为凶猛迅速；冲积漫流河段，通常无固定河槽，夹带大量粗颗粒泥砂的水流淤此冲坡，加以坡陡、流急造成水沙混合体奔突冲击，故有很大的破坏力。洪水后，河床支汊纵横、支离破碎，没有固定的河漫滩，是最不稳定的河段，河床有可能淤高。

各河段区别要点为：不稳定河段与次稳定河段的区别，前者主流在整个河床内摆动，幅变化快，河床有可能扩宽；后者主流在河槽内摆动，幅度小。游荡型河段与山前变迁性河段的区别，前者土质颗粒细、冲刷深、回淤快，主流不仅在河床内摆动，甚至可能造成河道改道；后者颗粒粗、冲刷浅，由于河床淤高扩宽和主流摆动，造成主槽变迁，河常傍切扩宽的幅度小。冲积漫流河段地貌大致具有冲积扇的特征，河床逐年淤高且较游荡型河段明显，洪水股流按总趋势在高沟槽中通过。

4. 河口

河口可分为三角港河口和三角洲河口两类，这两者均为不稳定河段。

河口的形态特征为：三角港河口段为凹向大陆的海湾型河口段；三角洲河口段为凸出海岸伸向大海的冲积型河口段。河口段沙洲林立，支流纵横交错。

河口的水文泥砂特征为：河口的水文泥砂比降一般小于 0.01‰，流速也小，由于受潮汐影响，流速呈周期性正负变化，泥砂颗粒极细且多为悬移质。

河口的河床演变特征为：河口除受波浪和海流作用外，河流下泄的部分泥砂（进入河口后）由于受潮流和径流的相互作用常形成拦门沙，加之咸水、淡水交汇造成泥砂颗粒的絮凝现象，促进了泥砂的淤积；洪水期山水占控制的河段可能有河床冲刷，因此很多河口段河床的冲淤变化很明显。

各河段区别要点与形态特征相同。

应该注意的是，上述情况为一般情况，如山区河段一般为稳定河段，但也有例外的情况。有的山区河段有次稳定的甚至不稳定的河段，遇到这种情况，应根据实际分析其稳定性。

二、流域

（一）流域（汇水区）

汇集地面水和地下水的区域称为流域，也就是分水线包围的区域。分水线有地面和地下之分。

闭合流域：当地面分水线与地下分水线相重合时，称为闭合流域；否则，为不闭合流域，如图 5-6 所示。在实际工作中，除有石灰岩溶洞等特殊的地质情况外，对于一般流域，当对所论问题无太大影响时，多按闭合流域考虑。

图 5-6　地面分水线与地下分水线示意图

流域是相对于某一出口断面的，当不指明断面时，流域即指对河口断面以上区域。

（二）流域的基本特征

1. 流域面积（汇水面积）

流域分水线包围区域的平面投影面积，称为流域面积，记为 F，以 km^2 计。一般地，将流域面积大于 $100\ km^2$ 的叫作大流域。

流域面积的确定方法如下：

（1）利用现有的地形图校核。在已有 1∶10 000～1∶50 000 地形图上勾绘汇水区，再经现场校核，一般有足够的准确性。由于各种基本建设设施的迅速发展，原绘制的地形图上的分水岭及水系流向往往与实际情况不尽相符，因此，在利用已有地图时，必须进行现场勘察或访问群众进行校核，否则，可能相差很大。

校核的方法：重点是首先在图上标明原图出版以来新增添的人工沟渠、水库、堤坝的道路、桥梁位置；标明由于增添了这些基建设施后，所改变的水流流向；然后再标明漫流归入这些沟渠、水库等的地面范围；最后根据确定的新水系情况，勾绘出汇水区（图 5-7）。

在平原区，地形图上等高线稀疏，并受河网化的影响，分水界线不易划分，必须通过调查，参照图上各村庄或其他明显地物位置，根据村庄地势常高于周围田地的特点，勾绘出汇水区，力求与实际相符。

当汇水区勾绘好之后，可蒙上透明厘米格纸，采用不规则边格凑整的方法，按地形图的比例，计算出汇水面积 F 值。

（2）实测与估测。当没有地形图可利用时，需用地形测量仪器实地测绘，一般采用交汇法、绕行法或辐射法；当汇水区甚小时，也可采用实测与估测相结合的方法。估测法是用气压计与角度手水准，类似以上所述的测量方法。

图 5-7 汇水面积示意图

2. 河网密度

流域内河流干支流总长度与流域面积的比值称为河网密度,以 km/km² 计。

3. 流域的长度和平均宽度

流域长度就是流域轴长。以流域出口为中心向河源方向作一组不同半径的同心圆,在每个圆与流域分水线相交处作割线,各割线中点的连线长度即为流域的长度,以 km 计。

流域面积与流域长度之比称为流域平均宽度,以 km 计。

4. 流域形状系数

流域平均宽度与流域长度之比称为流域形状系数。扇形流域的形状系数较大,狭长形流域则较小,所以,流域形状系数在一定程度上以定量的方式反映流域的形状。

5. 流域的平均高度和平均坡度

将流域地形图划分为 100 个以上的正方格,依次定出每个方格交叉点上的高程以及与等高线正交方向的坡度,取其平均值即为流域的平均高度和平均坡度。

6. 流域自然地理特征

流域自然地理特征包括流域的地理位置、气候特征和下垫面因素等。

(1)流域的地理位置。流域的地理位置以流域所处的经纬度来表示,它可以反映流域所处的气候带,说明流域距离海洋的远近,反映水文循环的强弱。

(2)流域的气候特征。流域的气候特征包括降水、蒸发、湿度、气温、气压、风等要素。它们是河流形成和发展的主要影响因素,也是决定流域水文特征的重要因素。

(3)流域的下垫面因素。下垫面是指流域的地形、地质构造、土壤和岩石性质、植被、湖泊、沼泽等情况,这些要素以及上述河道特征、流域特征都反映了每一水系形成过程的具体条件,并影响径流的变化规律。在天然情况下,水文循环中的水量、水质在时间上和地区上的分布与人类的需求是不相适应的。为了解决这一矛盾,长期以来人类采取了许多措施，如兴修水利、植树造林、水土保持、城市化等措施来改造自然以满足人类的需要。人类的这些活动，在一定程度上改变了流域的下垫面条件从而引起水文特征的变化。

单元三 泥砂运动

河川的泥砂运动又称泥砂径流或固体径流，是指河流挟带的水中悬移质泥砂和沿河底滚动的推移质泥砂而言。所有河流都挟带有泥砂，只是多少不同而已。我国黄河是一个突出的例子，黄河边的陕县多年平均含沙量高达 35.1 kg/m³，实测最大含沙量超过 500 kg/m³。河流泥砂主要来源于流域地表被风和雨水侵蚀的土壤，当大量的降雨或融雪形成坡地漫流时，水流就将地表的固体颗粒带入河中。河流挟带泥砂的多少与流域特征及地面径流有关，洪水期含沙量较大，枯水期只靠地下水补给时则含砂量最小。

一、泥砂运动的分类

天然河床是由大小不同、形状各异的泥砂颗粒组成的。根据泥砂在河槽内运动的状态，可分为悬移质和推移质两种。悬移质泥砂是在一定水力条件下，泥砂处于运动状态，颗粒较细的泥砂被水流中的紊流旋涡带起，悬浮于水中向下游移动。推移质泥砂是颗粒稍大的在河床上滚动、滑动或跳跃着间歇性地向下游移动，其前进的速度远小于水流流速的泥砂；推移质群体的运动形态，呈现为床面上的砂波运动。比推移质颗粒更大的泥砂，则下沉到河床床面静止不动，称为砂床。悬移质和推移质的分界是相对的，是随水流流速大小而变化的。

二、泥砂的主要特性

1. 几何特性

泥砂的几何特性用粒径来表示。泥砂颗粒形状极不规则，一般采用与泥砂颗粒同体积的球体直径，即等容直径 d 来表示颗粒的大小，单位为 mm 或 m。

粒径大于 0.05 mm 的泥砂，可用筛析法测量；粒径小于 0.05 mm 的泥砂，则用水析法测量，即根据泥砂在静水中沉降速度与粒径大小的关系，来确定粒径的大小。对大粒径的圆石和砾石可直接量其长、短轴直径。泥砂的粒径可用下列表示方法：

(1)平均粒径 $\bar{d}$。若筛分法得到砂样的各筛径之间的几组泥砂，各组平均粒径为上、下两级筛孔的均值，即 $d_i = \dfrac{d_大 + d_小}{2}$，每组泥砂的质量(或重量)为 ΔP_i，则该砂样的平均粒径 ($\bar{d}$)为取沙样中各级粒径按质量的加权平均值，则

$$\bar{d} = \frac{\sum d_i \Delta P_i}{\sum \Delta P_i} \tag{5-4}$$

式中 d_i——各级泥砂的粒径；

         ΔP_i——各级泥砂的质量。

(2)粒径级配曲线(粒配曲线)——d_{50} 及 d_{95}。粒径级配曲线一般画在半对数坐标纸上，

横坐标表示粒径大小，纵坐标表示小于某粒径的颗粒在整个砂样中所占质量分数。d_{50}表示小于此粒径的泥砂占砂样总质量的 50%，即在级配曲线上纵坐标为 50% 所对应的粒径；d_{95}表示小于此粒径的泥砂占砂样总质量的 95%，即在级配曲线上纵坐标为 95% 所对应的粒径，$d_{95} < d_{50}$，如图 5-8 所示。

图 5-8　泥砂粒径级配曲线

2. 重力特性

泥砂重力特性用泥砂颗粒实体的单位体积的重力来表示，称为容重（或重度）γ_s。另外，干容重 γ' 也表示砂样的重力特性，用单位体积的原状土样中颗粒的重力来表示。ω 越大，泥砂越密实。

3. 水力特性

(1) 沉速。泥砂水力特性由泥砂颗粒在静止的清水中均匀下沉的速度来表示，称为沉速 ω（单位为 m/s），ω 值可查《公路桥涵设计手册　桥位设计（2011 年版）》中的数值表。

(2) 起动流速。水中泥砂在水流的推动下，由静止状态转入运动时的水流临界平均流速，称为泥砂的启动流速。泥砂启动是泥砂运河床变形开始的临界状态。

单元四　形态观测与水文调查

河流中水的运动变化可由水文因素观测资料来反映，利用各种水文仪器测量并记录各项水文因素的连续变化情况，称为水文测量。在修建桥涵时主要测量的水文要素有河床断面的几何形状、水位、流速、流量等。

一、水位测量

水位是指河流、湖泊、水库及海洋等水体的自由水面高程，单位为 m。水位要有一个基面作为起点，常用的基面有绝对基面、假定基面、测站基面和冻结基面四种。

全河上、下游或相邻测站应尽可能采用一致的固定基面。使用水位资料时一定要查清其基面。

观测水位的常用设备有水尺和自记水位计两类。

1. 水尺

水尺按构造形式不同可分为直立式、倾斜式、矮桩式和悬锤式四种，如图 5-9 所示。

其中，应用最广泛的是直立式水尺，如图 5-10 所示。观测时记录水尺读数，水位计算公式为

$$水位 = 水尺零点高程 + 水尺读数$$

式中　水尺零点高程——水尺板上刻度起点的高程，可以预先测量出来。

图 5-9　水尺类型
(a)直立式；(b)倾斜式；(c)矮桩式；(d)悬锤式

图 5-10　直立式水尺

2. 自记水位计

自记水位计(图 5-11)能将水位变化的连续过程自动记录下来，不遗漏任何突然的变化和转折，有的还能将所观测的数据以数字或图像的形式远传室内，使水位观测工作趋于自动化和远传化。

图 5-11　自计水位计

通过水位的观测，能够得到各种特征水位、平均水位、水位过程线、水面比降等资料。

二、流速测量

河流的流量是通过测定过水断面和断面平均流速后计算出来的。测流速常使用流速仪进行。

流速仪主要由旋转器(旋桨或旋杯)、信号记录器和尾翼组成,如图 5-12 和图 5-13 所示。

图 5-12　旋桨式流速仪

图 5-13　旋杯式流速仪

流速仪只能测得断面中某一点的流速,测流时可将流速仪放到需要测速的位置(测点),水流冲击旋杯(或旋桨)使其转动,根据每秒转数与流速的关系推算该测点的流速。

天然河道过水断面的流速分布,一般是由河岸向河心逐渐增大,由河底向水面逐渐增大,最大流速一般出现在最大水深处的水面附近,如图 5-14 所示。

图 5-14　天然河流断面流速分布图

流速测量的目的就是通过实际的流速测量,描述过水断面内的流速分布情况,并用以推算通过该断面的流量。流速测量常用的方法有流速仪法和浮标法两种。

运用流速仪能测得某点的流速,为了求得断面平均流速,应首先在断面上布设一些测速垂线,断面被分成若干部分,测出各垂线的水深和起点距。在每一条测速垂线上布设一定数目的测速点进行测速,最后根据测点流速的平均值求得测线平均流速,再由测线平均流速求得部分面积平均流速。测速垂线数目,根据河宽来确定。测速垂线上的点数,根据垂线的水深及流速仪的特性来确定。具体规定见表 5-1 和表 5-2。

表 5-1　水面宽

水面宽/m	<5.0	5	50	100	300	1 000	>1 000
精测法	5	6	10	12～15	15～20	15～25	>25
常测法	3～5	5	6～8	7～9	8～13	8～13	>13

表 5-2　测速垂线上的测点数

测点数	畅流期	冰期
五点	$0.0h$、$0.2h$、$0.6h$、$0.8h$、$1.0h$	
三点	$0.2h$、$0.6h$、$0.8h$	$0.15h$、$0.5h$、$0.85h$
二点	$0.2h$、$0.8h$	$0.2h$、$0.8h$
一点	$0.6h$ 或 $0.5h$	$0.5h$

一点法：

$$v_m = v_{0.6} \text{ 或 } v_m = (0.90 \sim 0.95)v_{0.5}$$

二点法：

$$v_m = \frac{1}{2}(v_{0.2} + v_{0.8})$$

三点法：

$$v_m = \frac{1}{3}(v_{0.2} + v_{0.6} + v_{0.8}) \text{ 或 } v_m = \frac{1}{4}(v_{0.2} + 2v_{0.6} + v_{0.8})$$

五点法：

$$v_m = \frac{1}{10}(v_{0.0} + 3v_{0.2} + 3v_{0.6} + 2v_{0.8} + v_{1.0})$$

式中　v_m——垂线平均流速；

$v_{0.0}$、$v_{0.1}$、…、$v_{1.0}$——各相对水深处的测点流速。

三、河道断面测量

河道断面测量如图 5-15 所示。

图 5-15　河道断面测量

（一）起点距测量

测深垂线起点距是指测深垂线至基线上的起点桩之间的水平距离，常用经纬仪、平板仪、六分仪和全球定位系统(GPS)等测量。

（二）水深测量

一般用测深杆、测深锤或测深铅鱼、超声波回声测声仪等测量。

四、水文调查

对于缺乏水文观测资料的河沟，水文调查是获得桥涵设计中所需水文资料常用的方法。

水文调查的步骤是先建立水文断面,通过洪水调查,确定各种洪水位和洪水比降,进而确定水文断面的流速和流量。

(一)水文断面(即形态断面)

1. 水文断面的概念与选择

计算流量所依据的河沟(或河流)横断面称为水文断面。一般选在有较可靠的洪水调查资料的河段内。有实测资料的水文站测流断面也属于水文断面的范畴。水文断面应尽可能与流向垂直,宜选在河段顺直、岸坡稳定、床面冲淤变化不大、泛滥宽度较小、断面比较规则、河槽在平面上无过大扩散或收缩、河沟床纵坡无急剧变化和无局部死水回流及壅水影响的地方。

当桥涵位断面符合以上条件时,桥涵位断面可作为一个水文断面。大中桥桥位上、下游可各选一个水文断面。当用形态法推求设计流量,而可靠的洪水调查点与桥涵位有一定距离时,可根据具体情况在洪水调查河段选 2~3 个水文断面,以便互相推算校核。

2. 水文断面图测绘

水文断面宜选在洪痕分布较多、河岸稳定、冲淤不大、泛滥宽度较小、无死水和回流、断面比较规则的顺直河段上,宜与流向垂直。水文断面应在桥位上、下游各测绘一个;对河面不宽的中桥,可只测绘一个;当桥位断面符合水文断面条件时,桥位断面可作为水文断面。

测绘范围:平原宽滩河流测至历史最高洪水泛滥线以外 50 m;山区河流测至历史最高洪水位以上 2~5 m。关于绘制内容,应标出河床底面线、滩槽分界线、植被和地质情况、糙率、测时水位、施测时间、历史洪水位及发生年份、其他特征水位等。滩槽分界线应在现场确定。

水文断面图比例尺见表 5-3。

表 5-3　水文断面图比例尺

泛滥宽度	<100 m	≤500 m	>500 m
水平比例尺	1/200	1/500 或 1/1 000	1/1 000 或 1/2 000
垂直比例尺	1/20	1/50 或 1/100	1/100 或 1/200

(二)洪水调查

调查可靠的洪水位并确定其发生的年代,在水文调查法的水力计算中,有着非常重要的意义。通常是对历史洪水位和多年平均洪水位进行调查。历史洪水位是指历史上特大年洪量时所对应的洪水位;多年平均洪水位是指多年来年洪峰流量的平均值所对应的洪水位。

1. 河段调查

收集河段历年变迁的图纸和资料,调查河弯发展及滩槽稳定情况。调查支流、分流、急滩、卡口、滑坡、塌岸和自然壅水等现象。调查水流泛滥宽度、河岸稳定程度。调查河床冲淤变化,上游泥砂来源,历史上淤积高度和下切深度。调查河堤设计标准、河道安全泄洪量及相应水位。调查河道整治方案及实施时间。调查航道等级，最高和最低通航水位，通航孔数，高、中、低水位的上、下行航线位置。调查筏运、漂浮物类型及尺寸。根据河床形态、泥砂组成、岸壁及植被情况，确定河床各部分洪水糙率。

2. 洪水调查

结合所收集的历史洪水资料，在河段两岸调查各次洪水发生的时间、洪痕位置、洪水来源、涨落过程、主流方向，调查有无漫流、分流及受人工建筑物的影响，确定洪水重现期，调查河床断面冲淤变化情况。洪水调查的河段宜选择两岸有较多洪痕点，水流顺直稳定，无回流、分洪及人工建筑物影响，并宜靠近水文断面。同一次洪水应调查三个以上较可靠的洪痕点，作出标志，记录洪痕指定人的姓名、职业、年龄和叙述内容。根据指定的洪痕标志物情况，指定人对洪水记忆程度，综合分析、判断洪痕点的可靠性。洪水调查的同时还应进行其他特征的调查、河床演变的调查及河床糙率的确定等。

其中，"河床糙率 n"是形态法计算流速、流量，推求水位的重要数据之一。

3. 冰凌调查

调查历年封冻及开河时间、最高和最低流冰水位、冰块尺寸、流冰速度和密度、冰塞和冰坝现象、历史上凌汛水害情况以及上、下游建筑物对流冰的影响。

4. 涉河工程调查

桥位河段上既有桥梁、过河管缆的跨度、基础埋深、修建年代、水毁和防护等情况，堤坝设计标准、结构形式、基础埋置深度、施工质量、洪水检验情况，上、下游水库位置、设计频率、泄洪流量、控制汇水面积、回水范围及建库后上、下游河床冲淤变化。其他涉河工程，如取水口、泵站、码头、贮木场、锚地等的位置及其对公路工程的影响。

（三）洪水比降的确定

洪水比降是指某次洪水时中泓线上的水面纵坡度。首先介绍桥涵位河段洪水比降图的绘制方法。

可根据桥涵位工点地形图上洪痕位置和洪痕调查记录（主要是指此洪痕的标高和发生年月），向中泓线上垂直转移。然后以纵坐标表示洪痕高程，横坐标表示各洪痕在中泓线上沿水流方向的投影距离，分别连接同一洪水时的各个洪痕投影点，可得各次洪水的水面线，从而绘制出桥涵位河段洪水比降图。

依据最可靠的两个洪痕高程 H_1 和 H_2，以及这两个洪痕水位在水流中泓线上的投影距离 L，按照下式计算洪水比降 I，即

$$I = \frac{H_1 - H_2}{L} \times 1\,000‰ \tag{5-5}$$

如图 5-16 所示中每根洪水水面线都具有该次洪水的水面纵坡，称为洪水比降。从桥涵位河段的洪水比降图上还可得到桥涵位各次洪水的标高。洪水比降图的比例尺，可采用垂直 1:20~1:200，水平 1:200~1:2 000。

当寻找多处洪痕有困难时，洪水比降可用常水位或低水位比降代替。若调查时河沟干涸，也可用河沟底平均坡度 i 代替，但要注意这段河沟的各横断面不应有较大的收缩或扩张变化。有条件时，可绘制水位与比降的关系曲线，即 $I = f(H)$，以便推求各水位时的比降。

对于离桥涵位有一定距离的洪水调查点,其洪水比降的确定方法与桥涵位相同。但桥涵位设计洪水位需根据洪水调查点的有关水位进行推算。

图 5-16 桥位洪水比降图

(四)形态法流速流量的确定

根据水文断面处比较可靠的洪水位,可按均匀流曼宁公式计算流速和流量。若是单式断面,可用式(5-6)、式(5-7b)计算全断面的平均流速和流量。若是复式断面,可用式(5-6)分别计算左、右河滩与河槽各过水面积的平均流速,然后用式(5-7a)计算全断面的流量。复式断面的全断面平均流速是用式(5-6)反算,并注意此时的全断面的过水面积。

$$v = \frac{1}{n} R^{2/3} I^{1/2} \tag{5-6}$$

$$Q = vA \tag{5-7a}$$

$$Q = v_c A_c + \sum v_t A_t \tag{5-7b}$$

【例 5-1】 某桥位处依据水文资料推算出设计水位 $H_p = 135.00$ m,设计流量 $Q_p = 3\ 500\ \text{m}^3/\text{s}$(以形态法计算的结果可与之比较)。根据水文调查得:洪水比降 $I = 0.000\ 5$;河滩部分表土为粗砂,$n_t = 0.025$;河槽部分表土为砾石,$n_c = 0.032$;沿桥轴线断面资料见表 5-4。试计算其设计流量和流速。

表 5-4 沿桥轴线断面资料

桩号/m	K5+500	+520	+560	+600	+620	+640	+680	+710	+760	+790
地面标高/m	140.00	133.00	131.50	131.00	125.00	124.00	129.50	129.00	132.00	136.00

解: 天然河流的形状本不规则,过水断面沿流程变化,实属非均匀流。但是按水文断面要求而选择的断面,则近似均匀流,故可按曼宁公式计算。

(1)点绘水文断面(图 5-17);

(2)列表计算水力三要素(表 5-5);

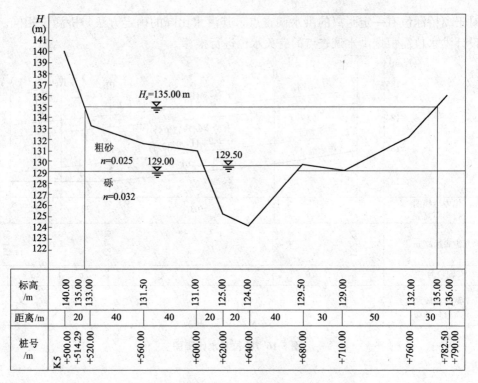

图 5-17 水文断面

表 5-5 计算水力三要素

里程桩号	河床标高/m	水深/m	平均水深/m	间距/m	湿周 $\chi=\sqrt{L^2+\Delta h^2}$	过水面积/m²	累积面积/m²	合　计
+514.29	135.00	0					5.7	
			1.00	5.7	6.05	5.7		$A_{tz}=265.7$ m²
+520.00	133.00	2.00					115.7	
			2.75	40.0	40.03	110.0		$\chi_{tz}=86.08$ m
+560.00	131.50	3.50					265.7	
			3.75	40.0	40.00	150.0		
+600.00	131.00	4.00					405.7	
			7.00	20.0	20.88	140.0		
+620.00	125.00	10.00					615.7	
			10.50	20.0	20.02	210.0		$A_c=680$ m²
+640.00	124.00	11.00					945.7	
			8.25	40.0	40.38	330.0		$\chi_c=81.28$ m
+680.00	129.00	5.50					1 118.2	
			5.75	30.0	30.00	172.5		
+710.00	129.00	6.00					1 343.2	
			4.50	50.0	50.09	225.0		$A_{ty}=431.3$ m²
+760.00	132.00	3.00					1 377.0	
			1.50	22.5	22.70	33.8		$\chi_{ty}=102.79$ m
+782.50	135.00	0						

(3)流速、流量计算。

河槽部分：

$$R_c=\frac{A_c}{\chi_c}=\frac{680}{81.28}=8.366(\text{m})$$

$$v_c=\frac{1}{n_c}R_c^{2/3}I^{1/2}=\frac{1}{0.032}\times 8.366^{2/3}\times 0.000\,5^{1/2}=2.88(\text{m/s})$$

$$Q_c=v_c A_c=2.88\times 680=1\,958(\text{m}^3/\text{s})$$

河滩部分：

左滩

$$R_{tz} = \frac{A_{tz}}{\chi_{tz}} = \frac{265.7}{86.08} = 3.087 \text{(m)}$$

$$v_{tz} = \frac{1}{n_t} R_{tz}^{2/3} I^{1/2} = \frac{1}{0.025} \times 3.087^{2/3} \times 0.0005^{1/2}$$
$$= 1.90 \text{(m/s)}$$

$$Q_{tz} = v_{tz} A_{tz} = 1.9 \times 265.7 = 505 \text{(m}^3\text{/s)}$$

右滩

$$R_{ty} = \frac{A_{ty}}{\chi_{ty}} = \frac{431.3}{102.79} = 4.196 \text{(m)}$$

$$v_{ty} = \frac{1}{n_t} R_{ty}^{2/3} I^{1/2} = \frac{1}{0.025} \times 4.196^{2/3} \times 0.0005^{1/2}$$
$$= 2.33 \text{(m/s)}$$

$$Q_{ty} = v_{ty} A_{ty} = 2.33 \times 431.3 = 1005 \text{(m}^3\text{/s)}$$

全断面设计流量与流速

$$Q_p = 1958 + 505 + 1005 = 3468 \text{(m}^3\text{/s)}$$

与水文计算值比较，有

$$\frac{3500 - 3468}{3468} \times 100\% = 0.9\%$$

可见两值非常接近，即

$$\bar{v}_0 = \frac{Q_p}{A} = \frac{3468}{1377} = 2.52 \text{(m/s)}$$

小　结

　　本模块从河流的基本情况入手，将河流的各个形态要素阐述深刻，主要从地表径流的形成到其影响因素，再到河流的横纵断面要素、河段的分类以及泥沙运动，重点在于地表径流的形成和影响因素，河流的各类断面的观测及方法，形态观测的方法和手段，水文调查的基本内容和要求等。要掌握形态法确定河流断面的流速和流量。本模块知识点繁多，但内容前后连续性强，易于理解和掌握。

复习思考题

一、简答题

1. 简述地表径流的形成过程及其影响因素。
2. 什么是下垫面因素？
3. 流域内的几何参数包括哪些？
4. 现行规范中将河段分成哪两类？具体是如何分类的？
5. 什么是河相关系、造床流量、水流的挟砂能力？

6. 悬移质和推移质具有相对含义，为什么？

7. 水文观测时，应该观测哪些项目？

8. 什么是中泓线？如何确定水流的过水断面和纵断面？

9. 什么是洪水比降？

10. 测水深和测流速分别采用哪几种方法？

11. 水文断面应该如何选取？

二、填空题

1. 水文断面应该尽可能选在_____、_____、_____、_____、_____、_____、_____、_____、_____的地方。

2. 水流的挟砂能力是指_____的最大数量，单位用_____表示。

3. 流域内的_____、_____、_____、_____、_____等自然地理因素，统称为下垫面因素。它是径流的_____因素。

4. 大流域是指_____，而小流域则是_____。

三、拓展题

某桥位在一平原区天然河流上，桥位处根据水文资料推算出设计水位 134.5 m，设计流量为 2 800 m³/s（形态法计算的结果可以与其比较），洪水比降 $I=0.000\ 4$；河滩部分生长杂草，表层土壤为黏土，糙率 $n_1=0.05$，河槽部分为中砂层，$n_2=0.025$，底层（标高在 122.50 m 以下部分）为砾石夹粗砂。沿桥梁轴线断面资料如下表所示。试计算桥位断面的流量和平均流速。

桩号/m	K9+400	+420	+460	+500	+520	+540	+580	+610	+650	+690	+740
地面标高/m	138.00	137.00	136.50	133.60	132.90	131.20	129.80	126.00	125.10	127.00	129.70
桩号/m	+790	+810	+850								
地面标高/m	133.50	135.00	137.50								

模块六　水文统计基础

学习目标

掌握水文资料(如水位、流量、降水量等)统计的意义、方法，以及各随机变量的概率分布；

掌握数理统计方法所依据的概率论原理。

能力目标

通过频率分析，确定出在桥梁规定使用期限(年数)内可能发生的一次最大洪水(包括流量、流速、水位等)的重现期，掌握河川水文现象的特性。

学习重点

水文现象的特性和研究方法；总体与样本；几率与频率；经验频率曲线与理论频率曲线的意义、绘制及应用。

河流上架设桥梁，设计时必须考虑洪水顺利宣泄，桥梁的桥孔长度、桥面标高、基础的埋深等基本尺寸的确定，也必须以桥梁规定使用年限内可能发生的一次最大洪水为重要依据。

如何推算这种规定使用年限(即规定频率)的设计流量以及相应的设计水位，则是桥位设计中的首要问题。本模块中通过学习水文统计的基本知识，运用经验频率曲线和理论频率曲线，以及其他相关知识，为设计流量的推算做好基础准备，为下面几个模块夯实基础。

单元一　水文统计的意义

一、水文现象的基本特性

河流中各种水文要素(如流量、流速、水位、泥砂等)的一般变化规律，称为水文现象。人们根据过去收集的大量水文观测资料研究分析的结果，发现水文现象具有以下三个基本特性。

(一)不重复性(也称随机性)

由于影响水文现象的因素众多，而且各种因素之间的关系错综复杂。在一个又一个的周期内(年、月)，各种水文现象出现的时间和数量大小每年都不完全相同，这称为水文现象的不重复性。

(二)区域性(也称地区性)

由于各地区的地理位置、气象、地形、地貌等因素不同,河流的水文现象在这些因素的综合影响下,具有随区域不同而变化的性质,称为水文现象的区域性。例如,我国南方河流比北方河流汛期早、水量大,山区河流的洪水暴涨暴落而平原河流涨落平缓,都是明显的区域性的表现。处于同一区域,并且受综合因素影响基本相同的一些河流,其水文现象往往具有相类似的变化规律,这也是区域性的表现。

(三)周期性

气候条件一年四季各不相同,年年如此循环,气候因素明显地以年为周期而变化。直接受气候因素影响的河流水文现象,也同样具有以年为周期而循环变化的性质,这种性质就称为周期性。每一条河流在一年之内,都与气候条件相对应;存在着洪水期、平水期和枯水期的周期性变化规律;在历史年代中,则存在着洪水年、平水年和枯水年的年际周期性变化规律。

研究河流水文现象的方法很多,基于水文现象有以上三个基本特征,目前主要采用数理统计法。在水文原始资料的分析处理方面广泛应用的数理统计法,通常称为水文统计法,它也是推算桥涵设计流量的主要方法。本模块将介绍水文统计法中一些有关的基本知识。

二、水文现象的分析研究方法

根据河川水文现象的基本特性,按不同的目的和要求可将分析研究方法归纳为以下三类。

(一)成因分析法

成因分析法是研究河川水文现象的物理成因以及同其他自然现象(如气候因素、自然地理因素等)之间的相互关系,通过成因分析寻求水文现象的客观规律,建立水文现象各要素之间定性、定量关系的方法。这种方法分析推理清楚,物理概念明确,但由于影响因素错综复杂,使定性和定量分析都存在很多困难,目前公路和铁路工程多应用一些半理论半经验公式。复杂的洪水形成数学模型路桥工程中尚未应用。

(二)地区归纳法

根据河川水文现象的地区性特点,利用实测水文资料进行综合归纳,寻求水文现象区域性的分布规律的方法,称为地区归纳法。这种方法以实际资料为依据,虽然缺乏物理成因的分析,但应用较为简易,对于缺乏实测资料的地区有一定的实用意义,常用的有一些水文特征值的地区性经验公式或等值线图、专用计算图表等。

(三)数理统计法

数理统计法,又称水文统计法,是利用河川水文现象的随机性特点,对实测水文资料进行统计分析,寻求水文现象的统计规律,预估其今后变化的方法。这种方法是一种数学方法,是水文分析计算的一种工具,只能推求具体的水文资料的统计规律,不能揭示水文现象的本质,仅在正确应用时才能反映出水文现象的一般规律性。数理统计法是目前大、中桥水文分析计算的基本方法。由于水文现象十分复杂，现有的实测资料不够多，在实际工作中，常常将成因分析法与数理统计法结合起来，尽可能通过各种途径，采用多种方法分析计算，力求得到合理可靠的计算结果。

三、随机变量

(一)事件的分类

自然界的各种现象，按其发生的情况不同，可归纳为三类事件：第一类，在具备的一定条件下必然发生的，称为必然事件；第二类，在一定条件下不可能发生的，称为不可能事件；第三类，在一定条件下可能发生也可能不发生，带有偶然性的，称为随机事件（又称偶然事件）。

例如，由于气候因素周期性的变化，受其影响河流的洪水流量，每年汛期都会出现一次最大的洪峰流量，年年如此，这种水文现象就称为必然事件。在降雨量充沛的汛月，天然河流上游若无阻水及蓄水建筑物，则出现断流是不可能事件。尽管每年出现一次最大洪峰流量是必然事件，但是每年的最大洪峰流量出现的具体时间和数量，却年年变化，不全相同，这种带有偶然性的水文现象，称为随机事件。

实践表明，随机事件也具有一定的规律性，这种规律性只能利用大量同类的随机事件统计而得，称为统计规律。这种规律不同于必然事件所具有的客观规律，只能说明大量随机事件的平均情况。数理统计法也只能根据这种规律性预估随机事件今后变化的平均可能情况，而不能推断某一随机事件的具体结果。例如，长期观测河流的每年最大流量，便会发现年最大流量的多年平均值趋于稳定，接近某一定值。同时，当历史年代长久时，便会发现某一个较大的年最大流量值大约平均多少年出现一次。据此可以预估该河流今后每年最大洪峰流量变化的平均情况，但是不能确定今后某年的最大流量具体是多少。预估的精确程度与统计资料有直接关系，统计资料越多、越准确，精确程度就越高。

(二)随机变量

多次试验中，随机事件出现的种种结果称为随机变量。水文统计法就是将流量、水位、降雨量等实测水文资料作为随机变量，通过统计分析和计算，推求水文现象（随机事件）客观规律性的方法。

随机变量分为两类：一类是随机变量在某个区间之内，可以取任意数值，这称为连续型随机变量。例如，炮弹落点对瞄准点的偏差为连续型随机变量，它是一定范围内的一切实数。另一类是随机变量只能取某些间断的数值，称为不连续型（或离散型）随机变量。例如，掷骰子出现的点数为随机变量，其取值只能是 1～6 的整数。水文资料都属于连续型随机变量，如流量、水位、降雨量等实测水文资料，均可能在最大值和最小值之间的任何数值中出现。

许多随机变量组成的一列数值，称为随机变量系列，简称为系列。其范围可以是有限的，也可以是无限的。水文资料一般都是无限系列，例如，某河流的年最大流量值所组成的随机变量系列即年最大流量系列，应包含河流过去和未来无限长久年代中所有的每年最大洪峰流量值，这就是一个无限系列。

(三) 总体与样本

由若干或无数个随机变量组成的系列，称为随机变量系列。相对来说，随机变量的全部称为总体，总体中的一部分称为样本。一条河流，从它形成到消失的漫长年代中，历年最大洪峰流量的全部，就是该河流洪峰流量这个随机变量的总体。但在某一段有限年数内，我们通过实测或调查得到的某些年洪峰流量值，都只是总体中的一部分，被称为总体的样本。

我们只能测得某条河流过去有限年的年洪峰流量，而希望了解的未来的年洪峰流量值却是未知的，即知道的只是随机变量系列的样本，未知的是该系列的总体。样本虽然不能完全代表总体，却能反映总体的特性，因此，人们常用样本的规律来推断总体的规律。

由于根据实测或调查的水文资料（样本）所反映的统计规律，不能完全反映总体的客观真实情况，这种由样本推断总体规律带来的误差叫作抽样误差。

(四) 几率与频率

几率（又称概率）是指随机系列的总体中，某一事件在客观上出现的可能性。例如，无数次地掷一枚质量均匀的硬币，得正面的几率是 0.5。几率是事物固有的客观性质，不随试验的情况和次数而变动，是一个常数。

频率是指在一系列重复的独立试验中，某一事件出现的次数与总试验次数（样本的容量）之比，它是一个经验值。显然，频率是随试验次数而变化的，当试验次数较少时，某一事件的出现具有明显的偶然性，但随着总试验次数的增加，频率也逐渐趋于稳定。只有当总试验次数相当大时，频率才可作为几率的近似估计值。

英国生物学家皮尔逊和法国科学家蒲丰曾分别进行了掷币试验，证实了上述关系，其实验结果见表 6-1。

表 6-1　蒲丰和皮尔逊的掷币试验

试验者	掷币次数 n	出现正面次数 n	频率
蒲丰	4 040	2 048	0.350 8
皮尔逊（Ⅰ）	12 000	6 019	0.501 6
皮尔逊（Ⅱ）	24 000	12 012	0.500 5

由表 6-1 可知，试验次数越多，其频率越接近 0.5（几率），当试验次数无限增多时，频率将趋于几率。水文现象是极其复杂的随机事件，无法事先知道其几率，人们只能借助于已经观测到的资料（试验结果）计算其频率，并将频率作为几率的近似估计值。因此，搜集的实测资料系列越长，则用频率来推断各水文要素特征值的几率也就越可靠。

综上所述，频率和几率既有区别又有联系。几率是描述随机事件出现可能性大小的抽象数，是个理论值，对于简单事件可事先确定，对于复杂事件则无法事先确定。频率是描述随机事件出现可能性大小的一个具体数，是根据有限的试验结果计算而得的，将随试验次数的多少而变动，是一个经验值。随试验的不同而变化，当试验次数少（即样本容量小）时，频率与几率值相差大；当试验次数无限增多时，频率趋近于几率。

水文统计法中利用实测或调查的年洪峰流量资料（多次试验结果）计算其频率，并寻求它们的变化规律，推测未来可能出现的规定频率的设计流量。

单元二 随机变量及其概率分布

一、随机变量的概率分布

随机变量可以取所有可能值中的任何一个值，但是取某一可能值的机会是不同的，有的机会大，有的机会小，随机变量的取值与其概率有一定的对应关系。一般将这种对应关系称为概率分布。

通常随机变量用大写字母 X 表示，它的种种可能取值用相应的小写字母 x 表示。若取 n 个，则 $X=x_1$，$X=x_2$，…，$X=x_n$。一般将 x_1，x_2，…，x_n 称为系列。而可能取值出现的概率用 P 表示。

(一)离散型随机变量的概率分布

离散型随机变量的概率分布一般以分布列表示，见表 6-2。

表 6-2 离散型随机变量及其概率分布

X	x_1	x_2	…	x_i	…
$P(X=x_i)$	p_1	p_2	…	p_i	…

(二)连续型随机变量的概率分布

对于连续型随机变量，无法研究个别值的概率，只能研究某个区间的概率，或是研究事件 $X \geqslant x$ 的概率，以及事件 $X \leqslant x$ 的概率，后面二者可以相互转换，水文统计中常用 $X \geqslant x$ 的概率及其分布。

1. 分布函数

设事件 $X \geqslant x$ 的概率用 $P(X \geqslant x)$ 来表示，它是随着随机变量取值 x 而变化的，所以 $p(X \geqslant x)$ 是 x 的函数，称为随机变量 x 的分布函数，记为 $F(x)$，即

$$F(x) = P(X \geqslant x) \tag{6-1}$$

它代表随机变量 X 大于等于某一取值 x 的概率。其几何图形如图 6-1(b)所示，图中纵坐标表示变量 x，横坐标表示概率分布函数值 $F(x)$，在数学上称此曲线为分布曲线，水文统计中称为随机变量的累积频率曲线，简称频率曲线。

2. 分布密度

分布函数导数的负值称为密度函数，记为 $f(x)$，即

$$f(x) = -F'(x) = -\frac{\mathrm{d}F(x)}{\mathrm{d}(x)} \tag{6-2}$$

密度函数的几何曲线称为密度曲线。水文中习惯以纵坐标表示变量 x，横坐标表示概率密度函数值 $f(x)$，如图 6-1(a)所示。

实际上，分布函数与密度函数是微分与积分的关系。因此，已知 $f(x)$，则有

$$F(x) = P(X \geqslant x) = \int_x^{\infty} f(x) \mathrm{d}x \tag{6-3}$$

图 6-1 随机变量的概率密度函数和概率分布函数
(a)概率密度函数；(b)概率分布函数

其对应关系可在图 6-1(b)中可以看出来。

3. 不及制累积概率

当研究事件 $X \leqslant x$ 的概率时，数理统计学中常用分布函数 $G(x)$ 表示：

$$G(x) = P(X \leqslant x) \tag{6-4}$$

称其为不及制累积概率形式，相应的水文统计用的分布函数 $F(x)$ 称为超过制累积概率形式，两者之间有如下关系

$$F(x) = 1 - G(x) \tag{6-5}$$

二、随机变量的统计参数

说明随机变量统计规律的数字特征，称为随机变量的统计参数。

统计参数有总体统计参数与样本统计参数之分。水文计算中常用的样本统计参数有均值、均方差、变差系数和偏态系数。

1. 均值

均值表示系列中变量的平均情况。设某水文变量的观测系列(样本)为 $x_1, x_2, \cdots, x_n$，则其均值为

$$\overline{x} = \frac{x_1 + x_2 + \cdots + x_n}{n} = \frac{1}{n} \sum_{i=1}^{n} x_i \tag{6-6}$$

令 $k_i = \dfrac{x_i}{\overline{x}}$，$k$ 称模比系数，则

$$\overline{k} = \frac{k_1 + k_2 + \cdots + k_n}{n} = \frac{1}{n} \sum_{i=1}^{n} k_i = 1 \tag{6-7}$$

2. 均方差

均方差是反映系列中各变量集中或离散的程度。若研究系列集中或离散程度，常采用方差 D_x 或均方差 σ，计算公式为

$$D_x = \frac{1}{n} \sum (x_i - \overline{x})^2 \tag{6-8}$$

$$\sigma = \sqrt{\frac{\sum (x_i - \overline{x})^2}{n}} \tag{6-9}$$

式(6-9)是总体的均方差，相应的样本的均方差为

$$\sigma = \sqrt{\frac{\sum (x_i - \overline{x})^2}{n-1}} \tag{6-10}$$

3. 变差系数

水文计算中用均方差与均值之比作为衡量系列的相对离散程度的一个参数，称为变差系数，或称离差系数、离势系数，用 C_v 表示，其计算公式为

$$C_v = \frac{\sigma}{\overline{x}} = \sqrt{\frac{\sum (k_i - 1)^2}{n}} \tag{6-11}$$

式(6-11)说明，C_v 是变量 x 换算成模比系数 k 以后的总体的均方差；而样本的变差系数则为

$$C_v = \frac{\sigma}{\overline{x}} = \sqrt{\frac{\sum (k_i - 1)^2}{n-1}} \tag{6-12}$$

4. 偏态系数

在数理统计中采用偏态系数 C_S 作为衡量系列不对称程度的参数。其计算公式为

$$C_S = \frac{\frac{\sum (x_i - \overline{x})^3}{n}}{\sigma^2} = \frac{\sum (x_i - \overline{x})^3}{n\sigma^3} \tag{6-13}$$

式(6-13)右端的分子、分母同除以 $\overline{x}^3$，则得

$$C_S = \frac{\sum (k_i - 1)^3}{nc_v^3} \tag{6-14}$$

式(6-14)是总体的偏态系数，而样本的则为式(6-15)所示。

$$C_S = \frac{\sum (k_i - 1)^3}{(n-3)c_v^3} \tag{6-15}$$

当系列对于 $\overline{x}$ 对称时，$C_S = 0$；当系列对于 $\overline{x}$ 不对称时，$C_S \neq 0$，若 $C_S > 0$，称为正偏；若 $C_S < 0$，称为负偏，如图 6-2 所示。

图 6-2 C_v 对密度曲线的影响

(说明：依此显示 $C_S = 0$、$C_S > 0$、$C_S < 0$ 所相应的曲线。)

5. 矩

矩在统计学中常用来描述随机变量的分布特征，均值等统计参数有些可以用矩来表示。矩可分为原点矩和中心矩两种。

(1)原点矩。

随机变量 X 对原点离差的 r 次幂的数学期望 $E(X^r)$，称为随机变量 X 的 r 阶原点矩，以符号 m_r 表示，即

$$m_r = E(X^r) \quad (r=1, 2, 3, \cdots, n) \tag{6-16}$$

对离散型随机变量，r 阶原点矩为

$$m_r = E(X^r) = \sum_{i=1}^{n} x_i^r p_i \tag{6-17}$$

对连续型随机变量，r 阶原点矩为

$$m_r = E(X^r) = \int_{-\infty}^{x} x^r f(x) \mathrm{d}x \tag{6-18}$$

当 $r=1$ 时，$m_1 = E(X^1) = \bar{x}$，即一阶原点矩就是数学期望，也就是算术平均数(均值)。

(2)中心矩。随机变量 X 对分布中心 $E(X)$ 离差的 r 次幂的数学期望 $E\{[X-E(X)]^r\}$，称为随机变量 X 的 r 阶中心矩，以符号 μ_r 表示，即

$$\mu_r = E\{[X-E(X)]^r\} \tag{6-19}$$

对离散型随机变量，r 阶中心矩为

$$\mu_r = E\{[X-E(X)]^r\} = \sum_{i=1}^{n}[X_i - E(X)]^r p_i \tag{6-20}$$

对连续型随机变量，r 阶中心矩为

$$\mu_r = E\{[X-E(X)]^r\} = \int_{-\infty}^{\infty}[X-E(X)]^r f(x) \mathrm{d}x \tag{6-21}$$

当 $r=2$ 时，$\mu_2 = E\{[X-E(X)]^2\} = \sigma^2$，即二阶中心矩就是标准差的平方(称方差)。

单元三 水文频率曲线线型

一、正态分布

1. 正态分布的密度函数及其参数

正态分布具有如下形式的概率密度函数：

$$f(x) = \frac{1}{\sigma\sqrt{2\pi}} e^{-\frac{(x-\bar{x})^2}{2\sigma^2}} \quad (-\infty < x < +\infty) \tag{6-22}$$

式中 $\bar{x}$——平均数；

σ——标准差；

e——自然对数的底。

正态分布密度曲线如图 6-3 所示。

2. 频率格纸

正态频率曲线在普通格纸上是一条规则的 S 形曲线，它在 $P=50\%$ 前后的曲线方向虽然相反，但形状完全一样，如图 6-4 中的①线。水文计算中常用的一种"频率格纸"，其横坐标的分划就是按把标准正态频率曲线拉成一条直线的原理计算出来的，如图 6-4 中的②线。

图 6-3　正态分布密度曲线

（说明：曲线闪动并固定下来，再将中间阴影显示出来。）

图 6-4　频率格纸横坐标的分割

（说明：先绘出曲线，再显示出箭头并闪动，最后绘出曲线。）

二、对数正态分布

当随机变量 x 的对数值服从正态分布时，称 x 的分布为对数正态分布。对于两参数正态分布而言，变量 x 的对数

$$y = \ln x$$

服从正态分布时，y 的概率密度函数为

$$g(y) = \frac{1}{\sigma_y \sqrt{2\pi}} \exp\left[-\frac{(y-a_y)^2}{2\sigma_y^2}\right] \quad (-\infty < y < +\infty) \tag{6-23}$$

式中　a_y——随机变量 y 的数学期望；

σ_y^2——随机变量 y 的方差。

由此可得到随机变量 x 的概率密度函数：

$$f(x)=\frac{1}{x\sigma_y\sqrt{2\pi}}\exp\left[-\frac{(\ln x-a_y)^2}{2\sigma_y^2}\right](x>0) \tag{6-24}$$

式(6-24)的概率密度函数包含了 a_y 和 σ_y 两个参数，故称为两参数对数正态曲线。

因 $x=e^y$，故式(6-24)又可写成

$$f(x)=\frac{1}{x\sigma_y\sqrt{2\pi}}\exp\left[-\frac{(y-\bar{y})^2}{2\sigma_y^2}\right] \tag{6-25}$$

由矩法可以得到各个统计参数，即

$$\bar{x}=\exp(a_y+\frac{1}{2}\sigma_y^2) \tag{6-26}$$

$$C_v=[\exp(\sigma_y^2)-1]^{\frac{1}{2}} \tag{6-27}$$

$$C_S=[\exp(\sigma_y^2)-1]^{\frac{1}{2}}[\exp(\sigma_y^2)+2]\geqslant 0 \tag{6-28}$$

所以，两参数对数正态分布是正偏的。

三、皮尔逊Ⅲ(P-Ⅲ)型曲线

1. 皮尔逊Ⅲ型曲线的概率密度函数

皮尔逊Ⅲ型曲线是一条一端有限、一端无限的不对称单峰、正偏曲线(图 6-5)，数学上常称伽玛分布，其概率密度函数为

$$f(x)=\frac{\beta^\alpha}{\Gamma(\alpha)}(x-a_0)^{\alpha-1}e^{-\beta(x-a_0)} \tag{6-29}$$

式中 $\Gamma(\alpha)$ —— α 的伽玛函数；

α，β，a_0 —— 分别为皮尔逊Ⅲ型分布的形状尺度和位置未知参数，$\alpha>0$，$\beta>0$。

图 6-5 皮尔逊Ⅲ型概率密度曲线

(说明：先绘出曲线，再由左至右闪动显示箭头所标示的直线)

显然，三个参数确定以后，该密度函数随之可以确定。可以推论，这三个参数与总体三个参数 $\bar{x}$、C_v、C_S 具有如下关系：

$$\alpha=\frac{4}{C_S^2} \tag{6-30}$$

$$\beta=\frac{2}{\bar{x}C_vC_S} \tag{6-30a}$$

$$a_0=\bar{x}\left(1-\frac{2C_v}{C_S}\right) \tag{6-30b}$$

2. 皮尔逊Ⅲ型频率曲线及其绘制

在水文计算中，一般需要求出指定频率 P 所相应的随机变量取值 x_P，也就是通过对密度曲线进行积分，即

$$P = P(x \geqslant x_P) = \frac{\beta^\alpha}{\Gamma(\alpha)} \int_{x_P}^{\infty} (x-a_0)^{\alpha-1} e^{-\beta(x-a_0)} dx \qquad (6\text{-}31)$$

求出等于及大于 x_P 的累积频率 P 值。直接由式(6-31)计算 P 值非常麻烦，实际做法是通过变量转换，变换成下面的积分形式

$$P(\Phi \geqslant \Phi_P) = \int_{\Phi_P}^{\infty} f(\Phi \cdot C_S) d\Phi \qquad (6\text{-}32)$$

式(6-32)中被积函数只含有一个待定参数 C_S，其他两个参数 $\bar{x}$、C_v 都包含在 Φ 中。$\Phi = \dfrac{x-\bar{x}}{\bar{x}C_v}$，是标准化变量，称为离均系数。$\Phi$ 的均值为 0，标准差为 1。因此，只需要假定一个 C_S 值，便可从式(6-32)通过积分求出 P 与 Φ 之间的关系。对于若干个给定的 C_S 值，Φ_P 和 P 的对应数值表，已先后由美国福斯特和苏联雷布京制作出来，见表 6-3 皮尔逊Ⅲ型频率曲线的离均系数 Φ_P 值表。由 Φ 就可以求出相应频率 P 的 x 值：

$$x = \bar{x}(1 + C_v \Phi) \qquad (6\text{-}33)$$

表 6-3　皮尔逊Ⅲ型频率曲线的离均系数 Φ_P 值表（摘录）

$P/\%$ C_S	0.1	1	5	20	50	80	95	99	99.9
0.0	3.09	2.33	1.64	0.84	0.00	−0.84	−1.64	−2.33	−3.09
0.1	3.23	2.40	1.67	0.84	−0.02	−0.85	−1.62	−2.25	−2.95
0.2	3.38	2.47	1.70	0.83	−0.03	−0.85	−1.59	−2.18	−2.81
0.3	3.52	2.54	1.73	0.82	−0.05	−0.85	−1.55	−2.10	−2.67
0.4	3.67	2.62	1.75	0.82	−0.07	−0.85	−1.52	−2.03	−2.54
0.5	3.81	2.68	1.77	0.81	−0.08	−0.85	−1.40	−1.96	−2.40
0.6	3.96	2.75	1.80	0.80	−0.10	−0.85	−1.45	−1.88	−2.27
0.7	4.10	2.82	1.82	0.79	−0.12	−0.85	−1.42	−1.81	−2.14
0.8	4.24	2.89	1.84	0.78	−0.13	−0.85	−1.38	−1.74	−2.02
0.9	4.39	2.96	1.86	0.77	−0.15	−0.85	−1.35	−1.66	−1.90
1.0	4.53	3.02	1.88	0.76	−0.16	−0.85	−1.32	−1.59	−1.79

3. 皮尔逊Ⅲ型频率曲线的应用

在频率计算时，由已知的 C_S 值，查 Φ 值表得出不同的 P 的 Φ_P 值，然后利用已知的 $\bar{x}$、C_v，通过式(6-33)即可求出与各种 P 相应的 x_P 值，从而可绘制出皮尔逊Ⅲ型频率曲线。

当 C_S 等于 C_v 的一定倍数时，P-Ⅲ型频率曲线的模比系数 $K_P = \dfrac{x_P}{\bar{x}}$，也已制成表格，见表 6-4 皮尔逊Ⅲ型频率曲线的模比系数 K_P 值表频率计算时，由已知的 C_S 和 C_v 可以从附表 6-3 中查出与各种频率 P 相对应的 K_P 值，然后即可算出与各种频率对应的 $x_P = K_P \bar{x}$。有了 P 和 x_P 的一些对应值，即可绘制出皮尔逊Ⅲ型频率曲线。

表 6-4　皮尔逊Ⅲ型频率曲线的模比系数 K_P 值表（摘录，$C_S=2C_v$）

C_S \ $P/\%$	0.1	1	5	20	50	75	90	95	99
0.05	1.16	1.12	1.08	1.04	1.00	0.97	0.94	0.92	0.89
0.10	1.34	1.25	1.17	1.08	1.00	0.93	0.87	0.84	0.78
0.20	1.73	1.52	1.35	1.16	0.99	0.86	0.75	0.70	0.59
0.30	2.19	1.83	1.54	1.24	0.97	0.78	0.64	0.56	0.44
0.40	2.70	2.15	1.74	1.31	0.95	0.71	0.53	0.45	0.30
0.50	3.27	2.51	1.94	1.38	0.92	0.64	0.44	0.34	0.21
0.60	3.89	2.89	2.15	1.44	0.89	0.56	0.35	0.26	0.13
0.70	4.56	3.29	2.36	1.50	0.85	0.49	0.27	0.18	0.08
0.80	5.30	3.71	2.57	1.54	0.80	0.42	0.21	0.12	0.04
0.90	6.08	4.15	2.78	1.58	0.75	0.35	0.15	0.08	0.02
1.00	6.91	4.61	3.00	1.61	0.69	0.29	0.11	0.05	0.01

四、经验频率曲线

上述各种频率曲线是用数学方程式来表示的，属于理论频率曲线。在水文计算中还有一种经验频率曲线，是由实测资料绘制而成的，它是水文频率计算的基础，具有一定的实用性。

1. 经验频率曲线的绘制

根据实测水文资料，按从大到小的顺序排列，如图 6-6 所示，然后用经验频率公式计算系列中各项的频率，称为经验频率。以水文变量 x 为纵坐标，以经验频率 P 为横坐标，点绘经验频率点据，根据点群趋势绘出一条平滑的曲线，称为经验频率曲线，图 6-7 为某站年最大洪峰流量经验频率曲线。有了经验频率曲线，即可在曲线上求得指定频率 P 的水文变量值 x_P。

图 6-6　水文系列按大小排列示意图
（说明：从左至右，一条一条地显示出来）

图 6-7　某站年最大洪峰流量经验频率曲线
（说明：从左至右，一条一条地显示出来后，再在闪动中显示曲线）

对经验频率的计算，目前我国水文计算上广泛采用的是数学期望公式

$$P=\frac{m}{n+1}\times100\% \tag{6-34}$$

式中　P——等于和大于 x_m 的经验频率；
　　　m——x_m 的序号，即等于和大于 x_m 的项数；
　　　n——系列的总项数。

2. 经验频率曲线存在的问题

经验频率曲线计算工作量小，绘制简单，查用方便，但受实测资料所限，往往难以满足设计上的需要。为此，提出用理论频率曲线来配合经验点据，这就是水文频率计算适线（配线）法。

五、频率与重现期

频率曲线绘制后，就可在频率曲线上求出指定频率 P 的设计值 x_P。由于"频率"较为抽象，水文上常用"重现期"来代替"频率"。所谓重现期是指某随机变量的取值在长时期内平均多少年出现一次，又称多少年一遇。根据研究问题的性质不同，频率 P 与重现期 T 的关系有两种表示方法。

(1) 当为了防洪研究暴雨洪水问题时，一般设计频率 $P<50\%$，则

$$T=\frac{1}{P} \tag{6-35}$$

式中　T——重现期（年）；

　　　P——频率（%）。

(2) 当研究枯水问题时，设计频率 $P>50\%$，则

$$T=\frac{1}{1-P} \tag{6-36}$$

单元四　频率曲线参数估计方法

在概率分布函数中都含有一些表示分布特征的参数，如皮尔逊Ⅲ型分布曲线中就包含有 $\bar{x}$、C_v、C_S 三个参数。水文频率曲线线型选定之后，为了具体确定出概率分布函数，就得估计出这些参数。

目前，由样本估计总体参数的方法主要有矩法、三点法、权函数法等。

一、矩法

矩法是用样本矩估计总体矩，并通过矩和参数之间的关系，来估计频率曲线参数的一种方法。

前述，一阶原点矩的计算公式就是均值 $\bar{x}$，均方差 σ 的计算式为二阶中心矩开方，偏态系数 C_S 计算式中的分子则为三阶中心矩。由此，得到计算参数的式(6-37)、式(6-38)、式(6-39)。它们与相应的总体同名参数不一定相等。但是，希望由样本系列计算出来的统计参数与总体更接近些，因此，需要将上述公式加以修正，修正后的参数计算公式为

$$\bar{x}=\frac{1}{n}\sum_{i=1}^{n}x_i \tag{6-37}$$

$$\sigma=\sqrt{\frac{\sum(x_i-\bar{x})^2}{n-1}} \quad C_v=\sqrt{\frac{\sum(k_i-1)^2}{n-1}} \tag{6-38}$$

$$C_S\approx\frac{\sum(k_i-1)^3}{(n-3)C_v^3} \tag{6-39}$$

水文计算上习惯称式(6-37)、式(6-38)、式(6-39)为无偏估值公式,并用它们估算总体参数,作为配线法的参考数值(配线法将在下面介绍)。

二、三点法

三点法是在已知的皮尔逊Ⅲ型曲线上任取三点,其坐标为(x_{P1}, P_1)、(x_{P2}, P_2)和(x_{P3}, P_3),由此可以建立3个方程,联解便可得到3个统计参数。

先按经验频率点子绘出经验频率曲线,并假定它近似代表皮尔逊Ⅲ型曲线。在此曲线上取3个点:P_2一般取50%,P_1和P_3则取对称值,即$P_3=1-P_2$,一般多用$P=5\%\sim 50\%\sim 95\%$;相应有x_{P1}、x_{P2}、x_{P3}三个值,如图6-8所示。

图6-8 三点法在经验频率曲线上取点示意图
(说明:点出经验频率点据,再绘出频率曲线,取的三个点闪动几下后固定)

令
$$s=\frac{x_{P1}+x_{P3}-2x_{P2}}{x_{P1}-x_{P3}} \tag{6-40}$$

称S为偏度系数,当P_1,P_2,P_3已取定时,则有$S=M(C_S)$的函数关系,并已制成三点法用表。$P=5\%\sim 50\%\sim 95\%$时S与C_S关系表,见表6-5,当用式(6-40)计算出S后,就可从查算表中查出相应的C_S值。统计参数可用下式计算:

$$\sigma=\frac{x_{P_1}-x_{P_3}}{\Phi(P_1,C_S)-\Phi(P_3,C_S)} \tag{6-41}$$

及
$$\bar{x}=x_{P_2}-\sigma\Phi(p_2,C_S)$$

$$C_v=\frac{\sigma}{\bar{x}}$$

其中离均系数$\Phi(P_1,C_S)$、$\Phi(P_2,C_S)$和$\Phi(P_3,C_S)P_2$,可从已知的P、C_S查表6-3得到,进一步可计算出σ、$\bar{x}$和C_v。

表6-5 三点法用表 $P=5\%\sim 50\%\sim 95\%$时S与C_S关系表

S	0.00	0.01	0.02	0.03	0.04	0.05	0.06	0.07	0.08	0.09
0.0	0.00	0.04	0.08	0.12	0.16	0.20	0.24	0.27	0.31	0.35
0.1	0.38	0.41	0.45	0.48	0.52	0.55	0.59	0.63	0.66	0.70
0.2	0.73	0.76	0.80	0.84	0.87	0.90	0.94	0.98	1.01	1.04
0.3	1.08	1.11	1.14	1.18	1.21	1.25	1.28	1.31	1.35	1.33
0.4	1.42	1.46	1.49	1.52	1.56	1.59	1.63	1.66	1.70	1.74

续表

S	0.00	0.01	0.02	0.03	0.04	0.05	0.06	0.07	0.08	0.09
0.5	1.78	1.81	1.85	1.88	1.92	1.95	1.99	2.03	2.06	2.10
0.6	2.13	2.17	2.20	2.24	2.28	2.32	2.36	2.40	2.44	2.48
0.7	2.53	2.57	2.62	2.66	2.70	2.76	2.81	2.86	2.91	2.97
0.8	3.02	3.07	3.13	3.19	3.25	3.32	3.38	3.46	3.52	3.60
0.9	3.70	3.80	3.91	4.03	4.17	4.32	4.49	4.72	4.94	5.43

单元五　水文频率计算适线法

适线法(或称配线法)是以经验频率点据为基础，在一定的适线准则下，求解与经验点据拟合最优的频率曲线参数，是我国估计水文频率曲线统计参数的主要方法。适线法主要有三大类，即目估适线法、优化适线法和三点适线法。在此主要介绍目估适线法和三点适线法两种方法。

一、目估适线法

1. 目估适线法的作法与步骤

目估适线法又称目估配线法，是以经验频率点据为基础，给它们选配一条符合较好的理论频率曲线，并以此来估计水文要素总体的统计规律。目估适线法的具体步骤如下：

(1)将实测资料由大到小排列，计算各项的经验频率，在频率格纸上点绘经验点据(纵坐标为变量的取值，横坐标为对应的经验频率)。

(2)选定水文频率分布线型(一般选用皮尔逊Ⅲ型)。

(3)先采用矩法或其他方法估计出频率曲线参数的初估值 $\bar{x}$、C_v，而 C_S 凭经验初选为 C_v 的倍数。

(4)根据拟定的 $\bar{x}$、C_v 和 C_S，查附录A或附录B，计算 x_P 值。以 x_P 为纵坐标，P 为横坐标，即可得到频率曲线。将此线画在绘有经验点据的图上，看与经验点据配合的情况。若不理想，可通过调整 $\bar{x}$、C_v 和 C_S 点绘频率曲线。

(5)最后根据频率曲线与经验点据的配合情况，从中选出一条与经验点据配合较好的曲线作为采用曲线，相应于该曲线的参数便看作是总体参数的估值。

(6)求指定频率的水文变量设计值。

2. 统计参数对频率曲线的影响

为了避免配线时调整参数的盲目性，必须了解皮尔逊Ⅲ型分布的统计参数对频率曲线的影响。

(1)均值 $\bar{x}$ 对频率曲线的影响。当皮尔逊Ⅲ型频率曲线的两个参数 C_v 和 C_S 不变时，由于均值 $\bar{x}$ 的不同，可以使频率曲线发生很大的变化，如图6-9所示。

(2)变差系数 C_v 对频率曲线的影响。为了消除均值 $\bar{x}$ 的影响，以模比系数 K 为变量绘制频率曲线，如图6-10所示。图中 $C_S=1.0$。$C_v=0$ 时，随机变量的取值都等于均值，此

时频率曲线即为 $k=1$ 的一条水平线，随着 C_v 的增大，频率曲线的偏离程度也随之增大，曲线显得越来越陡。

图 6-9　均值 $\bar{x}$ 对频率曲线的影响

（说明：随着 $\bar{x}$ 变化，曲线作相应变化）

图 6-10　变差系数 C_v 对频率曲线的影响

（说明：随着 C_v 变化，曲线作相应变化）

(3) 偏态系数 C_s 对频率曲线的影响。图 6-11 表示 $C_v=0.1$ 时种种不同的 C_s 对频率曲线的影响情况。从图中可以看出，正偏情况下，C_s 越大，均值（即图中 $k=1$）对应的频率越小，频率曲线的中部越向左偏，且上段越陡，下段越平缓。

图 6-11　偏态系数 C_s 对频率曲线的影响

（说明：随着 C_s 变化，曲线作相应变化）

二、三点适线法

在经验频率曲线上任选三点，利用三点处的坐标值推求统计参数的初始值，再通过适线法确定最终的统计参数估计值，这种方法称为三点适线法。用这种方法绘制理论频率曲线的具体步骤如下：

(1) 点绘经验频率曲线。

(2) 目估绘出合适的理论频率曲线，并在其上取三个点 (P_1,x_1)，(P_2,x_2)，(P_3,x_3) 三个点的频率习惯取为

$$P(\%):1—50—99$$
$$P(\%):3—50—97$$
$$P(\%):5—50—95$$
$$P(\%):10—50—90$$

曲线上的三点符合下列条件：

$$x_1=\bar{x}(\varphi_1\cdot C_v+1) \tag{6-42}$$

$$x_2 = \bar{x}(\varphi_2 \cdot C_v + 1) \tag{6-42a}$$

$$x_3 = \bar{x}(\varphi_3 \cdot C_v + 1) \tag{6-42b}$$

式中 φ_i——相应于偏态系数为 C_S、累计频率为 P_i 的离均系数，$i=1,2,3$。

三个方程联立求解得 S、$\bar{x}$、C_v 值：

$$S = \frac{x_1 + x_3 - 2x_2}{x_1 - x_3} = \frac{\varphi_1 + \varphi_3 - 2\varphi_2}{\varphi_1 - \varphi_3} \tag{6-43}$$

$$\bar{x} = \frac{x_3 \varphi_1 - x_1 \varphi_3}{\varphi_1 - \varphi_3} \tag{6-44}$$

$$C_v = \frac{x_1 - x_3}{x_3 \varphi_1 - x_1 \varphi_3} \tag{6-45}$$

式中 S——偏度系数，它是 C_S 和 P 的函数，当 P 确定时，S 仅和 C_S 有关，查附录可得 C_S。

(3) 计算偏度系数 S，并由 S 与 C_S 关系表（见附录）查出 C_S。

(4) 由 C_S 查附表得 φ_1、φ_3，代入式(6-44)、式(6-45)，得 $\bar{x}$、C_v。

(5) 由 $\bar{x}$、C_v、C_S 计算出理论频率曲线纵坐标值，并绘制理论频率曲线，观察它和目估曲线的拟合情况。如果拟合不好，则根据统计参数与频率分布曲线形状的关系，调整统计参数重新适线，直到满意为止。

(6) 在理论频率曲线上查出对应设计频率的水文特征值。

三点适线法计算相对比较简便，但其所依据的经验频率曲线为目估绘制，任意性较大，一般在 C_v 较小时效果较好。

【例 6-1】 某水文站有 22 年的实测最大流量资料（表 6-6），试用目估适线法和三点适线法推求最大流量频率曲线及设计频率 $P=1\%$ 的最大流量。

表 6-6 某水文站历年最大洪峰流量

序号	最大流量 Q_i/ $(m^3 \cdot s^{-1})$	模比系数 K_i	$K_i - 1$	$(K_i - 1)^2$	经验频率 $P = \frac{m}{n+1} \times 100/\%$
1	9 250	1.80	0.800 4	0.640 6	4.3
2	8 050	1.57	0.566 8	0.321 3	8.7
3	7 900	1.54	0.537 6	0.289 1	13.0
4	7 600	1.48	0.479 3	0.229 7	17.4
5	7 250	1.41	0.411 1	0.169 0	21.7
6	6 150	1.20	0.197 0	0.038 8	26.1
7	6 000	1.17	0.167 8	0.028 2	30.4
8	5 800	1.13	0.128 9	0.016 6	34.8
9	5 650	1.10	0.099 7	0.000 9	39.1
10	5 450	1.06	0.060 8	0.003 7	43.5
11	5 000	0.97	−0.026 8	0.000 7	47.8
12	4 800	0.93	−0.065 7	0.004 3	52.2
13	4 200	0.82	−0.182 5	0.033 3	56.5
14	4 100	0.80	−0.202 0	0.040 8	60.9

续表

序号	最大流量 Q_i/($m^3 \cdot s^{-1}$)	模比系数 K_i	K_i-1	$(K_i-1)^2$	经验频率 $P=\dfrac{m}{n+1}\times 100$/%
15	4 070	0.79	−0.207 8	0.043 2	65.2
16	4 000	0.78	−0.221 4	0.049 0	69.6
17	3 730	0.73	−0.274 0	0.075 1	73.9
18	3 060	0.60	−0.404 4	0.163 5	78.3
19	2 980	0.58	−0.420 0	0.176 4	82.6
20	2 810	0.55	−0.453 1	0.205 3	87.0
21	2 780	0.54	−0.458 9	0.210 6	91.3
22	2 400	0.47	−0.532 9	0.283 9	95.7
总计	113 030	22.00	0.00	3.03	—

解：(1)目估适线法。

1)将审核过的原始资料由大到小顺序排列，计算各流量 Q_i 的经验累积频率，列入表 6-6 中，并点绘于海森几率格纸上，如图 6-12 所示。

2)计算样本的统计参数均值 $\overline{Q}$、变差系数 C_v。

$$\overline{Q}=\frac{\sum Q}{n}=\frac{113\ 030}{22}=5\ 138(m^3/s)$$

$$C_v=\sqrt{\frac{\sum(k_i-1)^2}{n-1}}=\sqrt{\frac{3.03}{21}}=0.38$$

3)取 $C_S=2C_v$、$C_S=3C_v$、$C_S=4C_v$，查皮尔逊Ⅲ型曲线模比系数 K_P 值表(见附录)，计算给定的几个频率值 P 相应的 x_P 值，并绘制理论频率曲线，如图 6-12 所示。

4)从适线结果看，$C_S=3C_v$ 效果较好，故最后确定统计参数为：$\overline{Q}=5\ 138\ m^3/s$，$C_v=0.38$，$C_S=1.14$。

5)直接在理论频率曲线上查出设计频率为 1% 的最大流量为 $Q_{1\%}=11\ 200\ m^3/s$。

(2)三点适线法。

1)将审核过的原始资料由大到小顺序排列，计算各流量 Q_i 的经验累积频率，列入表 6-6 中，并点绘于海森几率格纸上，如图 6-12 所示。

2)通过点群中心且目估绘出一条合适的经验累积频率曲线，并在其上取三个点：

$$P_1=5\%,\ Q_1=8\ 900\ m^3/s$$
$$P_2=50\%,\ Q_2=4\ 900\ m^3/s$$
$$P_3=95\%,\ Q_3=2\ 610\ m^3/s$$

3)计算偏度系数 S，查附录得 $C_S=0.927$。

$$S=\frac{Q_1+Q_3-2Q_2}{Q_1-Q_3}=\frac{8\ 900+2\ 610-2\times 4\ 900}{8\ 900-2\ 610}=\frac{1\ 710}{6\ 290}=0.27$$

4)由 $C_S=0.927$，查附录得

$$P_1=5\%,\ \varphi_1=1.875$$
$$P_2=50\%,\ \varphi_2=-0.160$$

图 6-12 某水文站最大洪峰流量频率曲线(试错适线法)

$$P_3 = 95\%, \quad \varphi_3 = -1.430$$

$$\overline{Q} = \frac{Q_3 \varphi_1 - Q_1 \varphi_3}{\varphi_1 - \varphi_3} = \frac{2\,610 \times 1.875 - 8\,900 \times (-1.430)}{1.875 + 1.430} = 5\,331.54$$

$$C_v = \frac{Q_1 - Q_3}{Q_3 \varphi_1 - Q_1 \varphi_3} = \frac{8\,900 - 2\,610}{2\,610 \times 1.875 - 8\,900 \times (-1.430)} = 0.36$$

5)由 $\overline{Q}$、C_v、C_s 计算出理论频率曲线纵坐标值,并绘制理论频率曲线(图 6-13),与目估曲线比较,基本趋势一致。最后确定统计参数为:$\overline{Q} = 5\,332$ m³/s,$C_v = 0.36$,$C_s = 0.972$。

6)在理论频率曲线上查出设计频率为 1%的最大流量为 $Q_{1\%} = 10\,900$ m³/s,与试错适线法的结果基本一致。

图 6-13 某水文站最大洪峰流量频率曲线(三点适线法)

小 结

本模块中首先讲解水文统计的意义，水文现象的基本特征和分析研究方法；接着对事件进行分析，确定随机事件变量、总体与样本、几率与频率，然后通过经验累积频率曲线与理论频率曲线的绘制，结合统计参数的确定，到理论频率曲线与经验频率曲线适线，列举了数种方法。目估适线法和三点适线法的思路和步骤在例题中均有涉及。

复习思考题

一、简答题

1. 水文现象具有哪些基本特性？
2. 什么是频率？什么是几率？它们有何区别和联系？
3. 总体和样本有何区别和联系？
4. 随机变量的意义是什么？
5. 随机变量的统计参数主要有哪些？分别是什么？
6. 海森几率格纸有何特点？
7. 经验频率曲线是如何绘制的？简述其绘制步骤。
8. 什么是理论频率曲线？它与经验频率曲线有何区别？
9. 三点适线法是如何确定规定频率的流量的？

二、拓展题

给定一段河流流域，收集断面50年或70年资料，利用经验频率曲线和理论频率曲线的适线，确定此处设置百年一遇洪水的大桥的设计流量。

项目三 桥涵设计基础

模块七 大中桥设计流量推算

学习目标

1. 能够为大中桥设计流量的推算准备齐资料;
2. 了解大中桥桥位勘测的原则、内容及方法;
3. 掌握大中桥设计流量的推算方法。

能力目标

能够进行大中桥设计流量的推算。

学习重点

大中桥桥位勘测及其设计流量的推算。

桥涵设计流量的推算,应按《公路工程水文勘测设计规范》(JTG C30—2015)的要求,根据所掌握的资料情况,选择适当的计算方法。目前,对于大、中河流,具有足够的实测流量资料时,主要采用水文统计法,而缺乏实测流量资料时,则多采用间接方法或经验公式计算。

单元一 资料的准备和分类

一、资料的来源

水文资料主要从三个方面获得:一是水文站的观测资料,它主要包括水文站实测断面的年最大洪峰流量和关系曲线;二是形态调查资料,有关内容已在模块六中有叙述;三是文献考证资料,即历史文献和档案资料,包括如地方志、档案或碑文中有关洪水灾害的记载,洪水位和淹没范围,以及有关的规划设计(如铁路、水电站、城镇)中所收集的水文资料。

二、水文统计对资料的要求

1. 应具有一致性

水文统计法是利用已有的水文资料进行统计计算,并以统计规律推断未来的情况。统计计算要求同一系列中的所有资料，必须是同一类型和同样条件下产生的。因此，性质不同的水文资料不能统计在一起分析计算。

2. 应具有代表性

水文统计是以样本推算总体的参数值，样本的代表性直接影响计算结果。因此，系列应包括丰水年、平水年、枯水年在内。否则，因推算结果偏大或偏小而不符合总体的客观规律。频率计算时，一般要求实测年份多于 20 年。无论实测期长短，均须进行历史洪水的调查和考证工作，以增加系列的代表性。

3. 应具有独立性

统计计算要求同一系列中的所有（变量）资料，必须是相互独立的。如各年的洪峰流量都是独立发生的。

4. 应具有可靠性

对不同时期的观测资料的可靠性，须仔细分析，必要时应实地调查，应采用可靠或比较可靠的数据。洪水标志物已有较大变化，洪痕位置不具体和精度不高的资料仅供参考。资料可靠性审查的重点，应放在对设计洪水影响较大的首要几项洪水的分析论证上。资料的客观、准确，是保证统计计算结果符合客观规律的必要条件。因此，必须对收集的资料反复检查和核对。

三、资料的分类

当水文站实测资料系列较短或有缺测年份时，首先考虑用相关分析的方法，利用上下游或临近河流水文站的有关资料，对该站资料系列进行插补延长。

(1)经相关分析插补延长后，具有 20 年以上观测资料时，按连续系列推算规定频率的流量(可采用求矩适线法推算)。

(2)连续或不连续 20 年以上观测资料，同时具有洪水调查（或文献考证）资料时，按不连续系列推算规定频率流量。

(3)无观测（或较少）资料时，可通过形态调查并根据调查的历史洪水推算设计流量。也可根据地区水文要素的分布规律，制定经验公式和等值线图计算设计流量。

单元二　资料中特大洪水的处理

一、频率的计算

特大洪水是指实测系列和调查到的历史洪水中，比一般洪水大得多的稀遇洪水。我国测流量资料系列一般不长，通过插补延长的系列也有限，若只根据短系列资料，当出现一次新的大洪水以后，设计洪水数值就会发生变动，所得成果很不稳定。如果在频率计算中能够正确利用特大洪水资料，则会提高计算成果的稳定性。

特大洪水一般指的是历史洪水，但是在实测洪水系列中，若有大于历史洪水或数值相当大的洪水，也作为特大洪水。洪水系列（洪峰或洪量）有两种情况，一种是系列中没有特大洪水值，在频率计算时，各项数值直接按大小次序统一排位，各项之间没有空位，序数

m 是连序的,称为连序系列,如图 7-1(a)所示;另一种是系列中有特大洪水值,特大洪水值的重现期(N)必然大于实测系列年数 n,而在 $N—n$ 年内各年的洪水数值无法查得,它们之间存在一些空位,由大到小是不连序的,称为不连序系列,如图 7-1(b)所示。

图 7-1 连序系列和不连序系列示意图
(a)连序系列;(b)不连序系列

特大洪水处理的关键是特大洪水重现期的确定和经验频率计算。所谓重现期是指某随机变量的取值在长时期内平均多少年出现一次,又称多少年一遇。特大洪水中历史洪水的数值确定以后,要分析其在某一代表年限内的大小序位,以便确定洪水的重现期。目前我国根据资料来源不同,将与确定历史洪水代表年限有关的年份分为实测期、调查期和文献考证期。

实测期是从有实测洪水资料年份开始至今的时期。调查期是在实地调查到若干可以定量的历史大洪水的时期。文献考证期是从具有连续可靠文献记载历史大洪水的时期。调查期以前的文献考证期内的历史洪水,一般只能确定洪水大小等级和发生次数,不能定量。

历史洪水包括实测期内发生的特大洪水,都要在历史洪水代表年限中进行排位,在排位时不仅要考虑已经确定数值的特大洪水,也要考虑不能定量但能确定其洪水等级的历史洪水,并排出序位。

在洪水频率计算中,经验频率是用来估计系列中各项洪水的超过概率,以便在几率格纸上点绘洪水点子,构成经验分布,因此,首先要估算系列的经验频率。

连序系列中各项经验频率的计算方法,已在前面模块中论述,不予重复。

不连序系列的经验频率,有以下两种估算方法:

(1)将实测系列与特大值系列都看作是从总体中独立抽出的两个随机连序样本,各项洪水可分别在各个系列中进行排位,实测系列的经验频率仍按连序系列经验频率公式计算。

$$P_m = \frac{m_i}{n+1} \times 100 \tag{7-1}$$

特大洪水系列的经验频率计算公式为

$$P_M = \frac{M}{N+1} \times 100 \tag{7-2}$$

式中　P_m——实测洪水流量的经验频率(%);
　　　m_i——按实测洪水流量系列递减次序排列的序位;
　　　n——实测洪水流量系列项数;
　　　P_M——历史特大洪水流量或实测系列中的特大洪水流量经验频率(%);
　　　M——历史特大洪水流量或实测系列中的特大洪水流量在调查期内的序位;
　　　N——调查期年数。

当实测系列内含有特大洪水时,此特大洪水也应在实测系列中占序号。例如,实测为 30 年,其中有一个特大洪水,则一般洪水最大项应排在第二位,其经验频率 $P_2=2/(30+1)=0.0645$。

(2)将调查期年中的特大洪水流量与实测洪水流量组成一个不连序系列,特大洪水流量的经验频率可按式(7-2)估算,其余实测洪水流量经验频率可按式(7-3)估算。

$$P_m = \left[\frac{a}{N+1} + \left(1 - \frac{a}{N+1}\right)\frac{m_i - l}{n - l + 1}\right] \times 100 \quad (7\text{-}3)$$

式中 P_m——实测洪水流量经验频率(%);
a——特大洪水的项数;
l——实测洪水流量系列中按特大洪水流量处理的项数。

上述两种方法,我国目前都在使用,第一种方法比较简单,但是在使用式(7-1)和式(7-2)点绘不连序系列时,会出现所谓的"重叠"现象,而且在假定不连序系列是两个相互独立的连序样本条件下,没有对式(7-1)作严格的推导。当调查考证期 N 年中为首的数项历史洪水确系连序而无错漏,为避免历史洪水的经验频率与实测系列的经验频率的重叠现象,采用第二种方法较为合适。

二、频率曲线参数估计

在洪水频率曲线统计参数计算中,《公路工程水文勘测设计规范》(JTG C30—2015)中规定可以采用求矩适线法、三点适线法、绘线读点补矩法计算洪水流量的均值、偏差系数值、偏态系数初算值。

设计流量应根据调整后的频率曲线参数按照下式推算:

$$Q_P = \overline{Q}(1 + \phi_P C_V) \quad (7\text{-}4)$$

式中 Q_P——设计流量(m³/s);
ϕ_P——离均系数。

经验适线法是在经验频率点据和频率曲线线型确定之后,通过调整参数使曲线与经验频率点据配合得最好,此时的参数就是所求的曲线线型的参数,从而可以计算设计洪水值。适线法的原则是尽量照顾点群的趋势,使曲线通过点群中心,当经验点据与曲线线型不能全面拟合时,可侧重考虑上中部分的较大洪水点据,对调查考证期内为首的几次特大洪水,要作具体分析。一般来说,年代越久的历史特大洪水加入系列进行配线,对合理选定参数的作用越大,但这些资料本身的误差可能较大。因此,在适线时不宜机械地通过特大洪水点据,否则使曲线对其他点群偏离过大,但也不宜脱离大洪水点据过远。

用适线法估计频率曲线的统计参数可分为初步估计参数、用适线法调整初估值及对比分析三个步骤。

矩法是一种简单的经典参数估计方法,它无须事先选定频率曲线线型,因而是洪水频率分析中广泛使用的一种方法。由矩法估计的参数及由此求得的频率曲线总是系数偏小,其中尤以 C_S 偏小更为明显。

在用矩法初估参数时,对于不连序系列,假定 $n-l$ 年系列的均值和均方差与除去特大洪水后的 $n-a$ 年系列的相等,即 $\overline{x}_{n-a} = \overline{x}_{n-l}$,$\sigma_{n-a} = \sigma_{n-l}$ 可以导出参数计算公式:

$$\overline{x} = \frac{1}{n}\left[\sum_{j=1}^{a} x_j + \frac{n-a}{n-l}\sum_{i=j+1}^{n} x_i\right] \quad (7\text{-}5)$$

$$C_v = \frac{1}{\overline{x}}\sqrt{\frac{1}{n-1}\left[\sum_{j=1}^{a}(x_j - \overline{x})^2 + \frac{n-a}{n-l}\sum_{i=j+1}^{n}(x_i - \overline{x})^2\right]} \quad (7\text{-}6)$$

式中　x_j——特大洪水，$j=1、2、\cdots、a$；
　　　x_j——一般洪水，$i=l+1，l+2，\cdots，n$；
式中其余符号意义同前。

偏态系数 C_S 属于高阶矩，用矩法算出的参数值及由此求得的频率曲线与经验点据往往相差较大，故一般不用矩法计算，而是参考附近地区资料选定一个 C_S/C_v 值。对于 $C_v<0.5$ 的地区，可试用 $C_S/C_v=3\sim4$ 进行配线；对于 $0.5<C_v<1.0$ 的地区，可试用 $C_S/C_v=2.5\sim3.5$ 进行配线；对于 $C_v>1.0$ 的地区，可试用 $C_S/C_v=2\sim3$ 进行配线。

如模块六所述，权函数法在于引入一个权函数，用一阶与二阶加权中心矩来推求 C_S，可以提高皮尔逊Ⅲ型的偏态系数计算精度，但权函数法本身不能估计 $\bar{x}$、C_v，属于单参数估计，仍需借助其他方法（如矩法），且 C_S 的精度受 $\bar{x}$、C_v 估算精度的影响。

【例 7-1】　某水文站经过插补延长后 32 年连续年最大流量资料列于表 7-1 第 3 栏，用求矩适线法推求规定洪水频率为 2%、1% 的流量。

解：(1) 计算经验频率，绘制经验频率曲线。首先把历年的年最大流量资料，按递减顺序排列，见表 7-1 第 5 栏，然后用数学期望公式计算各流量的经验频率，列入表 7-1 第 8 栏，最后按表中经验频率和流量的对应值，在海森几率格纸上绘出经验频率曲线，如图 7-2 所示。

图 7-2　海森几率格纸上曲线图

(2) 为理论频率曲线初选三参数首先按式 (7-3) 计算。

$$\bar{Q}=\frac{1}{n}\sum_{i=1}^{n}Q_i=\frac{1}{32}\times56\,097=1\,753(\mathrm{m}^3/\mathrm{s})$$

$$C_v=\sqrt{\frac{\sum_{i=1}^{n}K_i^2-n}{n-1}}=\sqrt{\frac{36.812-32}{32-1}}=0.394$$

然后按公式 $K_i=\dfrac{Q_i}{\bar{Q}}$ 计算 K_i 和 K_i^2，列入表 7-1 第 6、7 栏，按式 (7-4) 计算 C_v。

最后假定 $C_S=1.5C_v=1.5\times 0.394=0.591$，此时的 $\overline{Q}$、C_v、C_S 即为理论频率曲线的初选三个参数。

表 7-1　某水文站最大洪峰流量

顺序号	按年份顺序排列		按流量大小排列		K_i	K_i^2	经验频率/% $P=\dfrac{m}{n+1}\times 100\%$
	年份	流量/(m³·s⁻¹)	年份	流量/(m³·s⁻¹)			
1	2	3	4	5	6	7	8
1	1964	2 000	1991	3 614	2.062	4.250	3.0
2	1965	2 100	1980	2 950	1.683	2.832	6.1
3	1966	767	1985	2 600	1.483	2.200	9.1
4	1967	1 781	1974	2 500	1.426	2.034	12.1
5	1968	1 284	1975	2 408	1.374	1.887	15.2
6	1969	1 507	1971	2 380	1.358	1.843	18.2
7	1970	2 145	1981	2 253	1.285	1.652	21.2
8	1971	2 380	1982	2 250	1.284	1.647	24.2
9	1972	2 170	1972	2 170	1.238	1.532	27.3
10	1973	1 700	1970	2 145	1.224	1.497	30.3
11	1974	2 500	1965	2 100	1.198	1.435	33.3
12	1975	2 408	1976	2 088	1.191	1.419	36.4
13	1976	2 088	1964	2 000	1.141	1.302	39.4
14	1977	600	1986	1 900	1.084	1.175	42.4
15	1978	1 080	1994	1 850	1.055	1.114	45.5
16	1979	840	1967	1 781	1.016	1.032	48.5
17	1980	2 950	1973	1 700	0.970	0.940	51.5
18	1981	2 253	1987	1 650	0.941	0.886	54.5
19	1982	2 250	1995	1 530	0.873	0.762	57.6
20	1983	1 100	1969	1 507	0.860	0.739	60.6
21	1984	1 480	1984	1 480	0.844	0.713	63.6
22	1985	2 600	1990	1 360	0.776	0.602	66.7
23	1986	1 900	1988	1 300	0.742	0.550	69.7
24	1987	1 650	1968	1 284	0.732	0.536	72.7
25	1988	1 300	1983	1 100	0.627	0.394	75.8
26	1989	1 000	1978	1 080	0.616	0.380	78.8
27	1990	1 360	1993	1 010	0.576	0.332	81.8
28	1991	3 614	1989	1 000	0.570	0.325	84.8
29	1992	900	1992	900	0.513	0.264	87.9
30	1993	1 010	1979	840	0.479	0.230	90.9
31	1994	1 850	1966	767	0.438	0.191	93.9
32	1995	1 530	1977	600	0.342	0.117	97.0
	合　计			56 097	32.001	36.812	

(3)适线选定三参数。在适线过程中,为了便于与经验频率曲线相比较,在资料实测范围内尽可能地远,根据所求频率 P,选若干个频率点列出适线对比表 7-2。用初选三参数确定的第一次假定的理论频率曲线计算值列于表 7-2 第三行,表中 Φ 值按附录查用,对应流量按 $Q_P=(1+C_v\Phi_P)\overline{Q}$ 计算。

表 7-2 适线对比表

	$P/\%$		5	10	20	50	75	90	95
	经验频率曲线	Q	3 100	2 770	2 400	1 750	1 280	900	700
理论频率曲线	(一) $\overline{Q}=1\,753\ C_v=0.394$ $C_S=1.5\ C_v=0.591$	Φ Q	1.80 2 996	1.33 2 672	0.80 2 306	−0.10 1 684	−0.72 1 256	−1.20 924	−1.45 752
	(二) $\overline{Q}=1\,753\ C_v=0.41$ $C_S=1.5\ C_v=0.615$	Φ Q	1.80 3 047	1.33 2 708	0.80 2 328	−0.10 1 681	−0.72 1 236	−1.20 891	−1.45 711
	(三) $\overline{Q}=1\,753\ C_v=0.41$ $C_S=1.1\ C_v=0.451$	Φ Q	1.76 3 018	1.32 2 702	0.81 2 335	−0.08 1 696	−0.71 1 243	−1.22 876	−1.50 675
	(四) $\overline{Q}=1\,805\ C_v=0.41$ $C_S=1.1\ C_v=0.451$	Φ Q	1.76 3 107	1.32 2 782	0.81 2 404	−0.08 1 746	−0.71 1 280	−1.22 902	−1.50 695

根据第一次假定的理论频率曲线计算各 Q 值,与经验频率曲线各 Q 值对比可见,整条曲线左低右高,这是由于求矩适线法公式计算的变差系数 C_v 偏小,故可稍微加大理论频率曲线的 C_v 值进行试算。

根据第二次假定,可见理论频率曲线整条曲线下凹严重,应减小理论频率曲线的 C_S 值。

根据第三次假定的理论频率曲线计算的各流量 Q 值,从适线对比表(特别是 $P=50\%$ 处)可见整条曲线偏低,应加大理论频率曲线的均值 $\overline{Q}$。

最后第四次假定的理论频率曲线与经验频率曲线符合得较好,因此选定三参数为

$$\overline{Q}=1\,805\ \mathrm{m^3/s} \quad C_v=0.41 \quad C_S=0.451$$

(4)根据确定的三参数,推算规定频率流量

$$Q_{1\%}=(1+C_v\Phi_{1\%})\overline{Q}=(1+2.65\times0.41)\times1\,805=3\,766(\mathrm{m^3/s})$$

$$Q_{2\%}=(1+C_v\Phi_{2\%})\overline{Q}=(1+2.29\times0.41)\times1\,805=3\,500(\mathrm{m^3/s})$$

单元三 缺乏观测资料的规定频率流量推算

当收集的水文资料较少,不能达到"有观测资料"规定的要求;或者当无观测资料时,可按以下几种情况来确定规定频率的流量:

(1)当调查的历史洪水位处于比降均一、河道顺直、河床断面较规整的稳定均匀流河段时,可按下列公式计算:

$$Q=A_cv_c+A_tv_t \tag{7-7}$$

$$v_c=\frac{1}{n_c}R_c^{\frac{2}{3}}i^{\frac{1}{2}} \tag{7-8}$$

$$v_t = \frac{1}{n_t} R_t^{\frac{2}{3}} i^{\frac{1}{2}} \tag{7-9}$$

式中 Q——历史洪水流量(m^3/s);

A_c,A_t——河槽、河滩过水面积(m^2);

v_c,v_t——河槽、河滩平均流速(m/s);

n_c,n_t——河槽、河滩糙率;

R_c,R_t——河槽、河滩水力半径(m),当宽深比大于10时,可用平均水深代替;

i——水面比降。

(2)稳定非均匀流历史洪峰流量。虽然本教材非均匀流仅限于棱柱体渠道内讨论,但是《公路工程水文勘测设计规范》(JTG C30—2015)、《公路圬工桥涵设计规范》(JTG D61—2005)以及最新颁布的《公路桥涵设计通用规范》(JTG D60—2015)中根据工程实际,对非棱柱体河段稳定非均匀流历史洪峰流量提出了以下计算方法:

当河段内各断面的形状和面积相差较大,各断面通过的流量虽然相同,但各断面的水深和流速却不一样。其洪峰流量 Q:

$$Q = \overline{K} \sqrt{\frac{\Delta H}{L - \left(\frac{1-\xi}{2g}\right)\left(\frac{\overline{K}^2}{A_1^2} - \frac{\overline{K}^2}{A_2^2}\right)}}$$

$$\Delta H = H_1 - H_2$$

$$\overline{K} = \frac{1}{2}(K_1 + K_2)$$

$$K_1 = \frac{1}{n_{c1}} A_{c1} R_{c1}^{\frac{2}{3}} + \frac{1}{n_{t1}} A_{t1} R_{t1}^{\frac{2}{3}}$$

$$K_2 = \frac{1}{n_{c2}} A_{c2} R_{c2}^{\frac{2}{3}} + \frac{1}{n_{t2}} A_{t2} R_{t2}^{\frac{2}{3}} \tag{7-10}$$

式中 H_1,H_2——上、下游断面的水位(m);

ΔH——上、下游断面的水位差(m);

L——上、下游两断面间距离(m);

A_1,A_2——上、下游断面总过水面积(m^2);

A_{c1},A_{t1}——上游断面河槽、河滩过水面积(m^2);

A_{c2},A_{t2}——下游断面河槽、河滩过水面积(m^2);

R_{c1},R_{t1}——上游断面河槽、河滩水力半径(m);

R_{c2},R_{t2}——下游断面河槽、河滩水力半径(m);

n_{c1},n_{t1}——上游断面河槽、河滩糙率;

n_{c2},n_{t2}——下游断面河槽、河滩糙率;

K_1,K_2——上、下游断面输水系数(m^3/s);

$\overline{K}$——上、下游断面输水系数的平均值(m^3/s);

g——取用9.80(m/s^2);

ξ——局部水头损失系数。向下游收缩时,取 $-0.1\sim0$;向下游逐渐扩散时,取 $0.3\sim0.5$;向下游突然扩散时,取 $0.5\sim1.0$。

(3)当各次历史洪水流量不能在海森几率格纸上定出经验频率曲线时,可按以下方法推算设计流量:

1)参照地区资料选定 C_v、C_s 值;
2)按以下公式计算平均流量:

$$\overline{Q}_{Ti} = \frac{Q_i}{1+\Phi_P C_v} \quad (7-11)$$

$$\overline{Q} = \frac{\sum_{i=1}^{n}\overline{Q}_{Ti}}{n} \quad (7-12)$$

式中 $\overline{Q}_i$——按第 i 次历史洪水流量计算的平均流量(m^3/s);

Q_{Ti}——第 i 次重现期为 T 年的历史洪水流量(m^3/s);

Φ_P——重现期为 T 年的离散系数;

n——历史洪水流量的年次数。

3)按式 $Q_P=(1+C_v\Phi_P)\overline{Q}$ 推算设计流量。

(4)无资料地区,可按地区经验公式及水文参数求算设计流量。求算的设计流量应有历史洪水流量的验证。

(5)汇水面积小于 100 km^2 的河流(即小流域),可按暴雨推理公式计算,或者采用经验公式计算(具体公式可以参阅相关书籍)。

单元四 不同断面流量间的关系

水文断面包括水文站实测断面、洪水调查处断面以及路线轴线与水流正交时的桥涵位断面。为了便于讨论不同断面流量间的关系,先假定包括水文站实测或调查断面处的水文断面与桥涵位断面不在同处,如图 7-3 所示。

图 7-3 水文断面与桥涵位断面各种流量、水位间的关系

一、水文断面与桥涵位断面各种流量、水位间的关系

水文断面与桥涵位断面各种流量、水位之间的关系如图 7-4 所示。

(1)图 7-4 中各项符号意义。

图 7-4　各种流量、水位间的关系示意

1) Q 为水文断面处历史洪峰流量或多年平均洪峰流量,是以实测或调查时所得的资料而定。H 则为与流量对应的水文断面处历史洪水位或多年平均的洪水位。

2) Q'_P 为水文断面处由设计桥涵规定频率的流量,H'_P 则为与 Q'_P 相对应的水文断面处规定频率的水位。

3) Q_P 为桥涵位规定频率的设计流量,H_P 则为桥涵位的设计水位。

(2) 图 7-4 中纵向各对应流量、水位之间的关系。

1) Q 与 H 是同一水文断面上对应的流量与水位,Q'_P 与 H'_P 仍是同一水文断面上但是由桥涵规定频率制约的对应流量与水位,因此纵向互相之间都可用曼宁公式来计算,并且都符合同一断面的 $H-A-v-Q$ 曲线规律,即可绘制此曲线并用以校核。

2) Q_P 与 H_P 是同一桥涵位对应的设计流量与水位,互相间的换算也可用均匀流公式计算,并以桥涵位 $H-A-v-Q$ 曲线校核。

(3) 图 7-4 中横向各流量及水位间的联系。

1) Q 与 Q'_P 之间的联系,可利用经验频率曲线和理论频率曲线,依据桥涵的规定通过频率间转换来完成。而 Q 与 Q'_P 之间则通过位置转移,进行相互之间的流量推算。

2) H 与 H'_P 都在同一水文断面上,而 H_P 与 H'_P 之间则通过位置转移,进行相互之间的水位推算。

二、桥位处设计水位、设计流量的推算

Q 与 Q'_P 之间通过频率转换进行流量推算,详见本模块的前两个单元中叙述。这里主要介绍已知 Q'_P 与 H'_P 的前提下,如何进行位置转移推算 Q_P 与 Q'_P 的方法。

1. 桥位设计流量的推算

若水文断面处与桥位处,两者的汇水面积差 $\left|\dfrac{F'_P - F_P}{F_P}\right| \times 100\% \leqslant 5\%$ 时,则水文断面处的流量 Q'_P 可直接作为桥位断面的设计流量,即 $Q_P = Q'_P$。

若水文断面处与桥位处两者的汇水面积相差 $<20\%$ 时,可按下式计算:

$$Q_P = \left(\frac{F_P}{F'_P}\right)^n Q'_P \tag{7-13}$$

式中　　F'_P,Q'_P——水文断面处的汇水面积和规定频率流量;

　　　　F_P,Q'_P——桥位断面处的汇水面积和设计流量;

n——指数，由本河或邻近类似河流的实测资料统计而得，一般取 0.5～0.7。

　　若水文断面处与桥位处两者的汇水面积相差＞20%时，上式计算的结果误差较大，应结合实际情况，分析后慎用。

2. 桥位处设计水位的推算

　　在水文断面与桥位断面处两者的汇水面积相差不超过 5%时，可利用水文断面处规定频率流量 Q'_P 所对应的水位 H'_P，通过洪水比降法推算桥位断面的设计水位，即

$$H_P = H'_P \pm I \cdot L \tag{7-14}$$

式中　I——洪水比降，以小数计，当水文断面在上游，桥位在下游时，负号计算；反之，当桥位在上游时，水文断面在下游时，正号计算；

　　　L——水文断面至桥位断面沿河流的水平距离。

　　根据桥位处的实测断面水文资料，绘制水位流量关系曲线，利用已知设计流量反推设计水位。同时应结合上、下游的历史洪水位和河段洪水比降调查资料进行分析修正。

　　当桥位上、下游有对水位有影响的卡口、人工建筑物等时，可利用河段水面曲线法推算桥位处设计水位。

小　结

　　本模块主要以各种资料为前提，利用经验累积频率曲线及理论频率曲线适线的方法，进行大中桥设计流量的推算；并介绍了各种流量水位之间的关系。

复习思考题

一、填空题

1. 理论频率曲线的三个统计参数分别是＿＿＿＿＿、＿＿＿＿＿、＿＿＿＿＿（填写符号和公式）。
2. 频率曲线参数的估计方法，在规范中规定可以采用＿＿＿＿＿法、＿＿＿＿＿法、＿＿＿＿＿法。
3. 水文资料主要从＿＿＿＿＿方面获得，分别为＿＿＿＿＿、＿＿＿＿＿、＿＿＿＿＿。
4. 水文统计中对资料的要求是必须具备＿＿＿＿＿性、＿＿＿＿＿性、＿＿＿＿＿性及＿＿＿＿＿性。

二、简答题

1. 在缺乏水文站观测资料时，各个规定的频率的流量是如何推算的？
2. 水流不同断面流量之间有何关系，绘图论述。

三、拓展题

　　某水文站 40 年连续年最大流量资料列于表 7-3 第 3 栏，用求矩适线法推求规定洪水频率为 0.33%、1%的流量。

表 7-3 水文站的多年观测资料

顺序	年份	年最大洪峰流量/(m³·s⁻¹)	按流量大小排列	
			年份	流量/(m³·s⁻¹)
1	1965	185		
2	1966	201		
3	1967	105		
4	1968	175		
5	1969	148		
6	1970	162		
7	1971	192		
8	1972	139		
9	1973	159		
10	1974	86		
11	1975	90		
12	1976	149		
13	1977	161		
14	1978	184		
15	1979	179		
16	1980	164		
17	1981	188		
18	1982	191		
19	1983	790		
20	1984	820		
21	1985	109		
22	1986	96		
23	1987	186		
24	1988	230		
25	1989	259		
26	1990	280		
27	1991	187		
28	1992	113		
29	1993	146		
30	1994	133		
31	1995	58		
32	1996	112		
33	1997	157		
34	1998	232		
35	1999	179		
36	2000	231		

续表

顺序	年份	年最大洪峰流量/(m³·s⁻¹)	按流量大小排列	
			年份	流量/(m³·s⁻¹)
37	2001	62		
38	2002	141		
39	2003	152		
40	2004	168		

＊附：《公路工程技术标准》(JTG B01—2014)中对于桥涵的规定

6 桥涵

6.0.1 一般规定

1 桥涵应根据公路功能、技术等级、通行能力及防灾减灾等要求，结合水文、地质、通航和环境等条件进行综合设计。

2 桥涵应按照安全、耐久、适用、环保、经济和美观的原则，考虑因地制宜、就地取材、便于施工和养护等因素，进行全寿命设计。

3 桥涵应与自然环境和景观相协调。特殊大桥宜进行景观设计。

4 桥涵的设置应结合农田基本建设考虑排灌的需要。

5 特大桥、大桥桥位应选择河道顺直稳定、河床地质良好、河槽能通过大部分设计流量的河段，并应避开断层、岩溶、滑坡、泥石流等不良地质地带。在受条件限制而选取不利桥位时，必须采取防控措施并进行严格论证。

6 桥面铺装应有完善的桥面防水、排水系统。

7 桥涵跨径小于或等于50 m时，宜采用标准化跨径、装配式结构、机械化和工厂化施工。

8 对于分期修建的桥梁，应选择先期与后期易衔接的结构形式。

9 桥涵应设置维修养护通道，特大桥和大桥应设置必要的养护设施。

6.0.2 桥涵分类规定见表6.0.2。

表6.0.2 桥涵分类

桥涵分类	多孔跨径总长 L/m	单孔跨径 L_k/m
特大桥	$L>1\,000$	$L_k>150$
大桥	$100 \leqslant L \leqslant 1\,000$	$40 \leqslant L_k \leqslant 150$
中桥	$30<L<100$	$20 \leqslant L_k<40$
小桥	$8 \leqslant L \leqslant 30$	$5 \leqslant L_k<20$
涵洞	—	$L_k<5$

注：1. 单孔跨径是指标准跨径。

2. 梁式桥、板式桥的多孔跨径总长为多孔标准跨径的总长；拱式桥为两端桥台内起拱线间的距离；其他形式桥梁为桥面系车道长度。

3. 管涵及箱涵无论管径或跨径大小、孔数多少，均称为涵洞。

4. 标准跨径：梁式桥、板式桥以两桥墩中线间距离或桥墩中线与台背前缘间距为准；拱式桥和涵洞以净跨径为准。

6.0.3 有桥台的桥梁,桥梁全长应为两岸桥台侧墙或八字墙尾端间的距离;无桥台的桥梁,桥梁全长应为桥面系的长度。

6.0.4 桥涵标准化跨径规定如下:0.75 m、1.0 m、1.25 m、1.5 m、2.0 m、2.5 m、3.0 m、4.0 m、5.0 m、6.0 m、8.0 m、10 m、13 m、16 m、20 m、25 m、30 m、35 m、40 m、45 m、50 m。

6.0.5 桥涵设计洪水频率应符合表6.0.5的规定,并应符合下列规定:

表6.0.5 桥涵设计洪水频率

公路等级	设计洪水频率				
	特大桥	大桥	中桥	小桥	涵洞及小型排水构造物
高速公路	1/300	1/100	1/100	1/100	1/100
一级公路	1/100	1/100	1/100	1/100	1/100
二级公路	1/300	1/100	1/100	1/50	1/100
三级公路	1/100	1/50	1/50	1/25	1/50
四级公路	1/100	1/50	1/50	1/25	1/25

1 二级公路的特大桥以及三、四级公路的大桥,在河床比降大、易于冲刷的情况下,宜提高一级设计洪水频率验算基础冲刷深度。

2 沿河纵向高架桥和桥头引道的设计洪水频率应符合本标准第5.0.2条路基设计洪水频率的规定。

3 多孔中小跨径的特大桥可采用大桥的设计洪水频率。

6.0.6 桥面净空应符合本标准第3.6.1条公路建筑限界的规定,并应符合下列规定:

1 多车道公路上的特大桥为整体式上部结构时,中央分隔带宽度应根据所采用的护栏形式确定。

2 特大桥的路肩宽度经论证后可采用表4.0.5—1的最小值。

3 路、桥不同宽度间应顺适过渡。

4 桥上设置的各种管线、安全设施及标志等不得侵入公路建筑限界。

6.0.7 桥下净空应符合下列规定:

1 通航或流放木筏的河流,桥下净空应符合通航标准或流放木筏的要求。

2 跨线桥桥下净空,应符合被交叉公路、铁路、其他道路等建筑限界的规定。

3 桥下净空应考虑排洪、流水、漂流物、冰塞以及河床冲淤等情况。

6.0.8 桥梁及其引道的平、纵、横技术指标应与路线总体布设相协调,并应符合下列规定:

1 桥上纵坡不宜大于4%,桥头引道纵坡不宜大于5%。

2 对于易结冰、积雪的桥梁,桥上纵坡宜适当减小。

3 位于城镇混合交通繁忙处的桥梁,桥上纵坡和桥头引道纵坡均不得大于3%。

4 桥头两端引道的线形应与桥梁的线形相匹配。

6.0.9 渡口码头设计应符合下列规定:

1 渡口位置应选择在河床稳定、水力水文状态适宜、无淤积或少淤积的河段。

2 直线码头的引道纵坡宜采用9%~10%,锯齿式码头宜采用4%~6%。

3 车辆上、下渡船的引道路面,应采取必要的防滑措施。

4 二、三级公路的码头引道宽度不应小于12 m，四级公路不应小于10 m。

6.0.10 桥涵改扩建应符合下列规定：

1 新建桥涵（含拼接新建部分）应满足现行设计标准的要求。

2 对直接利用的原有桥涵，应进行检测评估并满足原设计荷载标准要求，二、三、四级公路提高等级时其极限承载能力应满足或采取加固措施后满足现行标准的要求。

3 拼接加宽利用的原有桥涵，应进行检测评估并满足原设计荷载标准要求，且其极限承载能力应满足或采取加固措施后满足现行标准的要求。

4 整体拼接桥梁的桥下净空，不应小于原设计标准。

5 对直接利用或拼接加宽的桥涵，应提出有针对性的运营管理和维护措施。

6.0.11 桥涵主体结构和可更换部件的设计使用年限规定见表6.0.11。

表6.0.11 桥涵设计使用年限   年

公路等级	主体结构			可更换部件	
	特大桥 大桥	中桥	小桥 涵洞	斜拉索 吊索 系杆等	栏杆 伸缩缝 支座等
高速公路 一级公路	100	100	50	20	15
二级公路 三级公路	100	50	30		
四级公路	100	50	30		

模块八　大中桥桥位勘测设计

学习目标

1. 掌握桥位选择和桥位调查的内容;
2. 掌握桥孔长度和桥孔布设方法。

能力目标

1. 掌握桥面中心和引道路堤最低标高的确定以及调治构造建筑物的类型和选取;
2. 掌握大中桥桥位勘测设计的一般方法。

学习重点

桥位勘测设计的主要任务和内容;桥位选择的要求和桥位调查的内容;桥孔长度与桥孔布设。

桥位设计所依据的资料,主要来自实地调查和勘测。在进行桥位设计之前,对桥位地区的政治经济情况、自然地理情况和其他各种条件所进行的各种调查与测量工作,称为桥位勘测。桥位勘测时要符合《公路工程水文勘测设计规范》(JTG C30—2015)的要求。桥位勘测设计一般包括以下主要任务和内容。

1. 桥位勘测设计的主要任务

(1)提供必要且可靠的桥位设计资料。
(2)推荐经济合理的桥位设计资料。
(3)预估建桥后可能引起的水文条件变化及河床演变。
(4)确定桥梁、引道、调治构造物的设计方案。

2. 桥位勘测设计的主要内容

(1)勘测前的准备。主要收集水文、气象、通航、地质及有关规划设计等资料。
(2)勘测前的调查。主要调查桥位历史洪水位,用经验公式概估桥长,了解一般的质量特征及问题,了解天然建筑材料分布情况、管线情况及其对桥位的影响等,为详细勘测做准备。
(3)野外勘测和资料整理。
(4)水文计算,桥长、桥高、冲刷的计算及引道和调治构造物等工程设计。
(5)编制设计文件和工程概算。

单元一　桥位选择和桥位调查

一、桥位选择

桥位选择是桥位勘测设计的第一项工作。桥位选择不仅对桥梁的稳定、工程造价、施工与养护等有直接的影响，而且与桥头的线路工程、当地的农田水利、建设规划、航运和群众利益都有密切的关系。因此，桥位选择必须全面考虑各种因素的影响，通过深入地现场调查与勘测，选择几个可能的桥位方案，经全面分析研究和经济比较后，再确定推荐方案。

（一）桥位选择的一般要求

（1）桥路综合要求。既服从路线总方向又满足桥的特殊要求。
（2）农业要求。既支援农业建设又照顾当地群众的利益，少占农田，避免拆迁有价值的建筑物，避免桥前壅水威胁河堤和两岸村庄和农田。
（3）施工要求。应考虑到施工场地的布设及材料运输和便桥架设。
（4）线形要求。桥轴线一般应为直线，否则宜采用较大的平曲线半径和较小的纵坡。
（5）各方面协调配合要求。从政治、国防、经济需要出发，与水运、铁路相协调，与市政规划相配合。

（二）水文和地形方面的要求

（1）尽可能选在河道顺直、水流稳定、滩地较窄较高、河槽较深且能通过大部分设计流量的河段上。
（2）应避免选在河汊、岛屿、沙洲、旧河道、急弯、汇河口及容易形成流冰、流木阻塞的河段。更不能选在支流河口的下游，以免造成桥下大量淤积。
（3）桥轴线应尽量与洪水主流流向正交，宜设在河滩与河槽流向一致的河段上。否则在不通航的河流上，当河槽流量占70%以上时，则以河槽流向为准，介于两者之间时，则以平均流向为准。
（4）与河岸斜交的桥位，应避免在引道上游形成水袋与回流区，以免引道路基遭受水害；不可避免时，应设置截水坝将其封闭。
（5）应考虑到河床在桥梁使用期限内可能发生的变形。

（三）工程地质方面的要求

（1）应设于河岸和河床有岩石或土质坚实且覆盖层较浅之处，避免通过岩层有断裂、溶洞、侵蚀性盐类，以及其他不宜建造桥梁墩台基础的地段。
（2）避免桥头引道通过滑坍和潮湿泥沼等不良地段。

（四）航运方面的要求

（1）桥位中心线应尽量与通航水位时的水流的流向正交，如斜交，则偏角不宜大于5°，否则应增大通航孔径。

(2)通航孔最高和最低通航水位流向应基本一致。

(3)桥位上下游河槽直线(或接近直线)段长度应符合航运部门的规定。通常,河槽直线段长度上游应保证有拖船队长度的三倍,下游则不应小于其长度的一半。

(4)桥位附近的河床应不受淤积影响,无浅滩。

(5)桥位宜选在码头的上游一定距离处,以避免船只阻塞桥孔。

(五)其他方面的要求

(1)旧桥附近的桥位,一般宜选在旧桥的下游,两桥间距不小于一个桥长为宜。

(2)公路桥与铁路桥平行时,应选在公路路线总方向一侧,以免公路与铁路反复交叉。

(3)在实际工作中,选择桥位时,往往不可能使某一桥位同时满足各方面的要求。一般可在同一条河流上选择几个桥位,通过分析比较,从中选择一个较好的桥位作为采用方案。方案比较时,应从长远考虑,进行技术经济评价,既要考虑社会效益最好,又要考虑使工程费用、维修养护费用和用路者费用之和最小。

二、桥位调查

桥位调查主要包括桥位测量、水文调查、工程地质调查、涉河工程调查等方面的内容。

(一)桥位测量

根据桥位设计的内容,施工场地的布设等,确定桥位测量的范围、内容、精度和比例。除平面控制测量和高程控制测量外,桥位测量主要应该提供下列图纸。

1. 桥位总平面图

图中内容包括一般地形图上的内容以及平面控制点、高程控制点、水准点、各方案路线导线、桥位轴线、引道接线、水文基线、洪水位点、历史最高洪水泛滥线、通航位置和船筏航迹线等。测绘范围包括桥位、桥头引道、调治构造物的位置,并要满足施工场地布置的需要。采用比例尺一般为 $1:2\,000 \sim 1:10\,000$。

2. 桥址地形图

测绘内容与桥位总平面图相同。因此,当正桥桥位与水文基线相距不远,桥位总平面图与桥址地形图要求施测范围也相差不大时,可适当扩大测绘范围和内容而免测桥位总平面图。测绘范围应能满足桥梁孔径、桥头引道路基毁坏调治构造物设计的需要。采用比例尺一般为 $1:500 \sim 1:2\,000$。

3. 桥头引道和桥址纵断面图

测绘内容包括引道和桥轴线里程及地面标高。测绘范围要满足布置桥孔和河滩路基的使用,一般高出设计水位以上 $1 \sim 2$ m 的岸边。采用比例尺一般为 $1:100 \sim 1:1\,000$。

(二)水文调查

为提供桥位设计所需要的水文资料,一般应进行下列各项调查和勘测工作。

1. 资料的收集和分析

可向水利及铁路部门索取水位、流速、流量、水面比降、过水面积、河床糙率等各项资料，收集地方志、历史文件等有关资料。

2. 洪水调查

调查特大洪水水位及发生时间，分析重现期，选择形态断面、调查河床地貌及河床糙率和河床演变情况。

3. 水文观测

详见前面模块。

另外，还应在气象站搜集风向、风速、气温、降水量和冰雪覆盖厚度等资料。对于通航河流，应向航运部门调查有关航运情况，如航道等级、船筏尺寸及对桥下净空的要求等。对桥位附近的现有桥梁和水工建筑物也应进行必要的调查以供设计时参考。

（三）工程地质调查

为了查明桥位区地层岩性、地质构造，探明桥梁墩台和调治构造物处地基覆盖层与基岩的风化程度和构造破碎程度、软弱夹层的情况及地下水状态，测试物理岩土的物理力学性质，提供地基的基本承载力数据，确定桥梁墩台的式样及埋置深度等，必须进行工程地质的钻探和测试。桥梁钻探点的分布、个数及钻孔深度的确定，均应考虑工程地质条件的复杂程度和设计要求。

为就地取材，应勘查桥位附近地区石料、砂、石灰、黏土等及其他当地材料的产地，掌握料场的具体位置、范围、材料质量、储量、开采和运输条件等。

详细勘察后，应提出工程地质报告、各桥位区域的工程地质条件综合评价及推荐桥位方案等。

（四）涉河工程调查

桥位河段存在的其他涉河工程状况，也应调查清楚。

单元二 桥孔长度和桥孔布设

桥孔设计必须保证设计洪水以内的各级洪水和泥砂安全通过，并满足通航、流冰及其他漂流物通过的要求；桥孔布设应该适应各类河段的特性及演变特点，避免河床产生不利变形，且做到合理经济；建桥后引起的桥前壅水高度、流势变化和河床演变，应在安全允许范围之内；桥孔设计应考虑桥位上下游已建或拟建的水利工程、航道码头和管线等引起的河床演变对桥孔的影响；桥位河段的天然河道不宜开挖或改移。需要开挖、改移河道时，应通过可靠的技术经济论证；而跨越河口、海湾及海岛之间的桥梁，必须保证在潮汐、海浪、风暴潮、海流及海底泥砂运动等各种海洋水文条件影响下，正常使用和满足通航的要求。

桥梁根据其跨径大小不同可分为大桥、中桥、小桥和涵洞。按照《公路工程技术标准》(JTG B01—2014)规定，其划分见表8-1。

表 8-1 桥梁涵洞按跨径分类表

桥涵分类	多孔跨径总长 L/m	单孔跨径 L_k/m
特大桥	$L>1\,000$	$L_k>150$
大桥	$100 \leqslant L \leqslant 1\,000$	$40 \leqslant L_k \leqslant 150$
中桥	$30<L<100$	$20 \leqslant L_k<40$
小桥	$8 \leqslant L \leqslant 30$	$5 \leqslant L_k<20$
涵洞	—	$L_k<5$

注 1. 单孔跨径是指标准跨径。
2. 多孔跨径总长仅作为划分特大桥、大、中、小桥及涵洞的一个指标，梁式桥、板式桥涵为多孔标准跨径的长，拱式桥涵为两岸桥台内起拱线间的距离，其他形式桥梁为桥面车道长度。
3. 圆管涵及箱涵不论管径或跨径大小，孔数多少，均称为涵洞。
4. 标准跨径：梁式桥、板式桥以两桥墩中线间距离或桥墩中线与台背前缘间距为准；拱式桥和涵洞以净跨径为准。

一、桥孔长度计算

1. 桥孔最小净长的计算

设计水位以上两桥台之间的水面宽度称为桥孔长度，以 L_q 表示，扣除全部桥墩宽度后，称为桥孔净长 L_j。

桥孔长度的确定，首先应满足排洪和输沙的要求，即保证设计洪水以内的各级洪水及其挟带的泥砂能从桥下顺利通过，并满足通航和流冰、流木等通过。从安全和经济两个方面考虑，同时，应综合分析桥孔长度、桥前壅水和桥下冲刷的相互影响。根据《公路工程水文勘测设计规范》(JTG C30—2015)，峡谷型河段上建桥，一般不作桥孔长度计算，可按地形布置桥孔；其他河段上建桥，按下列公式计算桥孔最小净长 L_j。

(1) 开阔、顺直微弯、分汊、弯曲河段及滩槽可分的不稳定河段。

$$L_j = K_q \left(\frac{Q_p}{Q_c}\right)^{n_3} B_c \tag{8-1}$$

式中 L_j——桥孔最小净长度(m)；

Q_p——设计流量(m^3/s)；

Q_c——河槽流量(m^3/s)；

B_c——河槽宽度(m)；

K_q，n_3——系数和指数，按表 8-2 取用。

表 8-2 K_q、n_3 值表

河段类型	K_q	n_3
开阔、顺直微弯河段	0.84	0.90
分汊、弯曲河段	0.95	0.87
滩、槽可分的不稳定河段	0.69	1.59

(2)宽滩河段。

$$L_j = \frac{Q_p}{\beta \cdot q_c}$$

$$\beta = 1.19 \left(\frac{Q_c}{Q_t}\right)^{0.10} \tag{8-2}$$

式中　β——水流压缩系数；
　　　q_c——河槽平均单宽流量[m³/(s·m)]；
　　　Q_t——河滩流量(m³/s)。

(3)滩、槽难分的不稳定河段。

$$L_j = C_p \cdot B_0 \tag{8-3}$$

$$B_0 = 16.07 \left(\frac{\overline{Q}^{0.24}}{\overline{d}^{0.3}}\right) \tag{8-4}$$

$$C_p = \left(\frac{Q_p}{Q_{2\%}}\right)^{0.33} \tag{8-5}$$

式中　B_0——基本河槽宽度(m)；
　　　$\overline{Q}$——年最大流量平均值(m³/s)；
　　　$\overline{d}$——河床泥砂平均粒径(m)；
　　　C_p——洪水频率系数；
　　　$Q_{2\%}$——频率为2%的洪水流量(m³/s)。

2. 桥孔设计长度

桥孔设计长度，除应满足上述公式计算的最小净长外，还应结合桥位地形、桥前壅水、冲刷深度、河床地质等情况，作出不同桥长方案的技术经济比较，综合论证后确定。

二、桥孔布置的原则

从河流和水文的角度考虑，必须针对河段特点布设桥孔，但公路勘测设计时，桥孔布设还要和路线方案及公路横、纵断面设计统一考虑。

(1)桥孔布设应与天然河流断面流量分配相适应。在稳定性河段上，左右河滩桥孔长度之比应近似与左右河滩流量之比相当；在次稳定和不稳定河段上，桥孔布设必须考虑河床变形和流量分布变化趋势的影响。桥孔一般不压缩河槽，可适当压缩河滩。

(2)在内河通航的河段上，通航孔布设应符合通航净空要求，并应充分考虑河床演变和不同水位所引起的航道变化。

(3)在设有防洪堤的河段上，桥孔布设应避免扰动现有河堤，与堤防交叉处宜留有防汛抢险通道。

(4)在断层、陷穴、溶洞、滑坡等不良地质地段不宜布设桥墩台。

(5)在冰凌严重河段，桥孔应适当加大，并应增设防冰撞措施。

(6)山区河段的桥孔布设应符合下列规定：

1)峡谷河段宜单孔跨越。桥面设计高程应根据设计洪水位，并结合两岸地形和路线等条件确定。

2)在开阔河段，可适当压缩河滩，河滩路堤宜与洪水主流流向正交，斜交应增设调治工程。

3)山区沿河纵向桥，宜提高线位，将沿河纵向桥设置在山坡坡脚，避开水面或少占水面。

(7)平原河流的桥孔布设应符合下列规定：

1)在顺直微弯河段，桥孔布设应考虑河槽内边滩下移、主槽在河槽内摆动的影响。

2)在弯曲河段，应通过河床演变调查，预测河湾发展和深泓变化，考虑河槽凹岸水流集中冲刷和凸岸淤积等对桥孔及墩台的影响。

3)在滩槽较稳定的分汊河段上，若多年流量分配基本稳定，可考虑布设一河多桥。桥孔布设应预计各岔流流量分配比例的变化，并应设置同流量分配相对应的导流构造物。

4)在宽滩河段，可根据桥位上下游主流趋势及深泓线摆动范围布设桥孔，并可适当压缩河滩，但应考虑壅水对上游的影响，当河汊稳定又不宜导入桥孔时，可考虑修建一河多桥。

5)在游荡河段，不宜过多压缩河床，应结合当地治理规划，辅以调治工程。

(8)山前区河流桥孔布设应符合下列规定：

1)在山前变迁河段应辅以适当的调治构造物的基础上，可较大地压缩河滩。桥轴线应与河岸线或洪水总趋势正交。河滩路堤不宜设置小桥和涵洞。当采用一河多桥方案时，应堵截临近主河槽的支汊。

2)在冲击漫滩河段桥，桥孔宜在河流上游狭窄或下游收缩段跨越。在河床宽阔、水流有明显分支处跨越时，可采用一河多桥方案，并应在各桥之间采用相应的分流和防护措施。桥下净空应考虑河床淤积影响。

单元三 桥面中心标高的确定

桥面中心和引道路堤最低设计高程，是从水力学、水文学角度提出的最低建筑高程界限。桥面设计高程和引道路堤设计高程应综合考虑桥面纵向坡度、排水和两岸路线接线高程等因素后分别确定。

桥面中心线上最低点的标高，称为桥面标高，也称桥面高程。

一、桥面标高的计算

桥面标高的确定应满足泄流、通航、流冰、流木的要求，并考虑桥前壅水高度、波浪高度、水拱高度、河湾水位超高及河床淤积等因素影响，按照《公路工程水文勘测设计规范》(JTG C30—2015)规定计算，其计算公式有以下两类。

1. 非通航河段

(1)按设计水位计算桥面最低高程时，应按下式计算：

$$H_{\min} = H_S + \sum \Delta h + \Delta h_j + \Delta h_0 \tag{8-6}$$

式中 $H_{\min}$——桥面最低高程(m)；

H_S——设计水位(m)；

$\sum \Delta h$——考虑壅水、浪高、波浪壅高、河湾超高、水拱、局部股流壅高(水拱与局部股流壅高只取其大者)、床面淤高、漂流物高度等诸因素的总和(m)；

Δh_j——桥下净空安全值(m)，应符合表8-3的规定；

Δh_0——桥梁上部构造建筑高度(m)，应包括桥面铺装高度。

表 8-3　不通航河流桥下净空安全值 Δh_j

桥梁部位	按设计水位计算的桥下净空安全值/m	按最高流冰水位计算的桥下净空安全值/m
梁底	0.50	0.75
支座垫石顶面	0.25	0.5
拱脚	0.25	0.25

注：1. 无铰拱的拱脚，可被洪水淹没，淹没高度不宜超过拱圈矢高的三分之二；拱顶底面至设计水位的净高不应小于 1 m。
2. 山区河流水位变化大，桥下净空安全值可适当加大。

(2) 按设计最高流冰水位计算桥面最低高程时，应按下式计算：

$$H_{min} = H_{SB} + \Delta h_j + \Delta h_0 \tag{8-7}$$

式中　H_{SB}——设计最高流冰水位(m)，应考虑床面淤高。

(3) 桥面设计高程不应低于式(8-6)和式(8-7)的计算值。

2. 通航河段

通航河段的桥面设计高程除应满足不通航河流的要求外，还应符合下式要求：

$$H_{min} = H_{tn} + H_M + \Delta h_0 \tag{8-8}$$

式中　H_{tn}——设计最高通航水位(m)；
　　　H_M——通航净空高度(m)。详见 8-4 表。

表 8-4　桥下通航净空尺寸 $b=SI_0$

航道等级	驳船等级/t	B	b	h	B	b	h	H_M	图示
Ⅰ	3 000	85	65	8.0	130	100	7.0	18	
Ⅱ	2 000	50	40	6.0	65	50	6.0	10	
Ⅲ	1 000	40	30	6.0	50	40	6.0	10	
Ⅳ	500	35	29	5.0	45	37	4.0	8	
Ⅴ	300	38	31	4.5	75~77	62	3.5	8	
Ⅵ	100	18	14	4.0	25~30	19	3.6	6	
Ⅶ	50	18	14	2.8	25~30	19	2.8	4.5	

注：①本表不包括通航海轮和长江宜宾至海口的干流段；
②桥下净跨是指最低通航水位时墩台间的净距；
③桥下净高从最高通航水位起算。

二、引道路堤最低设计标高

1. 建桥后的水流现象

建桥后的水流现象，上游近桥位处出现最高壅水断面，然后水面呈漏斗状，沿水流方向从最大壅水值处向桥位断面降落，沿桥轴断面方向从泛滥边界向桥孔或呈水平线或呈斜直线逐渐降落。

降落方式与有无导流堤及其形式有关。引道路堤最低设计标高正是按不同的导流堤设置和上游水面降落情况建立公式计算确定的，如图8-1所示。

图8-1　引道路堤横断面

1—路肩线；2—上游设有非封闭式导流堤时的水位线；3—上游无导流堤或有梨形堤时的水位线；
4—建桥前天然设计水位；5—下游水位线；6—桥梁

图中字母释义：

a——这桥前最大壅水高度 Δz；b——为水面坡度高值；

当 $L_a > L'$ 时，$b = SI_0$

当 $L_a < L'$ 时，$b = \dfrac{SI_0 La}{L}$

I_0——桥位河段天然水面比降；

L_a——桥头路堤起点（桥台台尾起算，有时近似则以桥台前缘起算）至同一端岸边的距离；

L'_d——桥梁两端桥台台尾间距离；

L'——桥头路堤起点沿桥轴向至路堤上游侧形成最大壅水处的距离；

$$L' = AS - 0.5 L'_d$$

S——由桥轴线至形成桥前最大壅水处的距离；

$$S = K_S(1-M)B$$

M——天然状态下桥孔范围内通过的流量与设计流量之比；

$$M = Q_{OM}/Q_P$$

B——设计洪水时的水面宽度；

K_S，A——系数；

C——路堤下游水位降低高度 ΔH_X，$\Delta H_X = K_J h_{0d}$；

$\overline{h_{0d}}$——计算端河滩引导路堤范围内当设计水位时的平均水深；

K_J——水位降低系数查；

L_X——路堤计算点距桥尾部（路堤起点）的距离。

2. 引道路堤的最低设计标高计算公式

（1）上游无导流堤或有梨形导流堤。引道路堤上任意点路肩最低设计标高按下列公式计算：

$L_X < L'$（建筑界限为斜直线）　　$H_{\min} = H_P + \Delta Z + L_x \dfrac{SI_0}{L'} + \Delta h_p + 0.5$　　(8-9)

$L_X \geqslant L'$（建筑界限水平直线）　　$H_{\min} = H_P + \Delta Z + SI_0 + \Delta h_p + 0.5$　　(8-10)

（2）上游有非封闭式导流堤。引道路堤上任意点路肩最低设计标高按下列公式计算：

$L_X \geqslant L'$（建筑界限水平直线）　　$H_{\min} = H_P + \Delta Z + SI_0 + \Delta h_p + 0.5$　　(8-11)

$L_X < L'$（建筑界限为斜直线） $\quad H_{\min} = H_P + \Delta Z + L_a \dfrac{SI_0}{L'} + \Delta h_p + 0.5$ \hfill (8-12)

(3)当上游有封闭式导流堤。封闭式导流堤不会被洪水破坏

$$H_{\min} = H_P + \Delta H_X + h_e + 0.5 \tag{8-13}$$

式中　h_e——自静水面算起的破浪侵袭高度；

ΔH_X——路堤下游侧水位较天然水位的降低值。

封闭式导流堤可能被洪水破坏，引道路堤的最低设计标高按式(8-10)和式(8-11)计算。

三、各种壅高值的计算

1. 壅水

(1)桥前壅水 ΔZ 建桥后过水面积减小，水流受挤压形成壅水，其位置有导流堤、无导流堤时不一样：无导流堤时在桥中心上游(0.5~1.0)L；有导流堤时在导流堤上游端部，即

$$\Delta Z = \eta(\overline{v_m^2} - \overline{v_0^2})$$

式中　ΔZ——一般用经验公式；

η——系数；

$\overline{v_m}$——桥下断面平均流速；

$\overline{v_0}$——天然断面平均流速(桥前河流全断面的平均流速)(m/s)。

(2)桥下壅水 $\Delta Z'$。

1)一般情况：$\Delta Z' = \dfrac{1}{2}\Delta Z$。

2)山区丰山区：$\Delta Z' = \Delta Z$。

3)平原河流：$\Delta Z' = 0$，不计。

2. 波浪高度 h_l 和波浪侵袭高度 h_e

(1)波浪高度(桥位处)。首先通过调查确定，调查有困难可按以下公式计算：

$$h_{b1} = \dfrac{2.3 \times 0.13 \operatorname{th}\left[0.7\left(\dfrac{\overline{gh_D}}{\overline{v_w^1}}\right)^{0.7}\right] \operatorname{th}\left\{\dfrac{0.0018\left(\dfrac{gD}{\overline{v_w^2}}\right)^{0.45}}{0.13 \operatorname{th}\left[0.7\left(\dfrac{\overline{gh}}{\overline{v_w^2}}\right)^{0.7}\right]}\right\}}{\dfrac{g}{\overline{v_w^2}}} \tag{8-14}$$

式中　h_{b1}——波浪高度，1%表示累积频率，即连续观测100个波浪高中最大一个；

th——双曲正切函数；

$\overline{h_D}$——波浪程(风向)的平均水深；

$\overline{v_w}$——风速，$\overline{v_w} = \dfrac{\overline{v_{w_0}^{0.8}}}{0.88}$，在水面以上10 m高度处多年洪水期间测得的自记2 min平均最大风速的平均值；

V_{w0}——风速，计算点设计水位以上10 m高度处，在洪水期间测得的自记10 min年平均最大风速的平均值。

风速资料由气象部门搜集，并按规范要求审查和推算，若由气象站测的风速，按式 $v_{w10} = k_h v_{wx}$ 进行控算。

(2)波浪侵袭高度。

$$h_e = k_A k_v h_{b1} R_0 \tag{8-15}$$

式中 h_e——侵袭高度;
k_A——边坡糙流系数,见表 8-5;
k_v——风速系数,见表 8-6;
R_0——相对波浪侵袭高度,见表 8-7。

表 8-5 边坡糙流系数

边坡护面类型	整片光滑透护面（沥青混凝土）	混凝土及浆砌片石护面与光滑土质护坡	干砌片石及植草皮	一、二层抛石加固	抛石组成的建筑物
k_A	1.0	0.9	0.75～0.08	0.6	0.50～0.55

表 8-6 风速系数

风速/(m·s^{-1})	5～10	10～20	20～30	>30
k_v	1.0	1.2	1.4	1.6

表 8-7 相对波浪侵袭高度

边坡系数	1.00	1.25	1.50	1.75	2.00	2.50	3.00
R_0	2.16	2.45	2.52	2.40	2.22	1.82	1.50

3. 其他

(1)由河湾水面横比降引起水位超高 ΔH,即

$$\Delta H = BI = \beta \frac{v^2}{Qg} \quad (按 \Delta H/2 计入)$$

(2)水流局部冲击高度。山区或山前区河流上,当河滩引道路堤轴线与水流流向不平行,或者水流急转弯,在路堤边坡上形成斜水流局部冲击高度;同样在桥台和桥墩前形成局部股流壅高。显然这是水流流速水头 $v_0^2/2g$ 被路堤、桥台、桥墩阻挡转换成压强水头高度所致,水流局部冲击高度与流速水头和迎水面边坡大小有关。水流局部冲击高度可按下式计算:

$$\Delta h = \frac{v_g^2 \sin\beta}{g \sqrt{1+m^2}} \tag{8-16}$$

式中 Δh——水流局部冲击高度(m);
v_g——冲向路堤、墩台的水流或股流平均流速(at/s);
β——水流流向与路堤、墩、台轴线间所成的平面夹角;
m——迎水面边坡系数。

式(8-16)中的 v_g,在桥墩、台和靠近桥台附近引道路堤计算时,可取桥下流速 V_m,在河滩引道路堤计算时,可取设计水位下天然河道河滩范围内的平均流速 v_1 的 0.7 倍。

(3)水拱和河床的淤高。河流涨水时,流速逐渐增加,同一断面的主槽流速比两侧河滩大,主槽水位比河滩水位涨快,从而形成水流中间高、两边低的水拱现象。

在水拱严重的河段上建桥,确定桥面中心最低标高时应考虑水拱影响,水拱高度目前

尚无合适的计算方法，在桥位设计时可通过现场调查确定。

在河床逐年淤积抬高的河流上，桥下净高应考虑河床淤高而适当加大，河床淤高值的计算，可通过水文站多年实测断面资料推算。

计算水位（设计水位），即

$$H_J = H_S + \sum \Delta h \tag{8-17}$$

式中　H_S——设计水位；

　　　$\sum \Delta h$——桥位处可能出现的各种水面升高值之和。

四、调治构造物

调治构造物的作用是调节水流、整治河道，使通过桥孔的水流均匀流畅，防止桥位附近河床和河岸产生不利变形，以确保附近农田免遭水害，确保桥梁墩台和桥头引道的正常运用。合理布设调治构造物，是桥位勘测设计中的重要部分，它与桥孔设计有着相辅相成的作用。

调治构造物按其对水流的作用，可分为以下三类。

1. 导流构造物

导流构造物主要有导流堤、梨形堤、锥坡体等。其作用是导引水流平顺通过桥孔，提高桥孔泄洪能力，减少对桥下河床的集中冲刷，减缓冲刷进程，减少对墩台的冲刷威胁。无导流堤时，被桥头路堤阻断的河滩水流将斜向流入桥孔，可引起桥台附近的严重冲刷；设置导流堤后，桥下河床的冲刷分布趋于均匀，并扩散到桥梁上下游的较大范围，减缓了冲刷进程。

导流堤的组成包括上游坝、下游坝两部分，上游坝的端部称为坝端；导流堤与桥梁连接处，称为坝根。导流堤的平面形状有曲线形和直线形，曲线形导流堤还可有梨形堤及长堤。

曲线形导流堤的合理平面形状，应能引导被阻断的河滩水流垂直地流入桥孔，并使桥下断面中沿宽度方向的流量分布较均匀，使桥下河床的冲刷比较均匀，并使导流堤附近的冲刷也较缓和。一般认为：上游坝的形状，其近坝端处曲率应大，近坝根处曲率应小，曲率变化近似于椭圆曲线；下游坝的形状可接近于直线，其轴线与水流方向的交角以小于$5°\sim 6°$为宜，相当于水流压缩后的扩散角；曲线形上游坝与直线形下游坝之间可用圆弧段连接。在实际工作中，导流堤的平面形状常采用不同半径的圆弧段和直线段组成。

导流堤附近的河床冲刷，除考虑河床自然演变冲刷外，还应计算导流堤端部的局部冲刷。在充分调查类似河段上既有导流堤冲刷深度的同时，可结合计算结果综合考虑确定。

2. 挑流构造物

挑流构造物有各种形式的丁坝、挑水坝等。其作用是将水流挑离桥头引道或河岸，束水归槽，形成新的整治岸线，改善水流条件，保护路基及河岸。

丁坝常设置于桥头引道的一侧或河岸边上，其作用在于将水流挑离桥头引道或河岸，束水归槽，并使泥砂在丁坝后部淤积，形成新的水边线（导治线），以达到改变水流流向，改善流动条件，保护路基或河岸的目的。其类型有非淹没式和淹没式两种。

3. 底流调治构造物

底流调治构造物主要有拦沙横坝、挑坎、顺水坝和潜坝（坝顶略高于床面或与床面齐平）等。其作用是拦沙、导流、护岸。

以上各类调治构造物既可单独设置，也可联合应用。在滩地上，还可采用植树造林等生物措施配合调治或替代调治构造物。

调治构造物基础埋置深度安全值 K 可按以下情况参考选用：当调治构造物位于河槽内，对于稳定河段，K 取 1 m；对于河床土质为细颗粒的次稳定和不稳定河段，K 取 1～2 m；对于位于河滩内的调治构造物，K 取 0.5 m。

小 结

本模块将大中桥桥位勘测设计内容分四部分阐释，从桥位的选择到桥位的调查，从桥孔长度的计算公式到如何进行桥孔的布设；从桥面中心标高的确定到基础最浅埋置深度的确定，环环相扣，每一部分都很重要，每一部分都必不可少。

复习思考题

1. 大中桥桥位勘测设计的主要内容和任务包括哪些？
2. 桥位调查的主要内容有哪些？应该必备的有哪几个图件？
3. 什么是桥孔长度、桥长和桥孔净长？
4. 简述桥孔应该怎么布设？
5. 简要说明桥位选择的基本要求。
6. 简要说明桥孔布置原则。
7. 简要说明大中桥勘测设计应提供哪些成果资料。
8. 简要说明曲线形导流堤与直线形导流堤作用。
9. 分别说明曲线形导流堤与直线形导流堤的合理布设位置。
10. 说明下列概念。
(1)大、中桥与小桥涵。
(2)桥位及桥位勘测。
(3)桥孔长度与桥孔净长。
(4)净跨与标准跨径。
(5)桥面标高。
(6)设计水位。
(7)天然流速与容许不冲刷流速。
(8)冲刷系数。
11. 简要说明桥位勘测的基本内容。
12. 简要说明大中桥桥位测量的内容。
13. 已知桥位上游 1 km 内为河湾，风速为 12 m/s，沿浪程方向的平均水深为 7 m，平均泛滥宽度为 130 m，引道边坡系数 $m=1.5$，护坡采用两层抛石加固。试求路堤的波浪侵袭高度。
14. 已知设计流量 $Q_P=3\,500$ m³/s，相应设计水位时的河槽流量 $Q_c=3\,190$ m³/s，河槽平均流速 $v_c=3.10$ m/s，桥位全断面的平均流速 $v_0=2.60$ m/s，设计水位时的总过水面积

$A=1\,340\,m^2$,桥墩的墩中间距$L_0=35\,m$,墩宽$d=1.4\,m$(简支梁桥),跨越河道为平原区河段,土壤密实。求桥前最大壅水高度及桥下最大壅水高度。

15. 某山前区河流上拟建一座中等桥渡,不通航。已知设计水位$H_p=63.5\,m$,波浪高度$h_L=0.3\,m$,桥前最大壅水高度$\Delta Z=0.2\,m$,上部结构高度$\Delta h_D=1.1\,m$,为简支梁桥,不计水拱现象及河床泥砂淤积影响。求桥面标高。

16. 某河桥渡有通航要求,通航驳船吨级为$2\,000\,t$,设计最高通航水位$H_{tn}=68.3\,m$,上部结构高度$\Delta h_D=1.5\,m$。求桥面标高。

附:《公路桥涵设计通用规范》(JTG D60—2015)摘录

1 总则

1.0.1 为规范公路桥涵设计,按照安全、耐久、适用、环保、经济和美观的原则,制定本规范。

1.0.2 本规范适用于新建和改建各等级公路桥涵的设计。

1.0.3 公路桥涵结构的设计基准期为100年。

1.0.4 公路桥涵主体结构和可更换部件的设计使用年限不应低于表1.0.4的规定。

表1.0.4 桥涵设计使用年限(年)

公路等级	主体结构			可更换部件	
	特大桥 大桥	中桥	小桥 涵洞	斜拉索 吊索 系杆等	栏杆 伸缩缝 支座等
高速公路 一级公路	100	100	50	20	15
二级公路 三级公路	100	50	30		
四级公路	100	50	30		

1.0.5 特大、大、中、小桥及涵洞按单孔跨径或多孔跨径总长分类规定见表1.0.5。

表1.0.5 桥梁涵洞分类

桥涵分类	多孔跨径总长L/m	单孔跨径总长L_K/m
特大桥	$L>1\,000$	$L_K>150$
大桥	$100\leqslant L\leqslant 1\,000$	$40\leqslant L_K\leqslant 150$
中桥	$30<L<100$	$20\leqslant L_K<40$
小桥	$8\leqslant L\leqslant 30$	$5\leqslant L_K<20$
涵洞	—	$L_K<5$

注:1. 单孔跨径是指标准跨径。
2. 梁式桥、板式桥的多孔跨径总长为多孔标准跨径的总长;拱式桥为两端桥台内起拱线间的距离;其他形式桥梁为桥面系行车道长度。
3. 管涵及箱涵不论管径或跨径大小、孔数多少,均称为涵洞。
4. 标准跨径:梁式桥、板式桥以两桥墩中线间距离或桥墩中线与台背前缘间距为准;拱式桥和涵洞以净跨径为准。

1.0.6 公路桥涵应进行抗风、抗震、抗撞等减灾防灾设计。

1.0.7 公路桥涵设计应满足环境保护和资源节约的有关要求。

1.0.8 公路桥涵设计除应符合本规范的规定外，尚应符合国家和行业现行有关标准的规定。

3 设计要求

3.1 一般规定

3.1.1 公路桥涵应根据公路功能和技术等级，考虑因地制宜、就地取材、便于施工和养护等因素进行总体设计，在设计使用年限内应满足规定的正常交通荷载通行的需要。

3.1.2 公路桥涵线形设计应符合下列规定：

1 中小桥涵线形设计应符合路线设计的总体要求。

2 特大、大桥线形设计应综合考虑路线总体走向、桥区地质、地形、安全通行、通航、已有建筑设施、环境敏感区等因素。

3 特大、大桥宜采用较高的平曲线指标，纵断面不宜设计成平坡或凹曲线。

3.1.3 公路桥涵结构应按承载能力极限状态和正常使用极限状态进行设计。

3.1.4 公路桥涵应根据不同种类的作用及其对桥涵的影响、桥涵所处的环境条件，考虑以下四种设计状况，进行极限状态设计：

1 持久状况应进行承载能力极限状态和正常使用极限状态设计。

2 短暂状况应作承载能力极限状态设计，可根据需要进行正常使用极限状态设计。

3 偶然状况应作承载能力极限状态设计。

4 地震状况应作承载能力极限状态设计。

3.1.5 公路桥梁钢结构部分应根据需要进行抗疲劳设计。

3.1.6 公路桥梁应按相关规定进行设计阶段风险评估。

3.1.7 公路桥涵应按照设计使用年限和环境条件进行耐久性设计。

3.1.8 公路桥涵应考虑养护需要，按照可到达、可检查、可维修和可更换的要求进行设计。

3.1.9 公路桥涵应与自然环境和景观相协调；特殊大桥宜进行景观设计。

3.2 桥涵布置

3.2.1 桥梁应根据公路功能、等级、通行能力及抗洪防灾要求，结合水文、地质、通航、环境等条件进行综合设计，并应符合下列规定：

1 特大、大桥桥位宜选择河道顺直稳定、河床地质良好、河槽能通过大部分设计流量的河段。桥位应避开断层、岩溶、滑坡、泥石流等不良地质的河段，不宜选择在河汊、沙洲、古河道、急弯、汇合口、港口作业区及易形成流冰、流木阻塞的河段。

2 高速公路、一级公路上的桥梁宜设计为上、下行分离的独立桥梁。

3.2.2 当桥址处有两个及两个以上的稳定河槽，或滩地流量占设计流量比例较大，且水流不易引入同一座桥时，可在各河槽、滩地、河汊上分别设桥，不宜用长大导流堤强行集中水流。平坦、草原、漫流地区，可按分片泄洪布置桥涵。天然河道不宜改移或裁弯取直。

3.2.3 桥梁纵轴线宜与洪水主流流向正交。对通航河流上的桥梁，其墩台沿水流方向的轴线应与最高通航水位时的主流方向一致。当斜交不能避免时，交角不宜大于5°；当交角大于5°且斜桥正做时，墩（台）边缘净距宜按式（3.2.3）计算，其计算简图如图3.2.3

所示。

图 3.2.3　墩(台)边缘净距计算简图

$$l_a = \frac{l + b\sin\alpha}{\cos\alpha} \quad (3.2.3)$$

式中　l_a——相应于计算水位的墩(台)边缘之间的净距(m);
　　　l——通航要求的有效跨径(m);
　　　b——墩(台)的长度(m);
　　　α——垂直于水流方向与桥纵轴线间的交角(°)。

3.2.4　桥涵水文、水力的计算应符合现行《公路工程地质勘察规范》(JTG C20—2011)和《公路工程水文勘测设计规范》(JTG C30—2015)的规定。

3.2.5　通航海轮的桥梁布置应满足《海轮航道通航标准》(JTS180—3—2018)的规定。通航内河桥梁的布置应满足现行《内河通航标准》(GB 50139—2014)的规定，并应充分考虑河床演变和不同通航水位航迹线的变化。

3.2.6　位于通航水域中的桥梁宜减少在通航水域中设置桥墩，并宜设置于浅水区。可能遭受船舶或漂流物撞击的桥墩，应考虑船舶或漂流物的撞击作用，并应设置警示标志和必要的防撞设施。

3.2.7　桥梁跨越有中央分隔带的多车道公路时，不宜在中央分隔带内设置桥墩。需要设置桥墩时，桥墩结构应考虑汽车的撞击作用，并应在桥墩附近设置必要的防撞设施及警示标志、标线。

跨线桥的桥墩设置在桥下公路的路侧时，不得侵入公路建筑限界。桥墩宜设置在公路路侧净区以外；不能满足时，应设置桥下公路路侧护栏和桥墩保护设施。

3.2.8　为保证桥位附近水流顺畅，河槽、河岸不发生严重变形，必要时可在桥梁上、下游修建调治构造物，并应符合下列规定：

1　调治构造物的形式及其布置应根据河流性质、地形、地质、河滩水流情况以及通航要求、桥头引道、水利设施等因素综合考虑确定。

2　非淹没式调治构造物的顶面，应高出桥涵设计洪水频率的水位至少0.25 m，必要时尚应考虑壅水高、波浪爬高、斜水流局部冲高、河床淤积等影响。

3 允许淹没的调治构造物的顶面应高出常水位。

4 单边河滩流量不超过总流量的15%或双边河滩流量不超过25%时，可不设导流堤。

3.2.9 公路桥涵的设计洪水频率应符合表3.2.9的规定，并应符合下列规定：

1 二级公路上的特大桥及三、四级公路上的大桥，在河床比降大、易于冲刷的情况下，宜提高一级洪水频率验算基础冲刷深度。

2 沿河纵向高架桥和桥头引道的设计洪水频率应符合现行《公路工程技术标准》(JTG B01—2014)中路基设计洪水频率的有关规定。

3 对由多孔中小跨径桥梁组成的特大桥，其设计洪水频率可采用大桥标准。

4 三、四级公路，在交通容许有限度的中断时，可修建漫水桥和过水路面。漫水桥和过水路面的设计洪水频率，应根据容许阻断交通的时间长短和对上下游农田、城镇、村庄的影响以及泥砂淤塞桥孔、上游河床的淤高等因素确定。

表3.2.9 桥涵设计洪水频率

公路等级	设计洪水频率				
	特大桥	大桥	中桥	小桥	涵洞及小型排水构造物
高速公路	1/300	1/100	1/100	1/100	1/100
一级公路	1/100	1/100	1/100	1/100	1/100
二级公路	1/300	1/100	1/100	1/50	1/50
三级公路	1/100	1/50	1/50	1/25	1/25
四级公路	1/100	1/50	1/50	1/25	不作频率

3.3 桥涵孔径

3.3.1 桥涵孔径的设计必须保证设计洪水以内的各级洪水及流冰、泥石流、漂流物等安全通过，并应考虑壅水、冲刷对上下游的影响，确保桥涵附近路堤的稳定。

桥涵孔径的设计应考虑桥位上下游已建或拟建桥涵和水工建筑物的状况及其对河床演变的影响。

桥涵孔径设计尚应注意河床地形，不宜过分压缩河道、改变水流的天然状态。

3.3.2 小桥、涵洞的孔径，应根据设计洪水流量、河床地质、河床和锥坡加固形式等条件确定，并应符合下列规定：

1 当缺少水文资料时，可根据现场调查的多年洪水痕迹、泛滥范围和既有桥涵验算小桥、涵洞的孔径。

2 当小桥、涵洞的上游条件许可积水时，依暴雨径流计算的流量可考虑减少，但减少的流量不宜大于总流量的1/4。

3.3.3 特大、大、中桥的孔径布置应按设计洪水流量和桥位河段的特性进行设计计算，并对孔径大小、结构形式、墩台基础埋置深度、桥头引道及调治构造物的布置等进行综合比较。

3.3.4 计算桥下冲刷时，应考虑桥孔压缩后设计洪水过水断面所产生的桥下一般冲刷、墩台阻水引起的局部冲刷、河床自然演变冲刷以及调治构造物和桥位其他冲刷因素的影响。

3.3.5 桥梁全长应按下列规定计算：

  1 有桥台的桥梁为两岸桥台侧墙或八字墙尾端间的距离。
  2 无桥台的桥梁为桥面系长度。
  3.3.6 桥涵跨径在50 m及以下时，宜采用标准化跨径。采用标准化跨径的桥涵宜采用装配式结构及机械化、工厂化施工。桥涵标准化跨径规定如下：0.75 m、1.0 m、1.25 m、1.5 m、2.0 m、2.5 m、3.0 m、4.0 m、5.0 m、6.0 m、8.0 m、10 m、13 m、16 m、20 m、25 m、30 m、35 m、40 m、45 m、50 m。

3.4 桥涵净空

  3.4.1 桥涵净空应符合现行《公路工程技术标准》(JTG B01—2014)中的公路建筑限界规定，并应符合下列规定：
  1 确定桥面净宽时，应首先考虑与桥梁相连的公路路段的路基宽度，保持桥面净宽与路基宽度相同。
  2 多车道公路上的特大桥为整体式上部结构时，中央分隔带宽度应根据所采用的护栏形式确定，路肩宽度经论证后可采用现行《公路工程技术标准》(JTG B01—2014)有关规定的"最小值"。
  3 高速公路和作为干线功能的一级公路上特大桥的右侧路肩宽度小于2.50 m且桥长超过1 000 m时，宜设置紧急停车带和过渡段，紧急停车带宽度包括路肩在内应为3.50 m，有效长度不应小于40 m，间距不宜大于500 m。
  4 桥上设置的各种安全设施及标志等不得侵入桥涵净空限界。
  3.4.2 桥面人行道、自行车道和拦护设施的布置应符合下列规定：
  1 高速公路上的桥梁不宜设人行道。一、二、三、四级公路上桥梁的桥上人行道和自行车道的设置，应根据需要而定，并应与前后路线布置协调。人行道、自行车道与行车道之间，应设护栏或路缘石等分隔设施。一个自行车道的宽度应为1.0 m；当单独设置自行车道时，不宜小于两个自行车道的宽度。人行道的宽度宜为1.0 m；大于1.0 m时，按0.5 m的级差增加。漫水桥和过水路面可不设人行道。
  2 通行拖拉机或畜力车为主的慢行道，其宽度应根据当地行驶拖拉机或畜力车车型及交通量而定；当沿桥梁一侧设置时，不应小于双向行驶要求的宽度。
  3 桥梁护栏设置应符合现行《公路交通安全设施设计规范》(JTG D81—2017)的相关规定。
  4 路缘石高度可取用0.25～0.35 m。当跨越急流、大河、深谷、重要道路、铁路、主要航道，或桥面常有积雪、结冰时，其路缘石高度宜取用较大值。
  3.4.3 桥下净空应根据计算水位(设计水位计入壅水、浪高等)或最高流冰水位加安全高度确定，并应符合下列规定：
  1 当河流有形成流冰阻塞的危险或有漂浮物通过时，应按实际调查的数据，在计算水位的基础上，结合当地具体情况酌留一定富余量，作为确定桥下净空的依据。对于有淤积的河流，桥下净空应适当增加。
  2 通航或流放木筏的河流，桥下净空应符合通航标准或流放木筏的要求。有国防要求和其他特殊要求(如石油钻探船只)的航道，其通航标准应与有关部门具体研究确定。
  3 在不通航或无流放木筏河流上及通航河流的不通航桥孔内，桥下净空不应小于表3.4.3的规定。

表 3.4.3　非通航河流桥下最小净空

桥梁的部位		高出计算水位/m	高出最高流水面/m
梁底	洪水期无大漂流物	0.50	0.75
	洪水期有大漂流物	1.50	—
	有泥石流	1.00	—
支承垫石顶面		0.25	0.50
有铰拱拱脚		0.25	0.25

4　无铰拱的拱脚允许被设计洪水淹没，但不宜超过拱圈高度的 2/3，且拱顶底面至计算水位的净高不得小于 1.0 m。

5　在不通航和无流筏的水库区域内，梁底面或无铰拱拱顶底面离开水面的高度不应小于计算浪高的 0.75 倍加上 0.25 m。

3.4.4　涵洞宜设计为无压力式的。无压力式涵洞内顶点至洞内设计洪水频率标准水位的净高应符合表 3.4.4 的规定。

表 3.4.4　无压力式涵洞内顶点至最高流水面的净高

涵洞进口净高(或内径)h/m	管涵	拱涵	矩形涵
$h \leqslant 3$	$\geqslant h/3$	$\geqslant h/4$	$\geqslant h/6$
$h > 3$	$\geqslant 0.75$ m	$\geqslant 0.75$ m	$\geqslant 0.5$ m

3.4.5　立体交叉跨线桥桥下净空应符合下列规定：

1　公路与公路立体交叉的跨线桥桥下净空及布孔除应符合本规范第 3.4.1 条桥涵净空的规定外，尚应满足桥下公路的视距和前方信息识别的要求，其结构形式应与周围环境相协调。

2　铁路从公路上跨越通过时，其跨线桥桥下净空及布孔除应符合本规范第 3.4.1 条桥涵净空的规定外，尚应满足桥下公路的视距和前方信息识别的要求。

3　农村道路与公路立体交叉的跨线桥桥下净空为：

1)当农村道路从公路上面跨越时，跨线桥桥下净空应符合本规范第 3.4.1 条建筑限界的规定；

2)当农村道路从公路下面穿过时，其净空可根据当地通行的车辆和交叉情况而定，人行通道的净高应大于或等于 2.2 m，净宽应大于或等于 4.0 m；

3)畜力车及拖拉机通道的净高应大于或等于 2.7 m，净宽应大于或等于 4.0 m；

4)农用汽车通道的净高应大于或等于 3.2 m，净宽应根据交通量和通行农业机械的类型选用，且应大于或等于 4.0 m；

5)汽车通道的净高应大于或等于 3.5 m，净宽应大于或等于 6.0 m。

3.4.6　车行天桥桥面净宽按交通量和通行农业机械类型可选用 4.5 m 或 7.0 m，其汽车荷载应符合本规范第 4.3.1 条有关四级公路汽车荷载的规定。人行天桥桥面净宽应大于或等于 3.0 m，其人群荷载应符合本规范第 4.3.6 条的规定。

3.4.7　管线设施的布置应符合下列规定：

1　电信线、电力线、电缆、管道等的设置不得侵入公路桥涵净空限界，不得妨害桥涵交通安全，并不得损害桥涵的构造和设施。

2 严禁易燃、易爆、高压等管线设施利用或通过公路桥梁。天然气输送管道离开特大、大、中桥的安全距离不应小于100 m，离开小桥的安全距离不应小于50 m。

3 高压线跨河塔架的轴线与桥梁的最小间距，不得小于一倍塔高。高压线与公路桥涵的交叉应符合现行《公路路线设计规范》(JTG D20—2017)的规定。

3.5 桥上线形及桥头引道

3.5.1 桥梁纵坡设计应符合下列规定：

1 桥上纵坡不宜大于4%，桥头引道纵坡不宜大于5%；桥头两端引道的线形应与桥梁的线形相匹配。

2 位于城镇混合交通繁忙处的桥梁，桥上纵坡及桥头引道纵坡均不得大于3%。

3 对易结冰、积雪的桥梁，桥上纵坡不宜大于3%。

3.5.2 在洪水泛滥区域以内，特大、大、中桥桥头引道的路肩高程应高出桥梁设计洪水频率的水位加壅水高、波浪爬高、河弯超高、河床淤积等影响0.5 m以上；小桥涵引道的路肩高程宜高出桥涵前壅水水位(不计浪高)0.5 m以上；压力式或半压力式涵洞的路肩高程宜高出涵前壅水水位1.0 m以上。

3.5.3 桥头锥体及引道应符合下列规定：

1 桥头锥体及桥台台后5~10 m长度内的引道，可用砂性土等材料填筑。在非严寒地区，当无透水性土时，可就地取土经处理后填筑。

2 锥坡与桥台两侧正交线的坡度，当有铺砌时，路肩边缘下的第一个8 m高度内不宜陡于1：1；在8~12 m高度内不宜陡于1：1.25；高于12 m的路基，其12 m以下的边坡坡度应由计算确定，但不应陡于1：1.5，变坡处台前宜设宽0.5~2.0 m的锥坡平台；不受洪水冲刷的锥坡可采用不陡于1：1.25的坡度；经常受水淹没部分的边坡坡度不应陡于1：2。

3 埋置式桥台和钢筋混凝土灌注桩式或排架桩式桥台，其锥坡坡度不应陡于1：1.5；对不受洪水冲刷的锥坡，加强防护时可采用不陡于1：1.25的坡度。

4 洪水泛滥范围以内的锥坡和引道的边坡坡面，应根据设计流速设置铺砌层。铺砌层的高度应为：特大、大、中桥应高出计算水位0.5 m以上；小桥涵应高出设计水位加壅水水位(不计浪高)0.25 m以上；当有逆风、冰冻或漂流物等影响时，应适当提高。

3.5.4 桥台侧墙后端和悬臂梁桥的悬臂端深入桥头锥坡顶点以内的长度，均不应小于0.75 m(按路基和锥坡沉实后计)。

3.5.5 高速公路、一级公路、二级公路和三级公路的桥头宜设置搭板，搭板设置应符合下列规定：

1 搭板长度不宜小于5 m；桥台高度不小于5 m时，搭板长度不宜小于8 m。

2 搭板宽度宜与桥台侧墙内缘相齐，并用柔性材料隔离，最小宽度不应小于行车道宽度。

3 搭板厚度不宜小于0.25 m；长度不小于6 m的搭板，其厚度不宜小于0.30 m。

3.6 构造要求

3.6.1 桥涵结构应符合下列规定：

1 桥涵结构在制造、运输、安装和使用过程中，应具有规定的强度、刚度、稳定性和耐久性。

2 桥涵结构构造应使其附加应力、局部应力尽量减小。

3 桥涵结构形式和构造应便于制造、施工和养护。

4 桥涵结构物所用材料的品质及其技术性能应符合相关现行标准的规定。

3.6.2 桥涵的上、下部构造应视需要设置变形缝或伸缩缝，并配置适用的伸缩装置。高速公路、一级公路上的多孔梁(板)桥宜分联采用结构连续，也可分联采用桥面连续。

3.6.3 小桥涵可在进、出口和桥涵所在范围内整治和加固河床，必要时应在进、出口处设置减冲、防冲设施。

3.6.4 漫水桥应尽量减小桥面和桥墩的阻水面积，其上部构造与墩台的连接必须可靠，并应采取必要的措施使基础不被冲毁。

3.6.5 桥涵应有必要的通风、排水和防护措施及维修工作空间。

3.6.6 设置护栏的桥梁，桥梁护栏与桥面板应进行可靠连接。根据护栏形式，可采用直接埋入式、地脚螺栓和预埋钢筋的连接方式。

3.6.7 设置栏杆的桥梁，其栏杆的设计，除应满足受力要求外，尚应注意美观，栏杆高度不应小于1.1 m。

3.6.8 桥梁支座设计应满足下列要求：

1 桥梁支座可按其跨径、结构形式、反力值、支承处的位移及转角变形值选取不同的支座。桥梁可选用板式橡胶支座或四氟滑板橡胶支座、盆式橡胶支座和球型钢支座。不宜采用带球冠的板式橡胶支座或坡形板式橡胶支座。

2 桥梁纵桥向单个支承点宜设置一排竖向支座；横桥向竖向支座的设置应考虑支座脱空的影响。

3 支座上、下传力面应保持水平。

4 桥梁墩台应预留安装、维护、更换支座的工作空间和操作安全防护设施。

3.6.9 桥面伸缩装置应保证能自由伸缩，并应满足承载和变形要求，使车辆平稳通过。伸缩装置应具有良好的密水性和排水性，并易于检查和养护。

3.7 桥面铺装、防水和排水

3.7.1 桥面铺装应符合下列规定：

1 桥面铺装宜与公路路面相协调。

2 桥面铺装应有完善的桥面防水、排水系统。

3 桥面铺装应与桥梁的上部结构综合考虑、协调设计。

4 高速公路和一级公路上特大桥、大桥的桥面铺装宜采用沥青混凝土桥面铺装。

3.7.2 桥面铺装应设防水层。圬工桥台背面及拱桥拱圈与填料间应设置防水层，并设盲沟排水。

3.7.3 高速公路和一、二级公路上桥梁的沥青混凝土桥面铺装层厚度不宜小于70 mm；二级以下公路桥梁的沥青混凝土桥面铺装层厚度不宜小于50 mm。沥青混凝土桥面铺装尚应符合现行《公路沥青路面设计规范》(JTG D50—2017)的有关规定。

3.7.4 水泥混凝土桥面铺装面层(不含整平层和垫层)的厚度不宜小于80 mm，混凝土强度等级不应低于C40。水泥混凝土桥面铺装层内应配置钢筋网。钢筋直径不应小于8 mm，间距不宜大于100 mm。水泥混凝土桥面铺装尚应符合现行《公路水泥混凝土路面设计规范》(JTG D40—2011)的有关规定。

3.7.5 正交异性板钢桥面沥青混凝土铺装结构应根据桥梁纵面线形、桥梁结构受力状态、桥面系的实际情况、当地气象与环境条件、铺装材料的性能等综合研究选用。

3.7.6 桥面排水、桥台和支挡构造物的排水应满足现行《公路排水设计规范》(JTG/T D33—2012)的有关规定，并应根据需要设置必要的桥面径流汇集引排系统和设施。

3.8 养护及其他附属设施

3.8.1 桥涵应设置维修养护通道。特大、大桥应根据需要设置必要的检查平台、扶梯、内照明、人口井盖、专用检修车等设施；需借助墩顶作为检修平台时，桥墩应根据需要设置安全设施。

3.8.2 特大桥和大桥应设置永久观测点。特大、大、中桥桥墩台旁必要时可设置水尺或标志。

3.8.3 位于桥面上的拉索、吊杆、拱肋等受力构件应设置必要的防撞保护设施。

3.8.4 桥梁应根据相关规范的规定进行防雷设计，设置避雷设施。

3.8.5 特大、大、中桥可根据需要设置防火、照明和导航设备以及养护工房、库房和守卫房等，必要时可设置紧急电话。

3.8.6 技术复杂的大型桥梁工程可根据需要设置必要的结构监测设施。

3.8.7 桥梁在跨越公路和铁路部分应设置防抛网。

模块九　桥梁墩台冲刷

学习目标

1. 掌握冲刷计算的目的；
2. 掌握三种桥梁的冲刷类型。

能力目标

1. 掌握桥下一般冲刷及墩台局部冲刷产生的原因；
2. 能够计算桥下冲刷深度；
3. 提出墩台防止冲刷的初步方案。

学习重点

冲刷计算的目的；桥下一般冲刷；墩台局部冲刷。

本模块主要介绍桥台冲刷类型和桥下一般冲刷、桥墩局部冲刷的计算，以及墩台基底最小埋置深度的确定方法，使学生掌握桥梁墩台冲刷的一般原理及影响因素，学会确定合理墩台基底最小埋置深度的方法。

单元一　概　　述

桥下河床冲刷计算是确定墩台基础最小埋置深度的重要依据。设计桥梁时，为了保证设计洪水能顺畅地通过桥下和桥梁的安全，不仅要有足够的桥孔长度和桥梁高度，还必须使墩台基础有足够的埋置深度。因此，在桥位设计中，必须十分重视桥台的冲刷。计算桥下冲刷线时，应考虑桥孔压缩后的桥下一般冲刷、墩台阻水引起的局部冲刷、河床自然演变冲刷和调治构造物和桥位等其他因素引起的冲刷。

在桥位上下游，由于水情和输沙的变化，河床可发生纵向和横向的冲刷变形。桥梁墩台冲刷一般包括三个部分：河床自然演变冲刷、桥下河床全断面内发生的一般冲刷、桥墩周围水流结构发生急剧变化而引起的河床局部冲刷。事实上，桥梁墩台冲刷是一个综合复杂的冲刷过程。为此，分解为上述独立的三个部分，分别进行计算，然后叠加，并取其不利组合作为墩台的最大冲刷深度，据以确定墩台基础最小埋置深度。

河床自然演变冲刷有四种类型：一是河流发育成长过程中河床纵断面的变形，如河源段的逐年下切、河口段的逐年淤积；二是属于河槽横向移动所引起的变形，如边滩、沙洲的下移、河湾发展移动和裁弯取直等；三是属于河段深泓线摆动引起的冲刷变形；四是在一个水文周期内，河槽随水位、流量变化而发生的周期性变形。由于河床自然演变与每条河流的属性密切相关，上述四类河槽变形原因复杂，目前尚无可靠的计算办法，因此在实际工作中，一般多通过对桥位河段的实际调查研究或观测，推算桥梁使用年限内河床可能上升或下降的幅度，合理加深桥台基础埋置深度或提高桥下净空。

单元二　桥下一般冲刷

河上建桥后，桥下过水断面受压缩减少，桥下流速增大，水流挟沙能力迅速增强，桥下河床全断面内发生的普遍冲刷，称为一般冲刷。随着一般冲刷的发展，桥下过水断面逐渐加大，流速又将逐渐下降，当达到新的输沙平衡状态，或者桥下流速降低到河床质的允许不冲刷流速时，冲刷即行停止，一般冲刷深度至此达到最大。桥下河床在一般冲刷完成后，从设计水位算起的某一垂线水深，称为该垂线处的一般冲刷深度。

一、非黏性土河床一般冲刷

关于桥下断面一般冲刷深度计算，目前尚无成熟理论，主要按经验公式计算，常用的经验公式有 64-1 公式和 64-2 公式。该式为 1964 年全国桥渡冲刷计算学术会议推荐试用。1991 年，《公路桥位勘测设计规范》(JTJ 062—1991)正式将其作为推荐公式。

1. 非黏性土河槽

(1) 64-2 简化式

$$h_p = 1.04 \left(A_d \frac{Q_2}{Q_c} \right)^{0.90} \left[\frac{B_c}{(1-\lambda)\mu B_{cg}} \right]^{0.66} h_{cm} \tag{9-1}$$

$$Q_2 = \frac{Q_c}{Q_c + Q_{t1}} Q_p \tag{9-1a}$$

$$A_d = \left(\frac{\sqrt{B_z}}{H_z} \right)^{0.15} \tag{9-1b}$$

式中　h_p——桥下一般冲刷后的最大水深(m)；

Q_p——设计流量(m^3/s)；

Q_2——桥下河槽部分通过的设计流量(m^3/s)，当河槽能扩宽至全桥时取用 Q_p；

Q_c——天然状态下河槽部分设计流量(m^3/s)；

Q_{t1}——天然状态下桥下河滩部分设计流量(m^3/s)；

B_c——天然状态下河槽宽度(m)；

B_{cg}——桥长范围内河槽宽度(m)，当河槽能扩宽至全桥时取用桥孔总长度；

B_z——造床流量下的河槽宽度(m)，对复式河床可取平滩水位时河槽宽度；

λ——设计水位下，在 B_{cg} 宽度范围内，桥墩阻水总面积与过水面积的比值；

μ——桥墩水流侧向压缩系数，按表 9-1 确定；

h_{cm}——河槽最大水深(m)；

A_d——单宽流量集中系数，山前变迁、游荡、宽滩河段当 $A_d > 1.8$ 时，A_d 值可采用 1.8；

H_z——造床流量下的河槽平均水深(m)，对复式河床可取平滩水位时河槽平均水深。

表 9-1　桥墩水流侧向压缩系数 μ 值表

设计流速 v_p /(m·s^{-1})	单孔净跨径 L_0/m								
	≤10	13	16	20	25	30	35	40	45
<1.0	1.00	1.00	1.00	1.00	1.00	1.00	1.00	1.00	1.00
1.0	0.96	0.97	0.98	0.99	0.99	0.99	0.99	0.99	0.99
1.5	0.96	0.96	0.97	0.97	0.98	0.98	0.98	0.99	0.99
2.0	0.93	0.94	0.95	0.97	0.97	0.98	0.98	0.98	0.98
2.5	0.90	0.93	0.94	0.96	0.96	0.97	0.97	0.97	0.98
3.0	0.89	0.91	0.93	0.95	0.96	0.96	0.97	0.97	0.98
3.5	0.87	0.90	0.92	0.94	0.95	0.96	0.96	0.97	0.97
≥4.0	0.85	0.88	0.91	0.93	0.94	0.95	0.96	0.96	0.97

注：1. 系数 μ 是指桥墩台侧面因漩涡形成滞流区而减少过水面积的折减系数。
　　2. 当单孔跨径 L_0>45 m 时，可按 $M=1-0.375\dfrac{V_s}{L_0}$ 计算。对不等的桥孔，可采用各孔 M 值的平均值。单孔净跨径 L_0>200 m 时，取 $M\approx 1.0$。

(2) 64-1 修正式为

$$h_p=\left[\dfrac{Ad\dfrac{Q_2}{\mu B_{cj}}\left(\dfrac{h_{cm}}{h_{cq}}\right)^{\frac{5}{3}}}{Ed^{\frac{1}{6}}}\right]^{\frac{3}{5}} \tag{9-2}$$

式中　B_{cj}——河槽部分桥孔过水净宽(m)，当桥下河槽能扩宽至全桥时，即为全桥桥孔过水净宽；
　　h_{cq}——桥下河槽平均水深(m)；
　　$\overline{d}$——河槽泥砂平均粒径(mm)；
　　E——与汛期含沙量有关的系数，按表 9-2 选用。

表 9-2　E 值表

含沙量 ρ/(kg·m^{-3})	<1.0	1~10	>10
E	0.46	0.66	0.86

注：含沙量 ρ 采用历年汛期月最大含沙量平均值。

2. 非黏性土河滩

非黏性土河滩一般冲刷，可按下式计算：

$$h_p=\left[\dfrac{\dfrac{Q_1}{\mu B_{tj}}\left(\dfrac{h_{tm}}{h_{tq}}\right)^{\frac{5}{3}}}{v_{H1}}\right]^{\frac{5}{6}}$$

$$Q_1=\dfrac{Q_{t1}}{Q_c+Q_{t1}}Q_P \tag{9-3}$$

式中　Q_1——桥下河滩部分通过的设计流量(m³/s)；
　　h_{tm}——桥下河滩最大水深(m)；
　　h_{tq}——桥下河滩平均水深(m)；
　　B_{tj}——河滩部分桥孔净长(m)；

v_{H1}——河滩水深 1 m 时非黏性土不冲刷流速(m/s)，按表 9-3 选用。

式中其余符号意义同前。

表 9-3 水深 1 m 时非黏性土不冲刷流速

河床泥砂		D/mm	v_{H1}/(m·s^{-1})	河床泥砂		D/mm	v_{H1}/(m·s^{-1})
砂	细	0.05~0.25	0.35~0.32	卵石	小	20~40	1.50~2.00
	中	0.25~0.50	0.32~0.40		中	40~60	2.00~2.30
	粗	0.50~2.00	0.40~0.60		大	60~200	2.30~3.60
圆砾	小	2.00~5.00	0.60~0.90	漂石	小	200~400	3.60~4.70
	中	5.00~10.00	0.90~1.20		中	400~800	4.70~6.00
	大	10~20	1.20~1.50		大	>800	>6.00

二、黏性土河床的一般冲刷

1. 河槽部分

黏性土河床的河槽部分的一般冲刷，可按下式计算：

$$h_p = \left[A_d \frac{\dfrac{Q_2}{\mu B_{cj}} \left(\dfrac{h_{cm}}{h_{cp}}\right)^{\frac{5}{3}}}{0.33\left(\dfrac{1}{I_L}\right)} \right]^{\frac{5}{8}} \tag{9-4}$$

式中 A_d——单宽流量集中系数，取 1.0~1.2；

I_L——冲刷坑范围内黏性土液性指数，适用范围为 0.16~0.19。

式中其他符号意义同前。

2. 河滩部分

$$h_p = \left[A_d \frac{\dfrac{Q_2}{\mu B_{tj}} \left(\dfrac{h_{tm}}{h_{tp}}\right)^{\frac{5}{3}}}{0.33\left(\dfrac{1}{I_L}\right)} \right]^{\frac{6}{7}} \tag{9-5}$$

三、桥台冲刷

桥台是位于桥梁两端与路基相连接，支承上部结构和承受台背土压力的构造物，在没有导流堤时，桥台凸出于洪水中，河滩流量较大时，冲刷十分严重。桥台最大冲刷深度，可参照《公路桥涵设计手册》中有关公式计算，结合桥位河床特征、压缩程度等情况，分析比较后确定。桥台计算前我国尚无成熟的研究成果可供使用，以下仅介绍前苏联的公式。

$$h'_p = p\left[(h_{mc} - h)\frac{h}{h_{mc}} + h \right] \tag{9-6}$$

式中 h'_p——桥台冲刷后水深(m)；

p——冲刷系数，$p = \dfrac{A}{A_j}$ 即桥下需要的过水面积与净过水面积之比；

h——桥台冲刷前水深(m)，通常左右桥台各以前缘计；

h_{mc}——桥下河槽最大水深(m)。

单元三　桥墩局部冲刷

流向桥墩的水流受到桥墩阻挡，桥墩周围的水流结构发生急剧弯曲，在墩侧的床面附近形成斜轴漩涡；一部分水流冲向桥墩前端，上部水流使墩端水面壅高，下部水流遇墩后紧贴墩端向下流动直冲河底，形成指向河底的涡流，挟带可冲泥砂反旋而上，在墩前形成冲刷坑；墩侧由底部漩涡搅起的河底泥砂，可被其上部水流挟带向下游，在墩旁形成冲刷坑，如图 9-1 所示。

图 9-1　桥墩局部冲刷示意图
（a）立面；（b）平面

随着冲刷坑不断加深和扩大，坑底水流流速减小，挟沙能力也随之降低，冲刷作用逐渐减缓，上游进入冲刷坑的泥砂与被水流冲走的泥砂趋于平衡。与此同时，冲刷坑内出现泥砂粗化，增大了坑底的糙度和抗冲能力，直到水流对床沙的冲刷和床沙的抗冲作用达到平衡时，冲刷随之停止，此时局部冲刷坑达到最深。冲刷坑外缘与桥墩前端坑底的最大高差，称为最大局部冲刷深度，常以 h_b 表示。

根据模型试验和观测资料可知，桥墩局部冲刷深度与涌向桥墩的流速 v 有关。当 v 达到一定数值时，桥墩迎水面两侧的泥砂开始被冲走而产生冲刷，此时涌向桥墩的垂线平均流速称墩旁床沙的起冲流速 v'_0。当 $v<v_0$（v_0 表示河床泥砂的起动流速），并继续增大时，冲刷坑逐渐加深和扩大，局部冲刷深度 h_b 与近似呈直线关系增大；当 v 增大到 v_0 时，床面泥砂大量启动，上游来的泥砂有些将滞留在冲刷坑内，因此当 $v>v_0$ 并继续增大时，冲刷坑深度的增长因有泥砂补给而减缓。局部冲刷深度 h_b 与 v 呈曲线关系，如图 9-2 所示。

图 9-2　桥墩局部冲刷深度与行进流速关系曲线
（a）模型试验；（b）某大桥 6 号墩实测

影响桥墩局部冲刷深度的因素很多，除涌向桥墩的流速 v 外，还有桥墩宽度、墩形、水深、床沙粒径等。这些因素与冲刷深度之间关系十分复杂。目前我国研究制定了计算局部冲刷的 65-1 公式和 65-2 公式。工程实践证明，这两公式比较符合我国河流的实际情况，公式结构较为合理，计算数值较为可靠，得到了广泛应用。

一、非黏性土河床桥墩局部冲刷公式

1. 65-2 公式

当 $v \leqslant v_0$ 时，有

$$h_b = K_\xi K_{\eta 2} B_1^{0.6} h_p^{0.15} \left(\frac{v - v_0'}{v_0} \right) \tag{9-7}$$

当 $v > v_0$ 时，有

$$h_b = K_\xi K_{\eta 2} B_1^{0.6} h_p^{0.15} \left(\frac{v - v_0'}{v_0} \right)^{n_2} \tag{9-8}$$

$$K_{\eta 2} = \frac{0.0023}{\overline{d}^{2.2}} + 0.375 \overline{d}^{0.24} \tag{9-8a}$$

$$v_0 = 0.28 (\overline{d} + 0.7)^{0.5} \tag{9-8b}$$

$$v_0' = 0.12 (\overline{d} + 0.5)^{0.55} \tag{9-8c}$$

$$n_2 = \left(\frac{v_0}{v} \right)^{0.23 + 0.19 \lg \overline{d}} \tag{9-8d}$$

式中 h_b——桥墩局部冲刷深度(m)；

K_ξ——墩形系数，可按表 9-4 选用；

B_1——桥墩计算宽度(m)；

$\overline{d}$——河床泥沙平均粒径(mm)；

$K_{\eta 2}$——河床颗粒影响系数；

v——一般冲刷后墩前行近流速(m/s)，可按《公路工程水文勘测设计规范》(JTG C30—2015)的规定计算；

v_0——河床泥沙起动流速(m/s)；

v_0'——墩前泥沙始冲流速(m/s)；

n_2——指数。

式中其他符号意义同前。

2. 65-1 修正式

当 $v \leqslant v_0$ 时，有

$$h_b = K_\xi K_\eta B_1^{0.6} (v - v_0') \tag{9-9}$$

当 $v > v_0$ 时，有

$$h_b = K_\xi K_{\eta 1} B_1^{0.6} (v_0 - v_0') \left(\frac{v - v_0'}{v_0 - v_0'} \right)^{n_1} \tag{9-10}$$

$$v_0 = 0.0246 \left(\frac{h_p}{\overline{d}} \right)^{0.14} \sqrt{332 \overline{d} + \frac{10 + h_p}{\overline{d}^{0.72}}} \tag{9-10a}$$

$$K_{\eta 1} = 0.8 \left(\frac{1}{\overline{d}^{0.45}} + \frac{1}{\overline{d}^{0.15}} \right) \tag{9-10b}$$

$$v'_0 = 0.462 \left(\frac{\bar{d}}{B}\right)_1^{0.06} v_0 \tag{9-10c}$$

$$n_1 = \left(\frac{V_0}{V}\right)^{0.25\bar{d}0.19} \tag{9-10d}$$

式中 $K_{\eta 1}$——河床颗粒影响系数;

n_1——指数;

$\bar{d}$——河床泥砂平均粒径,适用范围为 0.1~500 mm;

h_p——桥下一般冲刷后的最大水深,适用范围为 0.2~30 m/s;

v——一般冲刷后墩前行近流速;适用范围为 0.1~6 m/s;

B_1——桥墩计算宽度,适用范围为 0~11 m。

式中其他符号意义同前

表 9-4 墩形系数表

编号	墩形示意图	墩形系数 K_ξ	桥墩计算宽度 B_1
1		1.00	$B_1 = d$
2		不带联系梁;$K_\xi = 1.00$ 带联系梁: <table><tr><td>α</td><td>0°</td><td>15°</td><td>30°</td><td>45°</td></tr><tr><td>K_ξ</td><td>1.00</td><td>1.05</td><td>1.10</td><td>1.15</td></tr></table>	$B_1 = d$
3		(图:K_ξ 随 α 从 0°~80° 变化曲线,范围 0.90~1.10)	$B_1 = (L-b)\sin\alpha + b$
4		与水流正交时各种迎水角系数 <table><tr><td>θ</td><td>45°</td><td>60°</td><td>75°</td><td>90°</td><td>120°</td></tr><tr><td>K_ξ</td><td>0.70</td><td>0.84</td><td>0.90</td><td>0.95</td><td>1.10</td></tr></table> 迎水角 $\theta = 90°$ 与水流斜交时的系数 K_ξ (图:K_ξ 随 α 从 0°~80° 变化曲线,范围 0.8~1.1)	$B_1 = (L-b)\sin\alpha + b$ (为了简化可按圆端墩计算)

续表

编号	墩形示意图	墩形系数 K_ξ	桥墩计算宽度 B_1
5	(示意图：墩身与沉井平面图，标注 h、h_1、h_2、$Z=h_2$、α、b_1、b_2、L_1、L_2)	K_ξ 曲线图：横轴 α（0°~80°），纵轴 K_ξ（1.0~1.3）	与水流正交 $B_1=\dfrac{b_1h_1+b_2h_2}{h}$ 与水流斜交 $B_1=\dfrac{B'_1h_1+B'_2h_2}{h}$ $B'_1=L_1\sin\alpha+b_1\cos\alpha$ $B'_2=L_2\sin\alpha+b_2\cos\alpha$
6	(示意图：圆端形沉井与墩身平面图，标注 h、h_1、h_2、$Z=h_2$、α、b_1、b_2、L_1、L_2)	$K_\xi=K_{\xi1}K_{\xi2}$ $K_{\xi1}$ 曲线图：横轴 h_2/h（0~1.0），纵轴 $K_{\xi1}$（0.98~1.2） $K_{\xi2}$ 曲线图：横轴 α（0°~80°），纵轴 $K_{\xi2}$（0.8~1.2），分圆端、矩形两条曲线 注：沉井与墩身的 $K_{\xi2}$ 相差较大时，根据 h_1、h_2 的大小，在两线间按比例定点取值	与水流正交时 $B_1=\dfrac{b_1h_1+b_2h_2}{h}$ 与水流斜交时 $B_1=\dfrac{B'_1h_1+B'_2h_2}{h}$ $B'_1=(L_1-b_1)\sin\alpha+b_1$ $B'_2=L_1\sin\alpha+b_2\cos\alpha$
7	(示意图：尖端形沉井与墩身平面图，标注 h、h_1、h_2、$Z=h_2$、α、θ、b_1、b_2、L_1、L_2)	与水流正交时 $K_\xi=K_{\xi1}$ $K_{\xi1}$ 曲线图：横轴 h_2/h（0~1.0），纵轴 $K_{\xi1}$（0.8~1.2），$\theta=120°$、$90°$、$60°$ 三条曲线，其他角度可插补取值 迎水角 $\theta=90°$ 与水流斜交时 $K_\xi=K_{\xi1}K_{\xi2}$ $K_{\xi2}$ 曲线图：横轴 α（0°~80°），纵轴 $K_{\xi2}$（0.8~1.2），分尖端、矩形两条曲线 注：沉井与墩身的 $K_{\xi2}$ 相差较大时，根据 h_1、h_2 的大小，在两线间按比例定点取值	与水流正交时 $B_1=\dfrac{b_1h_1+b_2h_2}{h}$ 与水流斜交时 $B_1=\dfrac{B'_1h_1+B'_2h_2}{h}$ $B'_1=(L_1-b_1)\sin\alpha+b_1$ $B'_2=L_2\sin\alpha+b_2\cos\alpha$

续表

编号	墩形示意图	墩形系数 K_ξ	桥墩计算宽度 B_1
8		采用与水流正交时的墩形系数	与水流正交 $B_1=b$ 与水流斜交 $B_1=(L-b)\sin\alpha+b$
9		$K_\xi=K'_\xi K_{m\phi}$ K'_ξ——单桩形状系数，按编号(1)、(2)、(3)、(5)墩形确定（如多为圆柱，$K'_\xi=1.0$可省略）； $K_{m\phi}$——桩群系数，$K_{m\phi}=1+5\left[\dfrac{(m-1)\phi}{B_m}\right]$； B_m——桩群垂直水流方向的分布宽度； m——桩的排数	$B_1=\phi$
10		按承台桥墩局部刷计算方法： 当承台底面低于一般冲刷线时，按上部实体计算；承台底面高于水面应排架墩计算，承台底面相对高度在 $0 \leqslant h_\phi/h \leqslant 1.0$ 时，冲刷深度 h_b 按下式计算： $h_b=(K'_\xi K_{m\phi} K_{h\phi}\phi^{0.6}+0.85K_{\xi 1}K_{h 2}B_1^{0.6})K_{\eta 1}(v_0-v'_0)\times\left(\dfrac{v-v'_0}{v_0-v'_0}\right)^{n1}$ $K_{h\phi}$——淹没桩体折减系数，$K_{h\phi}=1.0-\dfrac{0.001}{(h_\phi/h+0.1)^3}$； $K_{\xi 1}B_1$——按承台底处于一般冲刷线计算； $K_{\xi 2}$——墩身承台减少系数； $K_{\eta 1}$、v、v_0、v'_0、n_1：见65-1公式； K'_ξ、$K_{m\phi}$见编号(9)	
11		按下式计算局部冲刷深度 h_b： $h_b=k_{cd}h_{by}$ $k_{cd}=0.2+0.4\left(\dfrac{c}{h}\right)^{0.3}\left[1+\left(\dfrac{z}{h_{by}}\right)^{0.6}\right]$ k_{cd}——大直径围堰群桩墩形系数； h_{by}——按编号(1)墩形计算的局部冲刷深度。 适用范围：$0.2\leqslant\dfrac{c}{h}\leqslant 1.0$，$0.2\leqslant\dfrac{z}{h_{by}}\leqslant 1.0$	$B_1=d$

续表

编号	墩形示意图	墩形系数 K_ξ	桥墩计算宽度 B_1
12		按下式计算局部冲刷深度 h_b： $$h_b = k_a k_{zh} h_{by}$$ $$k_{zh} = 1.22 h_{by} k_{h2}\left(1 + \frac{h_\phi}{h}\right) + 1.18\left(\frac{\phi}{B_1}\right)^{0.6}\left(\frac{h_\phi}{h}\right)$$ $$k_a = -0.57 a^2 + 0.57 a + 1$$ h_{by}——按编号(1)墩形的计算的局部冲刷深度； k_{zh}——工字承台大直径基桩组合墩形系数； h_ϕ——桥轴法线与流向的夹角(以弧度计)。 适用范围：$D = 2\phi$ $0.2 < \frac{h_2}{h} < 0.5$，$0 < \frac{h_\phi}{h} < 1.0$ $\alpha = 0 - 0.785$	B_1

二、黏性土河床桥墩的局部冲刷公式

当 $\dfrac{h_p}{B_1} \geqslant 2.5$ 时，有

$$h_b = 0.83 K_\xi B_1^{0.6} I_L^{1.25} v \tag{9-11}$$

当 $\dfrac{h_p}{B_1} < 2.5$ 时，有

$$h_b = 0.55 K_\xi B_1^{0.6} h_p^{0.1} I_L^{1.0} v \tag{9-12}$$

式中 I_L——冲刷坑范围内黏性土液性指数适用范围为 0.16～1.48。

式中其他符号意义同前。

单元四 墩台基底最小埋置深度

从冲刷的角度来看，基础底面应置于最低冲刷线以下，以免因冲刷淘空基底，从而发生墩台倾覆的危险。桥下河槽中桥梁墩台处的最低冲刷线应为桥下全部冲刷完成后的冲刷坑底线，如图 9-3 所示。全部冲刷完成后的最大水深，称为总冲刷深度，用式(9-13)表示，即

$$h_s = h_p + h_b + \Delta h \tag{9-13}$$

式中 h_s——总冲刷深度(m)；

Δh——自然冲刷和其他冲刷深度(m)；

式中其他符号意义同前。

在制定计算一般冲刷的 64-1 公式和 64-2 公式中已包含了部分自然冲刷，用它确定最低冲刷线时，总冲刷深度中的 Δh，还应加河流发育成长性变形深度和其他冲刷深度。

桥梁墩台处河槽的最低冲刷线标高 H_m 为设计水位 H_s 减去总冲刷深度 h_s。H_s 应取河床自然演变冲刷、一般冲刷和局部冲刷的不利组合。最低冲刷线 H_m 确定后，可根据桥位河段的具体情况和《公路桥涵地基与基础设计规范》(JTG D63—2007)的要求，选定基础底

图 9-3 墩台处河槽最低冲刷线

面最小埋置深度，即可确定墩台的基底标高。其计算公式为

$$H_m = H_s - h_s \tag{9-14}$$

$$H_{\min} = H_m - \Delta \tag{9-15}$$

式中　$H_{\min}$——墩台基底最小标高；

　　　H_m——墩台处河槽最低冲刷线标高；

　　　Δ——基础底面最小埋置深度安全值，按表 9-5 取用。

表 9-5　基底埋深安全值

桥梁类别	总冲刷深度/m				
	0	5	10	15	20
大桥、中桥、小桥(不铺砌)	1.5	2.0	2.5	3.0	3.5
特大桥	2.0	2.5	3.0	3.5	4.0

注：1. 总冲刷深度为自河床面算起的河床自然演变冲刷、一般冲刷与局部冲刷深度之和。
　　2. 表列数值为墩台基底埋入总冲刷深度以下的最小限值；若对设计流量、水位和原始断面资料无把握或不能获得河床演变准确资料时，其值宜适当加大。
　　3. 若桥址上下游有已建桥梁或属旧桥改造，应调查旧桥的特大洪水冲刷情况，新桥墩台基础埋置深度应在旧桥最大冲刷深度上酌加必要的安全值。

确定墩台基础底面标高时，应考虑采用以下几种相应的最低冲刷线标高来确定：

(1)对于稳定性河段，位于河槽部分和河滩部分的墩台，可分别计算冲刷深度，采用各自的最低冲刷线标高。

(2)对于有边滩下移、中泓线摆动的不稳定河段，在其摆动的范围内，应采用相同的最低冲刷采用线标高。

(3)对于稳定的河滩部分，滩地的墩台可采用相同的最低冲刷线标高。

(4)对于河滩不够稳定的河段，若河滩可能被冲成河槽，则河槽和河滩部分的所有墩台均可采用相同的最低冲刷线标高。

小结

桥梁墩台冲刷一般包括三个部分：河床自然演变冲刷、桥下河床全断面内发生的一般冲刷、桥墩周围水流结构发生急剧变化而引起的河床局部冲刷。事实上，桥梁墩台冲刷是一个综合复杂的冲刷过程。为此，分解为上述独立的三个部分，分别进行计算，然后叠加，并取其不利组合作为墩台的最大冲刷深度，据以确定墩台基础最小埋置深度。其中，一般冲刷深度、局部冲刷深度有成型的计算公式，自然演变冲刷深度还需经过调查拟定。

复习思考题

1. 有流量观测资料的大中桥应该怎样确定其设计流量？
2. 如何设计高速公路（或一级路）上的大桥或特大桥？
3. 结合模块八的习题4，在地质条件复杂的情况下，试初步计算你所布设的各墩台的基底最浅埋置深度，计算后在图中标出。

附 《公路工程技术标准》(JTG B01—2014)解读

内容简介

《公路工程技术标准》(JTG B01—2014)（简称"新标准"）已于2014年9月30日正式签发，并于2015年1月1日起施行。《公路工程技术标准》(JTG B01—2003)（简称"03版标准"）自2004年3月1日施行以来，适应了当时和其后一个时期社会、经济发展和公路建设的需要，对指导全国公路工程建设工作发挥了重要作用。

随着我国社会、经济和公路事业的快速发展，全国各地在公路建设方面积累了丰富的经验，形成了许多新的科研成果和新的技术。"新标准"在"03版标准"9章107个条文的基础上，调整为10章135个条文，主要在12个方面进行了修订和完善，以满足今后一个时期我国公路建设和管理的需要。

内容变化

1. 理念转变：公路功能决定技术等级的选用

在确定公路技术等级的诸多考虑因素中，由于交通量是唯一可以明确量化的指标，各地往往都以交通量作为技术等级选用的决定性要素，造成路网等级结构不合理，功能与需要脱节。

"新标准"打破了传统观念，明确公路功能作为确定技术等级和主要技术指标的主要依据。要求在公路建设时，首先要根据项目的地区特点、交通特性、路网结构，分析拟建项目在路网中的地位和作用，明确公路功能及类别；然后以功能为主，结合交通量、地形条件选用技术等级；再以技术等级为主，结合地形条件选用设计速度，并由设计速度控制路线平纵设计；最后，根据公路功能、等级、设计速度，结合交通量、地形条件、通行能力等因素综合考虑选用车道数、横断面各组成部分的尺寸、各类构造物的技术指标或参数、各类设施的配置水平等。这项调整将对路网结构的形成产生深远影响。

2. 显著提升：调整设计车辆和车辆折算系数

大型化是载重车辆发展的方向之一，依据《公路设计车型与车辆折算系数研究》的最新研究成果，"新标准"细化了设计车辆类型，增加了设计车辆总体尺寸。在"03版标准"的基础上，新增大型客车、铰接客车两种车型，车辆类型由三类调增至五类；最大总长铰接列车为18.1 m，较"03版标准"增长4.1 m，最大总宽由2.5 m增至2.55 m。

另外，针对各地普遍反映车辆折算系数偏小的问题，"新标准"将大型车折算系数由2.0增至2.5，新增的汽车列车折算系数为4.0。该项调整将提高公路的经济评价水平，提前最佳投资时机，延迟升级改造时机。

3. 着眼基础：服务水平分级进一步细化优化

公路设计交通量是基于服务水平的基础确定的。"新标准"采用v/C值来衡量拥挤程度，并作为评价服务水平的主要指标，同时采用限速值与自由流速度之差作为次要评价指标。修订后，服务水平由原四级调整为六级，主要变化为：将原二级划分为两个等级，即现二级与三级服务水平；将原四级服务水平上半段和下半段分为两级，即现五级与六级服务水平。"新标准"仍维持技术等级决定设计服务水平，但增加了公路功能因素考虑设计服务水平的调整，总体来讲，功能类别高的公路应该选用较高的服务水平，功能级别低的公路应选用较低的设计服务水平。

4. 千锤百炼：应用运行速度检验与安全评价

运行速度综合考虑了驾驶行为、心理、视觉需求、汽车性能特征、线形几何要素，显著提升路线协调性、一致性和安全性，在欧美发达国家得到广泛应用。我国经过十余年的持续研究和实践应用取得了一系列成果，因此，本次修订明确了路线设计应采用运行速度检验的规定。在安全评价方面，"新标准"规定"二级及二级以上的干线公路应在设计时进行交通安全评价，其他公路在有条件时也可进行交通安全评价"，另外，对特殊困难地段的隧道洞口线形以及纵坡值的确定，都提出了进行交通安全性评价的要求。

5. 摒弃"一刀切"：功能主导横断面组成及指标

本次修订主要按照功能主导原则调整横断面的主要指标值。"新标准"规定：8车道及以上高速公路(含一级公路)，在内侧一、二车道主要通行小型车辆时，其车道宽度可采用3.5 m。对于以通行中、小型客运车辆为主的公路(如机场公路等)可论证采用3.5 m的车道宽度。"新标准"不再规定中央分隔带宽度推荐值，调整为"根据公路项目中央分隔带功能确定"。另外，高速公路和承担干线功能的一级公路其右侧硬路肩宽度一般值为3 m，最小值为1.5 m，主要通行小客车时右侧硬路肩也可采用2.5 m。同时，"新标准"取消了路基总宽度指标值。

6. 给出调整空间：路面设计轴载可根据项目需求确定

路面设计轴载标准关系到建设成本、运营养护和路面使用寿命等重大问题，同时也关系到汽车工业发展方向，因此，该标准的任何调整和变化都十分敏感。从各省调研情况看，部分项目或路段有重载交通的需求，因此，本次修订在综合考虑原有标准的延续性、现行汽车荷载标准、工程建设和路网运营的基础上，补充增加"对于重载交通路段，可采用分向、分道根据实际的轴载谱进行路面结构设计"的导向性规定，给重载路段轴载标准的确定，留出可灵活选择的空间。

7. 适应新政：提高了二级公路汽车荷载标准

在逐步取消政府还贷二级公路收费政策后，部分重载车辆为降低运输成本转向二级公路。另外，由于农村建设和经济发展的需要，四级公路和有些乡村道路作为进村的唯一通道，也有较重的车辆通行。因此，本次修订提高了二级公路和四级公路的荷载标准，修改后二级公路的汽车荷载等级改为公路—Ⅰ级，并取消了"四级公路重型车辆少时，其桥涵设计可采用公路—Ⅱ级车道荷载效应的0.8倍，车辆荷载效应可采用0.7倍"的规定。另外，除车道荷载和车辆荷载外，新标准还提出"对交通组成中重载交通比重较大的公路，宜采用与该公路交通组成相适应的汽车荷载模式进行结构整体和局部验算"的规定。据测算，标准调整后，对于跨径小于50 m的桥梁，造价将增加1%左右。

8. 造价与安全的平衡：调整隧道限界及相关安全规定

隧道建筑限界是关系到行车安全的重要技术要素。本次修订的支撑研究课题"公路隧道建筑限界指标研究"专门展开研究后提出：将时速100 km所对应的左侧侧向宽度由原标准的0.5 m调整为0.75 m；四车道高速公路、一级公路上的短隧道，城市出入口公路的中、短隧道，经技术经济论证后可与路基同宽。

9. 明确设计目标：规定工程设计使用寿命

作为耐久性的总体性指标，设计使用年限是桥涵、隧道的地基基础工程和主体结构工程"合理使用年限"的具体化。本次修订依照以上两个上位标准，并参考铁路、市政、建筑等行业的规定，针对桥涵和隧道的安全和耐久性，给出了主体结构设计使用年限，可保证桥涵与隧道结构的长期稳定，尽量避免频繁的维修、拆除与重建。关于路面类型、路面结构形式选择的原则以及路面结构设计使用年限的规定可以有效提高路面使用年限，满足社会和经济发展的需求。

10. 着眼未来：对改扩建作出原则规定

我国高速公路建设逐步进入改扩建的新阶段，根据标准修订课题"高速公路改扩建技术研究"以及《关于西部沙漠戈壁和草原地区高速公路建设执行技术标准的若干意见》，本次修订按照"保证安全、功能主导、适度灵活，合理利用"的总原则，首次系统地针对公路桥涵、隧道和路基路面改扩建作出了原则规定，以保证行车安全和结构安全为底线，以使用功能和重要性为主导，适度灵活地降低原有工程利用时的标准要求，合理利用原有工程，实现改扩建工程效果与经济性的合理平衡。

11. 因地制宜：给出特殊地区公路建设标准和指标

《公路工程技术标准》

《公路工程技术标准图册》

本次修订，首次提出特殊地区高速公路建设标准和指标的概念，并规定：第一，特殊地区是指戈壁、沙漠、草原和交通末端的小交通量地区，小交通量是指年平均日交通量为1.5万辆以下；第二，特殊地区分离式断面的高速公路"可采用分期分幅修建，先期建成的一幅按双向交通通车时，应按二级公路通车条件进行管理"；第三，西部沙漠、戈壁、草原地区的高速公路分离式断面路段利用现有二级公路改建为一幅时，其设计洪水频率可维持原标准不变，设计时速不应大于80 km，并应设置完善的标志、港湾式紧急停车带等安全设施；第四，"沙漠、戈壁、草原地区硬路肩路面可分期修建"；第五，硬路肩宽度可论证采用"最小值"；第六，提出沿线城镇分布稀疏，水、电等供给困难的高速公路，服务区间距可适当增大；第七，小交通量高速公路的监控设施，可以采用分段监控的模式，实施全线重点监控、动态信息发布和交通诱导。

12. 细节决定成败：调整交通工程及沿线设施配置标准

本次修订取消了原交通工程及沿线设施的等级划分，以公路的功能分类、技术等级和交通量为基础，三大设施各自建立相对独立的规模配置体系；按照公路功能类别提出了安全设施的配置标准,提高了低等级公路的安全保障水平;对服务设施提出了按功能需要配置的规定,总体上提高公路的服务水平和质量;对管理设施提出了与公路功能相适应配置规定,对监控设施根据公路功能划分为四个等级并明确了适用范围,对高速公路根据需求分为全程监控和分段监控两种模式。对收费设施的交通量规划年限、ETC 收费系统的设置、通信管道的容量与使用效率、配电系统的负荷等级、照明设施的设置与技术要求等,做了修订或补充规定。

标准修订是实际工程经验的高度总结,"新标准"与国外代表性国家的标准对比来看,技术指标的确定充分考虑了与我国国情、经济社会发展阶段、土地资源现状和建设条件的适应和协调,整体特点是安全、实用、经济,在国际标准体系中属于技术先进、特色突出的公路工程建设标准。

相关问题
我国公路工程技术标准的规定有哪些

《公路工程技术标准》简称 B01,是纲领性规范,里面的每一项规定都是概括性的。其中,平曲线半径给出的是极限值和一般值的规定。路线平面设计时平曲线半径一般大于此规范中规定的一般值,特殊情况下可以选择极限值,但不能低于极限值,否则就不符合规范要求了。实际上在路线设计指标选取时,参照的是《路线设计规范》(D20),D20 里面对设计指标的规定均是满足 B01 的要求的。

最新公路工程技术标准修改了哪些内容

修订后的《公路工程技术标准》(JTG B01—2014)(以下简称《技术标准》),基本保持了现行《技术标准》的章节编排,但有三处变化,一是将现行《技术标准》中的"一般规定",调整为"控制要素",并收编了公路设计方面的一些控制条文;二是将"路基""路面"两章合并为"路基路面"一章;三是将"沿线设施"更名为"交通工程及沿线设施"。

总则中主要修订的内容是公路分级、各级公路适应交通量、公路等级的选用等。在公路分级方面虽然依然维持原来的高速公路,一、二、三、四级公路的划分标准,但是在修订过程中结合公路的功能、控制能力、服务水平、交通量等内容,对各级公路的描述进行了调整,并对公路适应交通量做了相应的调整。

在公路等级的选用方面,这一次强调综合考虑公路功能、路网规划、综合运输体系及比选论证、相邻路段衔接。这次修订将问题比较突出的二级公路明确定义为双车道公路。并规定,当混合交通量大的时候,二级公路可设置慢车道,同时对路基宽度做出限制,在设置慢车道的时候最宽为 15 m。

"控制要素"中主要对标准车型、车辆折算系数和各级公路的设计速度进行了修改。本次修订将"小客车"作为设计交通量换算的标准车型,并将现行《技术标准》中的三类 11 种车型,合并为小轿车、中型车、大型车、拖挂车四种。

设计速度即现行《技术标准》中的"计算行车速度",本次修订在高速公路表中取消了 60 km/h;一级公路增加了 80 km/h;二级公路调整为 80 km/h、60 km/h;三级公路调整为 40 km/h、30 km/h;四级公路调整为 20 km/h 一档。

另外,新的《技术标准》还对路基压实度、特大桥的划分标准、公路隧道分类等许多内容做了调整。

模块十　小桥涵勘测设计相关知识

学习目标

1. 掌握小桥涵的基本知识、结构类型等；
2. 掌握小桥涵勘测设计的原则和内容。

能力目标

1. 掌握小桥涵位置选择方法和规律和勘测调查；
2. 能够按照安全、经济及美观的目标设计小桥和涵洞；
3. 提出墩台防止冲刷的初步方案。

学习重点

通过基础计算，布置小桥和涵洞。

单元一　小桥涵勘测设计内容

一、小桥涵的界定

小桥涵勘测设计是公路设计中的一项重要工作，山区公路的每条自然沟和平原区公路的每道灌溉渠一般都要设置桥涵；高速公路需要的通道和桥涵数量更多，小桥涵的数量在整个交通工程中的地位很重要，它的布设还与农田水利有着密切的关系。它分布于公路的全线，工程量比重大，投资额高，平原地区一般每千米有 1~3 个，山区为 3~5 道，约占公路总投资的 20%。按《公路工程技术标准》(JTG B01—2014)(简称"新标准")的规定(表 8-1)：多孔跨径 8 m≤L≤30 m，单孔标准跨径 5 m≤L_k<20 m 时，称为小桥；多孔跨径 L<8 m，单孔标准跨径 L_k<5 m 时，称为涵洞；对于圆管及箱涵，无论管径或跨径大小，孔数多少，均称为涵洞。

其中单孔跨径是指涵洞的标准跨径，梁式桥及板式桥涵以两桥、涵墩中线间距离或桥、涵墩中线与台背前缘间距离为准；拱式桥和涵洞以净跨径为准；多孔跨径总长仅作为划分小桥及涵洞的一个指标，梁式桥、板式桥为多孔标准跨径的总长；而拱式桥为两岸桥台内起拱线间的距离，其他形式桥梁为桥面系车道长度。

二、小桥涵类型

(一)小桥的类型

小桥按结构形式来划分,可以分为梁式小桥和拱式小桥。

1. 梁式小桥

按照上部结构有无预应力,梁式桥可以分为普通钢筋混凝土小桥和预应力混凝土小桥;按照桥梁与水流方向是否正交,梁式桥可以分为正交小桥和斜交小桥(图10-1);按照上部结构受力情况又可以分为简支梁(板)小桥(图10-2)、连续梁小桥和刚构(图10-3);按照桥梁的受力体系和下部结构的形式,梁式桥可以分为一般简支梁式小桥和四铰框架式轻型墩台小桥等类型。

图10-1 斜交、正交梁式桥
(a)斜交斜做;(b)斜交正做

图10-2 简支板小桥

图10-3 刚构小桥

2. 拱式小桥

按照拱轴线形式,拱式小桥可以分为圆弧拱小桥和悬链线拱小桥(其中圆弧拱受力状况较差);按建桥所用材料不同,拱式小桥可以分为石拱小桥、混凝土拱小桥、钢筋混凝土拱小桥(图 10-4)等类型；按照拱圈结构来分，拱式小桥可以分为板拱小桥、双曲拱小桥、肋拱小桥、刚架拱小桥、桁架拱小桥等类型；按照行车道与拱圈的相对位置，可分为上承式、中承式和下承式；而按照桥梁在公路轴线上的位置，拱式小桥可以分为直线小桥、曲线桥和直曲线小桥三种形式。

图 10-4　肋拱小桥

(二)涵洞的类型

按照构造形式可以将涵洞分为管涵、箱涵、拱涵和盖板涵四种类型；按照建筑材料可将涵洞分为石涵、混凝土涵、钢筋混凝土涵和其他材料涵(如陶瓷管涵、铸铁管涵、波纹管涵、砖涵、石灰三合土拱涵等)；按照涵洞水力性能可将涵洞分为无压力式涵洞、半压力式涵洞、有压力式涵洞和倒虹吸管四类；按照涵洞洞顶填土情况分类，可将涵洞分为明涵和暗涵两种；按照涵洞与路线的夹角可将涵洞分为正交涵和斜交涵两类(图 10-5)。

图 10-5　斜交涵洞
(a)斜交斜做；(b)斜交正做

三、小桥涵的设计原则

(1)符合安全、经济、适用、美观的统一，适应公路等级标准、任务及未来的发展；
(2)因地制宜，就地取材，便于施工养护；
(3)密切配合当地农田水利，满足农田排灌要求，避免淹田、毁田、破坏排灌系统。

四、小桥涵勘测设计内容

(1)小桥涵位置及类型选择；
(2)水文资料收集整理与分析计算，确定设计流量与设计水位；
(3)水力计算，其中包括以下内容：
1)小桥涵孔径计算；
2)河床加固类型与尺寸计算；
3)桥涵前壅水高度计算；
4)进出口沟床的防护与处理措施。
(4)标准图选用；
(5)工程量计算与设计文件编制。

单元二　小桥涵位置选择与勘测调查

一、择位原则

(1)服从路线走向；
(2)缝沟设桥或涵，如图10-6(a)所示；
(3)适应路线平纵要求并与路基排水系统协调；
(4)小桥轴线应与河沟流向垂直；涵洞轴线应与水流方向一致，使进出口水流平顺畅通；
(5)河段的河床地质良好，河道顺直；
(6)主体及附属工程的全部工程量最小，造价最低。

二、小桥的定位与布设

(1)服从路线走向，但小桥工程量较大，定位时容许对路线作适当调整，并按小桥需要选择跨河桥位。
(2)轴线应与洪水主流方向正交。否则应使墩台轴线与水流方向平行，以减少水流对墩台的冲刷。
(3)桥位应布设在顺直河段。当遇河湾时，应择位于河湾的上游。万一必须在河湾的下游跨河时，桥位应远离河湾，其距离应在1~1.5倍水面宽度范围以外。
(4)桥位应布设在地质良好、承载力大的河段。避免通过淤泥沉积地段。
(5)桥位应布设在河宽小、滩窄而高、岔流少的河段。当必须通过支流汇合口时，应在支流汇合口的下游跨越并远离汇合口。与汇合口的距离一般应在1.5~2.0倍河宽以上，如图10-6(b)所示。
(6)跨越溪沟时，桥位应在大河倒灌水位线的范围以外，如图10-6(c)所示。
(7)桥位布设在两岸地质良好、土石方少的地方，有利于路线的平顺衔接。
(8)对于沿溪路线，应有较好的线形条件。例如，必要时可利用河湾、"S"形河段及采取斜交办法跨河，如图10-6(d)所示。

图 10-6 小桥涵位置图

三、涵洞的定位与布设

(1)涵洞定位应服从路线方向。

(2)设涵位置及辅助措施。

1)平原区涵位。

①设于河沟中心——称为沟心涵。一般与路线方向正交，并使其进口对准上游沟心。

②设于灌渠线上——称灌溉涵洞。保证灌渠水流畅通。

③截弯取直设涵：如图 10-7 所示，当路线经弯曲河沟或多支汊河沟时，可截弯取直改沟设涵或改沟整流设沟，称为沟改涵。

图 10-7 涵洞位置的布设
(a)截弯取直设涵；(b)改沟设涵；(c)设沟整流设涵

2)山岭地区涵位。

①顺沟设涵:山区河沟坡陡流急,洪水迅猛,应顺沟设涵。一般不宜作改沟设涵强求正交。

②路线纵坡成凹形的低处或路线纵坡由陡变缓的变坡点应设涵。

③傍山内侧截水沟及路基排水边沟出口处应设涵,如图10-8(a)所示。

④陡坡急弯处,路线偏角大于90°,平曲线半径小,在弯道起(止)点附近应设涵,如图10-8(b)所示。

图10-8 涵洞所在位置
(a)截水沟出口涵位;(b)陡坡急弯涵位

⑤土质密实,边坡稳定河沟,可改沟设岸坡涵。对原河沟应作片石盲沟排水。岸坡涵可缩短涵洞长度,有利于泄水。

⑥两溪相近(山区两溪相距100 m以内,丘陵区在200 m以内)或汇水面积小于$0.03\sim0.05\ km^2$,纵坡$i<0.3$,水流小,含沙量低的河沟,通过经济比较,可作并沟设涵,但应做好旧河沟堵塞及截水墙和路基的加固工程。另外,也可改沟不设涵。

⑦改涵为明沟:路线跨越丘陵地区的山脊线时,在马鞍形底部可开挖明沟排水不设涵,如图10-9所示。

⑧必须在河湾处设涵时,涵位应设在凹岸一侧,有利于汇集水流。

图10-9 马鞍形底部可开挖明沟不设涵

四、水文勘测与调查

水文勘测的目的是确定设计流量和水位,并确定桥涵孔径提供数据。不同的水文计算方法,可有不同的勘测内容。

(1)暴雨径流法——此法由降水资料推求设计流量及水位。勘测调查的内容如下:

1)汇水面积及主河沟纵坡测量。

2)汇水区的土壤类属、植被情况及地面特征。

3)农田水利情况。
4)地区暴雨参数图表及等值线图。

(2)形态调查法——此法通过现场查勘推求设计流量及水位。勘测调查的内容如下:
1)形态断面选定及测量。
2)洪水调查、洪痕高程、位置及洪水比降测算。
3)河段特征调查及糙率选定。

(3)直接类比法——此法按类比确定设计流量及水位,按已成桥经验确定小桥涵孔径。勘察的内容如下:
1)已有桥结构类型、尺寸,洞口形式与加固方式。
2)所在位置,主河沟长度、汇水面积、平均比降、桥涵前水深、下游河沟的天然水深、设计标准、设计流量与水位、地质地貌等。
3)桥涵孔径、总长、基础类型及埋置深度、承载能力、修建年月及运用情况等。

五、小桥涵位置测量

小桥涵位置测量有现场勘测定位置,确定其中心桩,实地检查初步选择和布设的桥涵位置方案的合理性,为路线的设计标高控制提供依据。

1. 断面测量

小桥和涵洞的布图要求不同,对河沟断流侧面测量的要求也不同。

(1)小桥。
1)施测范围:上游 100～200 m,下游 50～100 m,河岸以上或两侧泛滥线以外 10～20 m。
2)比例尺:1∶50～1∶200。
3)断面图要求:如图 10-10(a)所示,应在桥台范围上、中、下三处施测三个断面,并绘于同一图中;断面图中应标明地面线、中心桩号、测时水位、调查洪水位、设计洪水位、土壤类别、地质探坑及钻孔柱状图等,如图 10-10(b)所示。

图 10-10 涵洞纵断面图

(2)涵洞。涵洞布图一般只需纵剖面图,因此只需在涵洞中心处测一个河沟纵断面。测量范围按涵洞长度或中心填土高度而定,一般取上、下游洞口外 15～20 m。河沟纵剖面施测长度，对于平原区：上游为 200 m，下游为 100 m；对于山区：上游为 100 m，下游为 50 m。

2. 小桥涵址平面图绘制

小桥涵址平面图用于室内设计时回忆和了解桥涵位置情况。一般只绘制平面设计图，其中应标示地形、地貌特征、桥涵位置方向、主要地名、沟名，以及现场拟定的改沟开挖示意线等，如图 10-11 所示。

图 10-11　小桥涵平面图

当地形特别复杂，上、下游改河河道范围大，附属工程较多时，应考虑实测地形图。施测范围：上游为河宽的 4 倍，下游为河宽的 2 倍，满足桥涵布图需要；地形图比例尺为 1∶200～1∶500，范围大时，可用 1∶1 000；等高线间距通常为 1 m，地形十分平坦时，可用 0.5 m。

六、小桥涵现场勘察内容

(1) 汇水面积：利用地形图勾绘。

(2) 主河沟平均坡度估算。

1) 山区河流。当主河沟长度 $L>500$ m 时，平均坡度 J 按河沟陡坡转折点至涵位沟底之间高差与两点之间水平距离的比值计算；当 $L<500$ m 时，J 取分水岭至涵位沟底高差与相应两点之间水平距离的比值。

2) 平原河流。当 $L>800$ m 时，J 取近桥涵一半主河沟的平均坡度；当 $L<800$ m 时，J 取桥涵至分水岭的主河沟平均坡度。

(3) 主河沟断面形状折算。小汇水面积坡面集流时间对河沟流量影响不大，通常以河沟取代，并把不规则的天然河沟断面概化为三角形。按短管水力计算公式，当底宽 $b=0$ 时，有

$$m=\frac{B}{2h} \tag{10-1}$$

式中　m——边坡系数；

　　　B——河沟水面宽度；

　　　h——水深。

(4)工程地质调查。小桥涵工程地质勘测以调查为主,挖探为辅。调查的方法一般采用目测和访问结合。

调查的主要内容包括:地基土壤的名称、颜色、所含成分(各种粒径所占百分比)、密实程度(按挖探或钻探进展的难易程度分疏松、中等密实、密实等)、含水干湿与可塑性(砂质土壤干、湿、含水饱和;黏性土壤分流动性、塑性、硬性)、地下水情况、岩层走向、倾角及风化程度。

调查的目的是了解基底土壤承载力、地质构造、地下水情况及其对桥涵结构稳定性影响,以便确定基础埋置深度及采取有关防护措施。

当工程规模较大又难以判定地质情况时,可辅以挖探、钎探或钻探。土质河床一般采用坑探与钎探结合,若地质较复杂时,可在上游或下游增加一个探孔。探孔深度一般应在预定基底标高以下 $1\sim 2$ m。

(5)建筑材料调查。调查的目的是经济合理地选择桥涵结构类型和贯彻就地取材原则。其内容包括:工程材料产地、分布、蕴藏量、质量、规格、开采条件及运输条件等。调查的方法一般采用调查与实地勘查相结合。

(6)其他调查。

1)已建灌溉渠道设计流量、灌溉面积、渠道断面、渠底标高、比降、糙率、当地对跨越渠道的意见等,以便确定桥涵类型、孔径和加固措施。

2)当桥涵需兼作行人、牲畜、大车、汽车或航行通道时,应调查有关跨径、净空及位置的要求。

3)桥涵濒临大河时,应调查重现期 $T=1$ 年、$T=25$ 年及 $T=50$ 年的大河倒灌洪水位范围。

4)山洪暴发时的泥石流情况及柴草、竹木等漂浮物数量、大小、产生原因。

5)气温、风力、雨量、冰情及地震情况等。

单元四　小桥涵的布置

一、小桥涵布置要求

1. 平面布置

(1)位于洪水主流区。

(2)小桥轴线与洪水主流向正交;涵洞与洪水主流向平行。

(3)符合小桥涵位置选择条件。

2. 立面布置

小桥的立面布置包括:合理布置桥孔,确定桥面中心标高;涵洞的立面布置主要是选定洞底中心标高和涵洞底坡、确定引水及出水渠槽、洞口以及进、出口沟床的防冲刷消能措施。其立面布置经验包括以下内容:

(1)纵坡 $i<5\%$ 的平坦河沟。

1)顺坡设涵:即使涵洞底坡与天然河沟底坡一致。

2)设急坡涵洞:当河沟纵坡较大时,可以涵洞出口处沟床标高作起坡控制点,使 $i>i_k$

(i_k 为临界底坡),在进口处作适当开挖。

(2) 5＜i＜10% 的非岩石河沟或 5%＜i＜30% 的岩石河沟。对于这类河沟,可采用斜置式坡涵。结合地形、地质情况,其基础可有台阶形、齿形与扶壁形。

(3) 10%＜i＜30% 的河沟。这类河沟可采用洞身为阶梯形的平置坡涵,其立面布置要求有:

1) 分节段长度一般为 2~6 m,随纵坡增大而减小。相邻两节段的最大高差一般不超过涵洞上部厚度的 $\frac{3}{4}$;否则,应在节间加设矮墙,矮墙高度应小于 0.7 m 或 $\frac{1}{3}$ 的涵洞净高。分节长度一般应大于台阶高度的 10 倍,否则,台阶长度应按多级跌水计算确定。矮墙高度应避免过多压缩涵洞过水断面。

2) 当河沟纵坡变化较大时,可适应地形条件采用不等长分节洞身,不等高的阶梯形;跌水段长度应大于涵洞孔径,必要时应按多级跌水计算确定。

3) 涵洞采用的孔径应大于计算值,每节间应设沉降缝。

二、小桥孔径计算

小桥的泄流特性与宽顶堰相似,但小桥一般无槛高,故又称为无槛宽顶堰。小桥的水力计算主要是确定小桥孔径大小及桥前水深。小桥的设计流量由水文计算提供。

小桥设计通常考虑了一定的桥孔净空高度,一般桥孔不会全淹没;其跨径与桥台高度比例也无限制关系。因此,小桥孔径计算主要是确定桥跨长度。

但是,小桥的孔径计算与大中桥不同。大中桥孔径(桥长)计算以冲刷系数作控制条件,容许桥下河床发生一定的冲刷,采用天然河槽断面平均流速作为桥孔设计流速,并按自由出流条件,由计算的过水面积推求桥孔长度;小桥孔径(桥长)计算则以容许不冲刷流速为控制条件,河床不容许发生冲刷,但容许有较大的桥前壅水高度,须考虑桥孔的出流状态,按此确定桥孔长度。为了压缩桥孔长度,通常采用人工加固办法提高容许不冲刷流速,但不宜用过大的容许不冲刷流速,以免造成过高的桥前水位壅高,导致上游淹没损失加大。

(一)小桥泄流的淹没标准

小桥泄流可分为自由出流与淹没出流两种形式,如图 10-12 所示。下面建立其自由出流与淹没出流的判别标准,简称淹没标准。

图 10-12 小桥泄流形式

(a)小桥自由出流;(b)小桥淹没出流

如图 10-12(a)所示,水流进入桥孔后与宽顶堰类似,在进口附近发生收缩断面,其水深 $h_c＜h_k$(h_k 为桥孔中的临界水深),有

$$h_c = \phi h_k \tag{10-2}$$

式中 ϕ——进口形状系数。非平滑进口，$\phi=0.75\sim0.80$；平滑进口，$\phi=0.80\sim0.89$。通常取 $\phi=0.9$。

小桥的流速系数 φ、侧收缩系数 ε 及流量系数与宽顶堰不同，由实验值确定，见表 10-1。按矩形断面桥孔计算，桥孔有效泄流宽度 $b_c=\varepsilon b$，则临界水深为

$$\left. \begin{array}{l} h_k=\sqrt[3]{\dfrac{\alpha Q^2}{(\varepsilon b)^2 g}} \\ Q=m(\varepsilon b)\sqrt{2g}H_0 \end{array} \right\} \tag{10-3}$$

又

式中 b——桥孔净宽。

由式(10-3)得

$$h_k=\sqrt[3]{2\alpha m^2}\, H_0 \tag{10-4}$$

取宽顶堰流量系数的平均值，即 $m=0.3442$，$\alpha=1.0$，由式(10-4)，得

$$h_k=0.6188H_0$$

$$1.3h_k=1.3\times0.6188H_0=0.8044H_0\approx0.8H_0$$

表 10-1 小桥侧收缩系数 ε 及流速系数 φ

桥台形状	ε	φ
1. 单孔桥，锥坡填土	0.90	0.90
2. 单孔桥，有八字翼墙	0.85	0.90
3. 多孔桥，或无锥坡，或桥台伸出锥坡之外	0.80	0.85
4. 拱脚淹没的拱桥	0.75	0.80

对比宽顶堰的淹没标准，得出小桥淹没出流与自由出流的判别标准式有：

对于堰流：

$$\text{自由出流 } h_y\geqslant 0.5H_0;$$
$$\text{淹没出流 } h_y<0.8H_0。$$

对于小桥(图 10-12)：

$$\text{自由出流 } h_t<1.3h_k;$$
$$\text{淹没出流 } h_t\geqslant 1.5h_k。$$

小桥水力计算一般忽略出口动能恢复项 Δz。其泄流能力可按下式计算：

$$\left. \begin{array}{l} \text{自由出流 } Q=\varepsilon b h_c v_c=\varepsilon \phi b h_k v_{\max} \\ \text{淹没出流 } Q=\varepsilon b h_t v_{c-c}=\varepsilon b h_t v_{\max} \end{array} \right\} \tag{10-5}$$

式中 h_t——下游水深；

v_c——收缩断面流速($v_c>v_k$)；

v_{c-c}——淹没出流时，收缩断面处的缓流流速($v_{c-c}<v_k$)；

$v_{\max}$——容许不冲刷流速。

(二)小桥孔临界水深

由上分析可知，小桥孔径水力计算的第一步是确定桥孔出流状态，而后按式(10-6)计算孔径 b。因此，必须先确定桥孔中的临界水深 h_k。但应注意，桥孔中的临界水深一般不等于上下游河沟或渠道中的临界水深。

$$Q = A_k V_k = \varepsilon b h_k v_k$$

又
$$Q = A_c v_c = \varepsilon b h_c v_c = \varepsilon b \psi h_k v_c$$

取 $v_c \leqslant v_{\max}$（防冲刷条件）。

因 $Q = A_k v_k$，则有

$$\left. \begin{array}{l} h_k = \dfrac{\alpha v_k^2}{g} \\ h_k = \dfrac{\alpha \psi^2 v_{\max}^2}{g} \end{array} \right\} \quad (10\text{-}6)$$

式中　α——动能修正系数；

　　　$v_{\max}$——容许不冲刷流速。

式(10-6)即满足防冲刷条件的桥孔临界水深计算公式，容许不冲刷流速 $v_{\max}$ 见附录。

另外，桥孔中的临界水深 h_k 还可由进口阻力条件及桥前水头求得。由式(10-4)，得

$$h_k = \sqrt[3]{2\alpha m^2}\, H_0$$

其中
$$m = \psi K \sqrt{1-K}$$

$$K = \frac{h_c}{H_0} = \frac{h_c}{h_k} \cdot \frac{h_k}{H_0} = \phi \frac{h_k}{H_0}$$

将 m 和 K 代入上式，得

$$\left. \begin{array}{l} h_k = \dfrac{2\alpha \psi^2 \phi^2}{1 + 2\alpha \psi^2 \phi^2} H_0 \\ H_0 = H + \dfrac{\alpha_0 v_0^2}{2g} \end{array} \right\} \quad (10\text{-}7)$$

式中　H——桥前水深；

　　　ψ——流速系数，见表 10-1；

　　　v_0——桥前行近流速。

求得桥孔临界水深后，即可由下游水深 h_t 进一步判别小桥的出流状态，按式(10-6)计算小桥孔径 b。

(三)下游水深 h_t 计算方法

(1)将下游河沟断面简化为三角形断面，由式(10-1)确定三角形断面的边坡系数，当为顺坡河沟时（$i > 0$），通常以下游棱柱形渠道及概化三角形断面渠道中的正常水深作为下游水深 h_t。当已知流量 Q、主河槽平均坡度 i、糙率 n 时，采用曼宁公式，h_t 可按下式计算：

$$h_t = 1.1892 \left[\frac{Q^3 (m^2 + 1)}{n^3 i^{\frac{3}{2}} m^5} \right]^{\frac{1}{8}} \quad (10\text{-}8)$$

式中　m——边坡系数，按式(10-1)计算。

(2)由概化河沟的控制断面水深通过水面曲线计算求解 h_t。但此法工作量大，结果难以理想。因此，小桥涵下游水深多按正常水深的式(10-8)计算。

(四)小桥孔长度计算

小桥可有单跨和多跨两类，桥孔长度取决于泄流宽度、桥墩宽度、上部结构底面对水面的超高及桥孔断面形状。

1. 梯形及矩形断面桥孔长度 L

(1) 自由出流。按宽顶堰泄流特性，桥孔泄流呈急流状态，且有 $h_c = \phi h_k$，$v_c = \dfrac{1}{\phi} v_k$，全桥孔水深 $h < h_k$ 按临界流计算，考虑测收缩影响，有

$$\frac{A_k^3}{\varepsilon B_k} = \frac{\alpha Q^2}{g}$$

因

$$A_k = \frac{Q}{v_k}, \quad v_c = v_{\max} = \frac{1}{\phi} v_k$$

得

$$B_k = \frac{gQ}{\alpha \varepsilon v_k^3} \tag{10-9}$$

$$B = \frac{gQ}{\alpha \varepsilon \phi^3 v_{\max}^3} \tag{10-10}$$

式中 B_k——临界流时的水面宽度；

B——考虑防冲刷条件时的水面宽度；

ε——侧收缩系数，见表 10-1；

$v_{\max}$——容许不冲刷流速。

如图 10-13(a)所示，桥孔长度可按下式计算：

$$\left. \begin{array}{l} L = B_k + 2m\Delta h + Nd \\ L = B + 2m\Delta h + Nd \end{array} \right\} \tag{10-11}$$

式中 m——边坡系数；

Δh——净空高度；

N——桥墩数；

Δh——小桥上部结构底面对水面的超高；

d——桥墩宽度。

当为单孔桥时，$N=0$；当为矩形断面桥孔时，$m=0$。

图 10-13　梯形过水断面上桥长示意图

(a)梯形及矩形自由出流时桥长；(b)梯形及矩形淹没出流时桥长

(2) 淹没出流。如图 10-13(b)所示，对于梯形断面桥孔，可按概化的矩形断面计算。桥下过水断面面积有

$$A = \frac{Q}{v} = \frac{Q}{v_{\max}}$$

考虑侧收缩影响，按概化矩形断面，有

$$A = \varepsilon \overline{B} h_t$$

$$\overline{B}=\frac{Q}{\varepsilon h_t v_{max}} \quad (10\text{-}12)$$

式中 $\overline{B}$——过水断面平均宽度；即相应于断面水深 $h=\frac{1}{2}h_t$ 处的水面宽度；

h_t——下游水深。

由此得

$$L=\overline{B}+Nd+2m\left((\frac{1}{2}h_t+\Delta h\right) \quad (10\text{-}13)$$

式中 $\overline{B}$——断面平均宽度，按式(10-12)计算。

当为单孔桥时，$N=0$，当为矩形桥孔时，$m=0$。

2. 轴线与流向斜交的桥孔净长

当桥轴线与水流方向斜交时，设交角为 α，则桥长按下式计算：

$$L_j=\frac{L_a+l_d\sin\alpha}{\cos\alpha} \quad (10\text{-}14)$$

式中 l_d——桥台宽度；

L_a——有效泄流宽度。

按上述方法求得的桥孔长度，只是一种计算值，通常多按计算结果选用标准跨径 L_0 作实际桥孔长度，若 $\left|\frac{L_0-L}{L}\right|>10\%$ 时，还应按标准跨径桥孔复核出流状态是否有变化，若与原出流状态不符，则应重选标准跨径。

(五)桥前水深 H 计算

考虑桥下防冲刷条件，桥前水深按自由出流情况计算，如图 10-12(a)所示。列出断面 1—1 与 C—C 间的能量方程，有

$$H+\frac{\alpha_0 v_0^2}{2g}=h_c+(\alpha_c+\zeta)\frac{v_c^2}{2g}=h_c+\frac{v_c^2}{2g\psi^2}$$

由 $h_c=\phi h_k$

$$v_c=v_{max}=\frac{v_k}{\phi}$$

得

$$H=\phi h_k+\frac{v_k^2}{2g\phi^2\psi^2}-\frac{\alpha_0 Q^2}{2gA_0^2} \quad (10\text{-}15)$$

通常取 $\alpha_0=\psi=1$，则上式可改写为

$$\left.\begin{array}{l}H=h_k+\dfrac{v_k^2}{2g\psi^2}-\dfrac{Q^2}{2gA_0^2}\\ A_0=f(H)\end{array}\right\} \quad (10\text{-}16)$$

考虑防冲刷条件，有 $v_k=\psi v_{max}$，则式(10-16)可写成

$$H=h_k+\frac{v_{max}^2}{2g\psi^2}-\frac{\alpha Q^2}{2gA_0^2}$$

上式为满足防冲刷要求的桥前水深。因 $A_0=f(H)$，当已知上游渠道及桥孔断面形状、流量，或容许不冲刷流速(河沟土质)时，利用式(10-16)可试算求解。程序如图 10-14 所示。

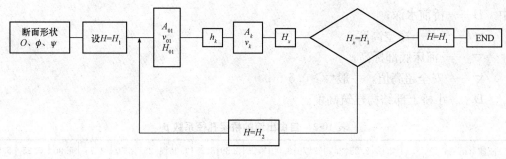

图 10-14　桥前水深计算程序

(六)小桥孔径计算专用图表应用

在实际工作中，小桥孔径还可查有关专用图表，见表 10-2 和表 10-3，表中流速可取土壤容许不冲刷流速 v_{max}，由河床土质类型或加固材料的种类加以确定。由此，按自由出流与淹没出流可分别查得孔径系数 β，小桥孔净长度可按下式求得：

$$L_j = \beta Q \tag{10-17}$$

桥孔长度 L 分单跨与多跨计算：

单跨　　　　　　　　　　$L = L_j = \beta Q$

多跨　　　　　　　　　　$L = L_j + Nd$　　　　　　　　　　(10-18)

查表程序如图 10-15 所示。

图 10-15　查表程序

(七)桥面及桥头路堤最低标高

如图 10-16 所示，有

桥面：　　　　　　　　　$\triangledown_k = \triangledown_0 + H + \triangledown h + D$　　　　(10-19)

桥头路堤：　　　　　　　$\triangledown_s = \triangledown_0 + H + \triangledown$　　　　　　　(10-20)

图 10-16　桥面及桥头路堤最底标高

(a)小桥；(b)桥头路堤

式中 H——桥前水深;

$\triangledown h$——桥下净空高度;

$\triangledown_0$——河床底部标高;

$\triangledown$——安全超高值,一般$\triangledown \geqslant 0.5$ m;

D——小桥上部结构建筑高度。

表10-2 自由出流的桥梁孔径系数 β

	流速/(m·s^{-1})		2.0	2.25	2.50	2.75	3.00	3.25	3.50	3.75	4.00	4.25	4.50	4.75	5.00	5.25	5.50
孔径系数	桥台形状	伸出锥坡以外	1.53	1.08	0.79	0.59	0.45	0.36	0.29	0.23	0.19	0.16	0.13	0.11	0.098	0.085	0.074
		八字翼墙	1.44	1.02	0.74	0.56	0.42	0.34	0.27	0.22	0.18	0.15	0.12	0.10	0.092	0.080	0.070
		锥坡填土	1.36	0.96	0.70	0.53	0.40	0.32	0.26	0.20	0.17	0.14	0.12	0.098	0.087	0.070	0.066
桥下临界水深 h_k/m			0.41	0.52	0.64	0.77	0.92	1.08	1.25	1.44	1.63	1.84	2.07	2.30	2.55	2.82	3.09
桥前水深 H/m	桥台形状	伸出锥坡以外	0.69	0.08	1.09	1.30	1.56	1.83	2.11	2.43	2.75	3.11	3.50	3.89	4.31	4.76	5.23
		锥坡填土或八字翼墙	0.66	0.84	1.04	1.25	1.49	1.75	2.02	2.33	2.64	2.89	3.35	3.72	4.12	4.56	5.00

注:①表中系数当流量等于1 m³/s时的孔径系数,河槽断面为矩形或宽的梯形。
②当流量不等于1 m³/s时,表中所查得的孔径系数应乘以流量的数值才是所求的孔径。

表10-3 淹没出流的桥梁孔径系数 β_s

桥下游水深 h_t/m			流速/(m·s^{-1})	2.00	2.25	2.50	2.75	3.00	3.25	3.50	3.75	4.00	4.25	4.50	4.75	5.00	5.25	5.50
	0.5	孔径系数		1.17	1.05	0.94	0.85	0.78	0.72	0.67	0.63	0.59	0.55	0.52	0.50	0.47	0.45	0.43
		桥前水深/m		0.75	0.82	0.90	0.98	1.07	1.17	1.28	1.39	1.51	1.64	1.78	1.92	2.08	2.34	2.41
	1.0	孔径系数		0.59	0.53	0.47	0.43	0.39	0.36	0.34	0.32	0.30	0.28	0.26	0.25	0.24	0.23	0.21
		桥前水深/m		1.25	1.32	1.40	1.48	1.57	1.67	1.78	1.89	2.01	2.14	2.28	2.42	2.58	2.74	2.91
	1.5	孔径系数		0.39	0.35	0.31	0.28	0.26	0.24	0.21	0.20	0.19	0.17	0.16	0.16	0.15	0.14
		桥前水深/m		1.75	1.82	1.90	1.98	2.07	2.17	2.28	2.39	2.51	2.64	2.78	2.92	3.08	3.24	3.41
	2.0	孔径系数		0.29	0.26	0.24	0.21	0.20	0.18	0.17	0.16	0.15	0.14	0.13	0.13	0.12	0.11	0.11
		桥前水深/m		2.25	2.32	2.40	2.48	2.57	2.67	2.78	2.89	3.01	3.14	3.28	3.42	3.58	3.74	3.91
	2.5	孔径系数		0.23	0.21	0.19	0.17	0.16	0.15	0.13	0.12	0.12	0.11	0.10	0.10	0.09	0.09	0.09
		桥前水深/m		2.75	2.82	2.90	2.98	3.09	3.19	3.28	3.39	3.51	3.64	3.78	3.92	4.08	4.24	4.41
	3.0	孔径系数		0.19	0.17	0.16	0.14	0.13	0.12	0.11	0.10	0.10	0.09	0.09	0.08	0.08	0.08	0.07
		桥前水深/m		3.25	3.32	3.40	3.48	3.57	3.67	3.78	3.89	4.01	4.14	4.28	4.42	4.58	4.74	4.91
	3.5	孔径系数		0.16	0.15	0.13	0.12	0.11	0.10	0.10	0.08	0.08	0.07	0.07	0.07	0.06	0.06
		桥前水深/m		3.75	3.82	3.90	3.98	4.07	4.17	4.28	4.39	4.51	4.64	4.78	4.92	5.08	5.24	5.41
	4.0	孔径系数		0.14	0.13	0.12	0.11	0.10	0.09	0.08	0.07	0.07	0.07	0.06	0.06	0.06	0.05
		桥前水深/m		4.25	4.32	4.40	4.43	4.57	4.67	4.78	4.89	5.01	5.14	5.28	5.42	5.58	5.74	5.91

注:①表中系数是指当流量等于1 m³/s时的孔径系数,桥台形状为八字翼墙,孔径应为孔径系数乘以流量。
②桥台形状不是八字翼墙,则应乘以下列系数:伸出锥坡以外乘以1.06,锥坡填土乘以0.94。

三、涵洞孔径计算

涵洞孔径计算与小桥不同。其洞身随路基填土高度增加而增长，洞身断面尺寸对工程量影响较大。因此，计算涵洞孔径时，还要求跨径与台高有一定的比例关系，按经济比例常取 1∶1～1∶1.5。因此，涵洞孔径计算除解决跨径尺寸外，还应从经济出发确定涵洞的台高。

通常可采用加固河床，提高容许流速的办法来减小涵洞孔径，但这一措施会使涵前水深增大，危及涵洞和路堤的使用安全。因此，控制涵前水深，满足泄流要求和具有一定合适断面高、宽比例，则是涵洞孔径计算的基本要求。

另外，涵洞孔径小，孔道长，涵前水深可高出进口，洞内水流可呈有压流与无压流；对于无压涵洞，其泄流特性还与洞长、底坡及涵洞的断面形状、尺寸、材料等因素有关。因此，涵洞的水流图式比小桥更为复杂，这里就不多做介绍了，有需要的查看相关文件和书籍及表格。

小 结

小桥和涵洞也是公路上最为常见的构造物，着重从小桥涵的基本知识入手，将小桥的勘测调查、位置选择、桥长的计算、标高的计算等的方式方法，以及小桥涵的所有的布置的内容进行了翔实的阐述，对于小桥的布置，需要一步一步地环环相扣的计算。涵洞的计算和布置略。

复习思考题

1. 论述小桥涵与大中桥的勘测设计有何区别。应注意哪些细节？
2. 小桥的位置选择应该遵循哪些基本原则？
3. 小桥的布置至少需要哪几步计算？
4. 涵洞按水力图式的不同可以分为哪几类？分别有什么特点？
5. 涵洞按照截面形式的不同可以分为哪几种类型？各有什么特点？每种涵洞的适用性如何？举例说明高速公路和一级公路上通常采用哪种截面形式的涵洞。

附 《公路圬工桥涵设计规范》(JTG D61—2005)中关于涵洞的规定

7 涵洞

7.0.1 涵洞设计应符合如下要求：

1 涵洞设计时，应按水力性质选择其计算图式。新建涵洞应采用无压力式涵洞；当涵前允许壅水时，可采用压力式或半压力式涵洞。

2 无压力式圆管涵应根据地基土的密实程度，设置砂垫层、灰土垫层、砌石基础或混凝土基础；建于砂砾地基上的圆管涵，可不设基础，但应对接缝处和进出水口处的地基予以处理，以避免管节间发生不均匀沉降和接缝漏水。

压力式和半压力式涵洞应设置基础，接缝应严密。

3 涵洞内径或净高不宜小于0.75 m；涵洞长度大于15 m但小于30 m时，其内径或净高不宜小于1.0 m；涵洞长度大于30 m且小于60 m时，其内径或净高不宜小于1.25 m；涵洞长度大于60 m时，其内径或净高不宜小于1.5 m。

4 涵洞进、出洞口及洞外进、排水工程的形式与尺寸，应使水流能顺利通过，并满足两侧附近路堤的稳定要求，且不应对附近环境造成不利影响。

5 当有农田排灌需要，且路基填方较低时，可设置倒虹吸管。

7.0.2 除设置在岩石地基上的涵洞外，根据涵洞的涵底纵坡及地基土情况，应每隔4~6 m设置一道沉降缝；高路堤路基边缘以下的洞身及基础应每隔适当距离设置沉降缝。沉降缝应采用弹性的不透水材料填塞。

7.0.3 涵洞的洞身和进出口，应视具体情况按如下要求作出处理：

1 涵洞进出口处，应设端墙。端墙与洞身应设缝隔开，缝内填以不透水材料。

2 设置于非岩石地基上的涵洞，洞内外应进行铺砌，洞外铺砌长度应视河沟纵坡、地基土、冲刷等条件而定，涵洞上游至少应在端墙（或锥坡）范围内铺砌，下游应铺出端墙以外3~5 m（压力式涵洞应更长些）。对于无明显沟槽的河沟，出口铺砌的扩散平面宜采用等腰梯形，其铺砌扩散角可取为20°。涵洞锥坡、受水流淹没的路基坡面也应铺砌。

3 在纵坡陡、流速大的河沟，必要时还需设置急流槽、跌水及相应的消能措施，并应在端墙外端底部设置隔水墙。在沟床铺砌的端部，也应设置隔水墙。

4 在冰冻地区，端墙与端管节应采用整体的刚性基础。

7.0.4 涵洞洞底纵坡不宜大于5%，圆管涵的纵坡不宜大于3%。洞底纵坡大于5%时，涵底宜每隔3~5 m设置消能横隔墙或将基础做成阶梯形。洞底纵坡大于10%时，洞身及基础应分段做成阶梯形，前后两节涵洞盖板或拱圈的搭接高度不应小于其厚度的1/4。

7.0.5 涵洞洞身两侧填土应分层夯实，其每侧长度不应小于洞身填土高度的一倍，压实度不应小于96%。现浇混凝土拱涵应沿拱轴线分段间隔浇筑或在拱顶预留合龙段最后浇筑。

7.0.6 涵洞结构可按下列假定进行计算：

1 计算盖板式涵洞的涵台内力时，台身按上端与盖板不可移动的铰接、下端与基础固接计算。盖板按两端简支的板计算，可不考虑涵台传来的水平力。

2 拱涵的拱圈按无铰拱计算，其矢跨比不宜小于1/4。拱涵可不考虑温度作用效应和混凝土收缩效应。拱涵按本规范第5.1.4条计算时，可仅作拱的截面强度验算。

3 整体式涵洞基础底面的地基土的承压应力，可将涵长根据不同的填土高度分段计算。

附录 A 皮尔逊Ⅲ型曲线的离均系数 Φ_P 值表

C_S	P/%												
	0.01	0.05	0.1	1/3	0.5	1	2	3	10/3	4	5	10	15
0	3.719	3.291	3.090	2.713	2.576	2.326	2.054	1.881	1.834	1.751	1.645	1.282	1.036
0.02	3.762	3.323	3.119	2.735	2.595	2.341	2.064	1.889	1.842	1.758	1.651	1.284	1.037
0.04	3.805	3.356	3.147	2.756	2.613	2.356	2.075	1.898	1.850	1.764	1.656	1.286	1.037
0.06	3.848	3.389	3.176	2.777	2.632	2.370	2.086	1.906	1.857	1.771	1.662	1.288	1.037
0.08	3.891	3.422	3.205	2.798	2.651	2.385	2.096	1.914	1.865	1.778	1.667	1.290	1.037
0.10	3.935	3.455	3.233	2.819	2.670	2.400	2.107	1.923	1.873	1.785	1.673	1.292	1.037
0.12	3.978	3.488	3.262	2.840	2.688	2.414	2.118	1.931	1.880	1.791	1.678	1.294	1.037
0.14	4.022	3.521	3.291	2.862	2.707	2.429	2.128	1.939	1.888	1.798	1.684	1.296	1.037
0.16	4.065	3.555	3.319	2.883	2.726	2.443	2.139	1.947	1.896	1.805	1.689	1.298	1.037
0.18	4.109	3.588	3.348	2.904	2.745	2.458	2.149	1.955	1.903	1.811	1.694	1.299	1.037
0.20	4.153	3.621	3.377	2.925	2.763	2.472	2.159	1.964	1.911	1.818	1.700	1.301	1.037
0.22	4.197	3.654	3.046	2.946	2.781	2.487	2.170	1.972	1.918	1.824	1.705	1.303	1.037
0.24	4.241	3.688	3.435	2.967	2.800	2.501	2.180	1.980	1.926	1.830	1.710	1.305	1.037
0.26	4.285	3.721	3.464	2.989	2.819	2.516	2.190	1.988	1.933	1.837	1.715	1.306	1.037
0.28	4.330	3.755	3.492	3.010	2.838	2.530	2.201	1.996	1.940	1.843	1.721	1.308	1.037
0.30	4.374	3.788	3.521	3.031	2.856	2.544	2.211	2.003	1.948	1.849	1.726	1.309	1.036
0.32	4.418	3.822	3.550	3.052	2.875	2.559	2.221	2.011	1.955	1.856	1.731	1.311	1.036
0.34	4.463	3.855	3.579	3.073	2.894	2.573	2.231	2.019	1.962	1.862	1.736	1.312	1.036
0.36	4.507	3.889	3.608	3.004	2.912	2.587	2.241	2.027	1.969	1.868	1.741	1.314	1.035
0.38	4.552	3.922	3.637	3.115	2.931	2.601	2.251	2.035	1.977	1.874	1.746	1.315	1.035
0.40	4.597	3.956	3.666	3.136	2.949	2.615	2.261	2.042	1.984	1.880	1.750	1.317	1.035
0.42	4.642	3.990	3.695	3.157	2.967	2.630	2.271	2.050	1.991	1.886	1.755	1.318	1.034
0.44	4.687	4.023	3.724	3.179	2.986	2.644	2.281	2.058	1.998	1.892	1.760	1.319	1.034
0.46	4.731	4.057	3.753	3.199	3.004	2.658	2.291	2.065	2.005	1.898	1.765	1.321	1.033
0.48	4.776	4.091	3.782	3.220	3.023	2.672	2.301	2.173	2.012	1.904	1.770	1.322	1.033
0.50	4.821	4.124	3.811	3.241	3.041	2.686	2.311	2.180	2.019	1.910	1.774	1.323	1.032
0.55	4.934	4.209	3.883	3.294	3.087	2.721	2.335	2.099	2.036	1.925	1.786	1.326	1.030
0.60	5.047	4.293	3.956	3.346	3.132	2.755	2.359	2.117	2.052	1.939	1.797	1.329	1.029
0.65	5.160	4.377	4.028	3.398	3.178	2.790	2.383	2.135	2.169	1.953	1.808	1.331	1.027
0.70	5.274	4.462	4.100	3.450	3.223	2.824	2.407	2.153	2.085	1.967	1.819	1.333	1.024
0.75	5.388	4.546	4.172	3.501	3.268	2.857	2.430	2.170	2.101	1.980	1.829	1.335	1.022
0.80	5.501	4.631	4.244	3.553	3.312	2.891	2.453	2.187	2.117	1.993	1.839	1.336	1.019
0.85	5.615	4.715	4.316	3.604	3.357	2.924	2.476	2.204	2.132	2.006	1.849	1.338	1.017
0.90	5.729	4.799	4.388	3.655	3.401	2.957	2.498	2.220	2.147	2.018	1.859	1.339	1.013
0.95	5.843	4.883	4.460	3.706	3.445	2.990	2.520	2.237	2.162	2.031	1.868	1.340	1.010

续表

C_S	P/%												
	20	30	100/3	50	60	70	80	90	95	97	98	99	99.9
0	0.842	0.524	0.431	−0.000	−0.253	−0.524	−0.842	−1.282	−1.645	−1.881	−2.054	−2.326	−3.090
0.02	0.841	0.522	0.428	−0.003	−0.256	−0.527	−0.843	−1.279	−1.639	−1.872	−2.043	−2.312	−3.061
0.04	0.840	0.520	0.425	−0.007	−0.260	−0.529	−0.843	−1.277	−1.633	−1.864	−2.032	−2.297	−3.033
0.06	0.839	0.517	0.422	−0.010	−0.263	−0.532	−0.844	−1.275	−1.628	−1.855	−2.021	−2.282	−3.005
0.08	0.838	0.515	0.420	−0.013	−0.266	−0.534	−0.845	−1.273	−1.622	−1.847	−2.011	−2.267	−2.976
0.10	0.836	0.512	0.417	−0.017	−0.269	−0.536	−0.846	−1.270	−1.616	−1.838	−2.000	−2.253	−2.948
0.12	0.835	0.510	0.414	−0.020	−0.272	−0.538	−0.847	−1.268	−1.610	−1.829	−1.989	−2.238	−2.920
0.14	0.834	0.507	0.411	−0.023	−0.275	−0.541	−0.848	−1.266	−1.604	−1.821	−1.978	−2.223	−2.892
0.16	0.833	0.504	0.409	−0.027	−0.278	−0.543	−0.848	−1.263	−1.398	−1.812	−1.967	−2.208	−2.864
0.18	0.832	0.502	0.406	−0.030	−0.281	−0.545	−0.849	−1.261	−1.592	−1.803	−1.956	−2.193	−2.836
0.20	0.830	0.499	0.403	−0.033	−0.284	−0.548	−0.850	−1.258	−1.586	−1.794	−1.945	−2.178	−2.808
0.22	0.829	0.497	0.400	−0.037	−0.287	−0.550	−0.851	−1.256	−1.580	−1.786	−1.934	−2.164	−2.780
0.24	0.828	0.494	0.397	−0.040	−0.290	−0.552	−0.851	−1.253	−1.574	−1.777	−1.923	−2.149	−2.752
0.26	0.826	0.491	0.394	−0.043	−0.293	−0.554	−0.852	−1.250	−1.568	−1.768	−1.912	−2.134	−2.724
0.28	0.825	0.489	0.391	−0.046	−0.296	−0.556	−0.852	−1.248	−1.561	−1.759	−1.901	−2.119	−2.697
0.30	0.824	0.486	0.388	−0.050	−0.299	−0.558	−0.853	−1.245	−1.555	−1.750	−1.890	−2.104	−2.669
0.32	0.822	0.483	0.385	−0.053	−0.302	−0.561	−0.853	−1.242	−1.549	−1.741	−1.878	−2.089	−2.642
0.34	0.821	0.481	0.382	−0.056	−0.305	−0.563	−0.854	−1.240	−1.543	−1.732	−1.867	−2.074	−2.614
0.36	0.819	0.478	0.379	−0.060	−0.308	−0.565	−0.854	−1.237	−1.536	−1.723	−1.856	−2.059	−2.587
0.38	0.818	0.475	0.376	−0.063	−0.311	−0.567	−0.855	−1.234	−1.530	−1.714	−1.845	−2.044	−2.560
0.40	0.816	0.472	0.303	−0.066	−0.314	−0.569	−0.855	−1.231	−1.524	−1.705	−1.834	−2.029	−2.533
0.42	0.815	0.469	0.370	−0.070	−0.316	−0.517	−0.855	−1.228	−1.517	−1.696	−1.822	−2.014	−2.506
0.44	0.813	0.467	0.367	−0.073	−0.319	−0.573	−0.856	−1.225	−1.511	−1.687	−1.811	−1.999	−2.479
0.46	0.811	0.464	0.364	−0.076	−0.322	−0.575	−0.856	−1.222	−1.504	−1.677	−1.800	−1.985	−2.452
0.48	0.810	0.461	0.361	−0.080	−0.325	−0.576	−0.856	−1.219	−1.498	−1.668	−1.788	−1.970	−2.425
0.50	0.808	0.458	0.358	−0.083	−0.328	−0.578	−0.857	−1.216	−1.494	−1.659	−1.777	−1.955	−2.399
0.55	0.804	0.451	0.350	−0.091	−0.335	−0.583	−0.857	−1.208	−1.474	−1.636	−1.749	−1.917	−2.333
0.60	0.799	0.444	0.342	−0.099	−0.342	−0.588	−0.857	−1.200	−1.458	−1.613	−1.720	−1.880	−2.268
0.65	0.795	0.436	0.335	−0.108	−0.349	−0.592	−0.857	−1.192	−1.441	−1.589	−1.692	−1.843	−2.204
0.70	0.790	0.429	0.326	−0.116	−0.356	−0.596	−0.857	−1.183	−1.423	−1.566	−1.663	−1.806	−2.141
0.75	0.785	0.421	0.318	−0.124	−0.362	−0.600	−0.857	−1.175	−1.406	−1.542	−1.635	−1.769	−2.078
0.80	0.780	0.413	0.310	−0.132	−0.369	−0.604	−0.856	−1.166	−1.389	−1.518	−1.606	−1.733	−2.017
0.85	0.775	0.405	0.302	−0.140	−0.375	−0.608	−0.855	−1.157	−1.371	−1.494	−1.577	−1.696	−1.958
0.90	0.769	0.397	0.294	−0.148	−0.328	−0.611	−0.854	−1.147	−1.353	−1.470	−1.549	−1.660	−1.899
0.95	0.763	0.389	0.285	−0.156	−0.388	−0.615	−0.853	−1.137	−1.335	−1.446	−1.520	−1.624	−1.842

续表

C_S	P/%												
	0.005	0.01	0.05	0.1	1/3	0.5	1	2	3	10/3	4	5	10	15
1.00		5.957	4.967	4.531	3.756	3.489	3.023	2.542	2.253	2.176	2.043	1.877	1.340	1.007
1.05		6.071	5.051	4.602	3.806	3.532	3.055	2.564	2.268	2.190	2.054	1.886	1.341	1.003
1.10		6.185	5.134	4.674	3.856	3.575	3.087	2.585	2.284	2.204	2.066	1.894	1.341	0.999
1.15		6.299	5.218	4.744	3.906	3.618	3.118	2.606	2.299	2.218	2.077	1.902	1.341	0.995
1.20		6.412	5.301	4.815	3.955	3.661	3.149	2.626	2.313	2.231	2.088	1.910	1.341	0.991
1.25		6.526	5.384	4.885	4.005	3.703	3.180	2.647	2.328	2.244	2.098	1.917	1.340	0.986
1.30		6.640	5.467	4.955	4.053	3.745	3.211	2.667	2.342	2.257	2.108	1.925	1.339	0.982
1.35		6.753	5.550	5.025	4.102	3.787	3.241	2.686	2.356	2.269	2.118	1.932	1.338	0.977
1.40		6.867	5.632	5.095	4.150	3.828	3.271	2.706	2.369	2.281	2.128	1.938	1.337	0.972
1.45		6.980	5.715	5.164	4.198	3.869	3.301	2.725	2.382	2.293	2.137	1.945	1.335	0.967
1.50	7.647	7.093	5.797	5.234	4.246	3.910	3.330	2.743	2.395	2.304		1.950	1.333	0.961
1.55	7.773	7.206	5.878	5.302	4.293	3.950	3.359	2.762	2.408	2.315		1.957	1.331	0.956
1.60	7.900	7.318	5.960	5.371	4.340	3.990	3.388	2.780	2.420	2.326		1.962	1.329	0.950
1.65	8.026	7.430	6.041	5.439	4.387	4.030	3.416	2.797	2.432	2.337		1.967	1.326	0.944
1.70	8.152	7.543	6.122	5.507	4.733	4.069	3.444	2.815	2.444	2.347		1.972	1.324	0.938
1.75	8.278	7.655	6.203	5.575	4.479	4.108	3.472	2.832	2.455	2.357		1.977	1.321	0.931
1.80	8.404	7.766	6.283	5.642	4.525	4.147	3.499	2.848	2.466	2.366		1.981	1.318	0.925
1.85	8.529	7.878	6.393	5.709	4.570	4.185	3.526	2.865	2.477	2.375		1.985	1.314	0.918
1.90	8.654	7.989	6.443	5.775	4.615	4.223	3.553	2.881	2.487	2.384		1.989	1.311	0.911
1.95	8.779	8.100	6.522	5.842	4.659	4.261	3.579	2.897	2.497	2.393		1.993	1.307	0.904
2.00	8.904	8.210	6.601	5.908	4.704	4.298	3.605	2.912	2.507	2.401		1.996	1.303	0.897
2.1	9.152	8.431	6.758	6.039	4.791	4.372	3.656	2.942	2.525	2.417		2.001	1.294	0.882
2.2	9.399	8.650	6.914	6.168	4.877	4.444	3.705	2.970	2.542	2.431		2.006	1.284	0.867
2.3	9.645	8.868	7.068	6.296	4.962	4.515	3.753	2.997	2.558	2.445		2.009	1.274	0.851
2.4	9.890	9.084	7.221	6.423	5.045	4.584	3.800	3.023	2.753	2.457		2.011	1.262	0.834
2.5	10.13	9.299	7.373	6.548	5.127	4.652	3.845	3.048	2.587	2467		2.012	1.250	0.817
2.6	10.38	9.513	7.523	6.672	5.207	4.718	3.889	3.071	2.599	2.477		2.013	1.238	0.800
2.7	10.62	9.725	7.671	6.794	5.286	4.783	3.932	3.093	2.610	2.486		2.012	1.224	0.782
2.8	10.86	9.936	7.818	6.915	5.363	4.847	3.973	3.114	2.620	2.493		2.010	1.210	0.763
2.9	11.09	10.15	7.964	7.034	5.439	4.909	4.013	3.134	2.629	2.499		2.007	1.195	0.745
3.0	11.33	10.35	8.108	7.152	5.514	4.970	4.051	3.152	2.637	2.505		2.003	1.180	0.726
3.1	11.57	10.56	8.251	7.269	5.587	5.029	4.089	3.169	2.644	2.509		1.999	1.164	0.706
3.2	11.80	10.77	8.393	7.384	5.658	5.087	4.125	3.185	2.649	2.512		1.993	1.148	0.687
3.4	12.26	11.17	8.671	7.609	5.798	5.199	4.193	3.214	2.658	2.516		1.980	1.113	0.647
3.6	12.72	11.57	8.943	7.829	5.931	5.306	4.256	3.238	2.662	2.515		1.963	1.077	0.607
3.8	13.17	11.97	9.210	8.044	6.060	5.407	4.314	3.258	2.663	2.511		1.943	1.040	0.566
4.0	13.62	12.36	9.471	8.253	6.183	5.504	4.368	3.274	2.659	2.504		1.920	1.001	0.525

续表

C_S	$P/\%$												
	20	30	100/3	50	60	70	80	90	95	97	98	99	99.9
1.00	0.758	0.381	0.277	−0.164	−0.394	−0.618	−0.852	−1.128	−1.317	−1.422	−1.492	−1.588	−1.786
1.05	0.752	0.373	0.268	−0.172	−0.400	−0.621	−0.850	−1.118	−1.299	−1.398	−1.464	−1.553	−1.731
1.10	0.745	0.365	0.260	−0.180	−0.406	−0.624	−0.848	−1.107	−1.280	−1.374	−1.435	−1.518	−1.678
1.15	0.739	0.356	0.251	−0.187	−0.412	−0.627	−0.846	−1.097	−1.262	−1.350	−1.407	−1.484	−1.627
1.20	0.733	0.348	0.242	−0.195	−0.418	−0.629	−0.844	−1.086	−1.243	−1.327	−1.379	−1.449	−1.577
1.25	0.726	0.339	0.234	−0.203	−0.424	−0.632	−0.841	−1.075	−1.224	−1.303	−1.352	−1.416	−1.529
1.30	0.719	0.331	0.225	−0.210	−0.429	−0.634	−0.838	−1.064	−1.206	−1.279	−1.324	−1.383	−1.482
1.35	0.712	0.322	0.216	−0.218	−0.434	−0.636	−0.835	−1.053	−1.187	−1.255	−1.297	−1.350	−1.437
1.40	0.705	0.313	0.207	−0.225	−0.440	−0.638	−0.832	−1.041	−1.168	−1.232	−1.270	−1.318	−1.394
1.45	0.698	0.304	0.198	−0.233	−0.445	−0.639	−0.829	−1.030	−1.150	−1.208	−1.243	−1.287	−1.353
1.50	0.691	0.295	0.189	−0.240	−0.449	−0.641	−0.825	−1.018	−1.131	−1.185	−1.217	−1.256	−1.313
1.55	0.683	0.286	0.180	−0.247	−1.454	−0.642	−0.821	−1.006	−1.112	1.162	−1.191	−1.226	−1.275
1.60	0.675	0.277	0.171	−0.254	−0.459	−0.643	−0.817	−0.994	−1.093	−1.140	−1.166	−1.197	−1.238
1.65	0.667	0.268	0.162	−0.261	−0.463	−0.644	−0.813	−0.982	−1.075	−1.117	−1.141	−1.168	−1.203
1.70	0.660	0.259	0.135	−0.268	−0.467	−0.644	−0.808	−0.970	−1.056	−1.095	−1.116	−1.140	−1.170
1.75	0.652	0.250	0.144	−0.275	−0.645	−0.645	−0.804	−0.957	−1.038	−1.073	−1.092	−1.113	−1.138
1.80	0.643	0.241	0.135	−0.281	−0.475	−0.645	−0.799	−0.945	−1.020	−1.052	−1.069	−1.087	−1.107
1.85	0.635	0.232	0.126	−0.288	−0.479	−0.645	−0.794	−0.932	−1.002	−1.031	−1.046	−1.062	−1.078
1.90	0.627	0.222	0.117	−0.294	−0.483	−0.645	−0.788	−0.920	−0.984	−1.010	−1.023	−1.037	−1.051
1.95	0.618	0.213	0.108	−0.301	−0.486	−0644	−0.783	−0.907	−0.966	−0.989	−1.001	−1.013	−1.024
2.00	0.609	0.204	0.099	−0.307	−0.489	−0.643	−0.777	−0.895	−0.949	−0.970	−0.980	−0.990	−0.999
2.1	0.592	0.185	0.081	−0.319	−0.495	−0.641	−0.765	−0.869	−0.915	−0.931	−0.939	−0.946	−0.952
2.2	0.574	0.167	0.063	−0.330	−0.500	−0.638	−0.752	−0.844	−0.882	−0.894	−0.900	−0.905	−0.909
2.3	0.555	0.148	0.045	−0.341	−0.504	−0.634	−0.739	−0.819	−0.850	−0.860	−0.864	−0.867	−0.869
2.4	0.537	0.130	0.027	−0.351	−0.507	−0.630	−0.725	−0.795	−0.819	−0.827	−0.810	−0.832	−0.833
2.5	0.518	0.111	0.0097	−0.360	−0.510	−0.625	−0.711	−0.711	−0.790	−0.796	−0.798	−0.799	−0.800
2.6	0.499	0.093	−0.007	−0.369	−0.512	−0.619	−0.696	−0.747	−0.762	−0.766	−0.768	−0.769	−0.769
2.7	0.479	0.075	−0.024	−0.376	−0.513	−0.612	−0.681	−0.724	−0.736	−0.739	−0.740	−0.740	−0.741
2.8	0.460	0.057	−0.041	−0.384	−0.513	−0.604	−0.666	−0.702	−0.711	−0.713	−0.714	−0.714	−0.714
2.9	0.440	0.040	−0.057	−0.390	−0.512	−0.596	−0.651	−0.681	−0.688	−0.689	−0.689	−0.690	−0.690
3.0	0.420	0.023	−0.073	−0.396	−0.511	−0.588	−0.636	−0.660	−0.665	−0.666	−0.666	−0.667	−0.667
3.1	0.401	0.006	−0.088	−0.400	−0.509	−0.579	−0.621	−0.614	−0.644	−0.645	−0.645	−0.645	−0.645
3.2	0.381	−0.011	−0.102	−0.405	−0.506	−0.570	−0.606	−0.622	−0.624	−0.625	−0.625	−0.625	−0.625
3.4	0.341	−0.042	−0.130	−0.411	−0.498	−0.550	−0.577	−0.587	−0.588	−0.588	−0.588	−0.588	−0.588
3.6	0.302	−0.072	−0.156	−0.414	−0.489	−0.530	−0.549	−0.555	−0.556	−0.556	−0.556	−0.556	−0.556
3.8	0.264	−0.100	−0.179	−0.414	−0.478	−0.509	−0.522	−0.526	−0.526	−0.526	−0.526	−0.526	−0.526
4.0	0.226	−0.125	−0.200	−0.413	−0.465	−0.489	−0.498	−0.500	−0.500	−0.500	−0.500	−0.500	−0.500

附录 B 皮尔逊Ⅲ型曲线的模比系数 K_P 值表

表 B-1 皮尔逊Ⅲ型曲线的模比系数 K_P 值表($C_s = C_v$)

C_s	$P/\%$																		
	0.01	0.05	0.1	0.2	1/3	0.5	1	10/3	5	10	20	100/3	50	70	75	80	90	95	99
0.05	1.191	1.169	1.158	1.147	1.138	1.131	1.118	1.093	1.083	1.064	1.042	1.021	1.000	0.973	0.966	0.958	0.936	0.919	0.886
0.10	1.393	1.345	1.323	1.300	1.282	1.267	1.240	1.187	1.167	1.129	1.084	1.042	0.998	0.947	0.932	0.915	0.873	0.838	0.771
0.15	1.607	1.531	1.496	1.459	1.431	1.407	1.365	1.284	1.253	1.194	1.125	1.061	0.996	0.919	0.897	0.873	0.811	0.760	0.666
0.20	1.830	1.725	1.676	1.624	1.585	1.553	1.494	1.382	1.340	1.260	1.166	1.081	0.993	0.891	0.861	0.830	0.749	0.682	0.570
0.25	2.07	1.972	1.862	1.796	1.744	1.703	1.627	1.482	1.428	1.326	1.207	1.099	0.990	0.862	0.826	0.787	0.687	0.607	0.465
0.30	2.31	2.14	2.06	1.973	1.909	1.858	1.763	1.584	1.518	1.393	1.247	1.116	0.985	0.832	0.790	0.744	0.626	0.533	0.364
0.35	2.57	2.36	2.26	2.16	2.08	2.02	1.903	1.688	1.608	1.460	1.287	1.133	0.980	0.802	0.754	0.701	0.566	0.461	0.269
0.40	2.84	2.58	2.47	2.35	2.25	2.18	2.05	1.794	1.700	1.527	1.326	1.149	0.973	0.772	0.719	0.657	0.507	0.388	0.183
0.45	3.12	2.82	2.68	2.54	2.44	2.35	2.19	1.901	1.793	1.594	1.365	1.165	0.966	0.741	0.682	0.614	0.449	0.320	0.103
0.50	3.41	3.06	2.91	2.74	2.62	2.52	2.34	2.01	1.887	1.661	1.404	1.179	0.958	0.711	0.645	0.572	0.392	0.254	0.033
0.55	3.71	3.31	3.14	2.95	2.81	2.70	2.50	2.12	1.982	1.729	1.442	1.193	0.950	0.680	0.607	0.528	0.336	0.188	−0.049
0.60	4.03	3.57	3.37	3.17	3.01	2.88	2.65	2.23	2.08	1.797	1.480	1.206	0.940	0.648	0.568	0.485	0.281	0.122	−0.140
0.65	4.35	3.84	3.62	3.39	3.21	3.06	2.81	2.34	2.17	1.865	1.517	1.217	0.930	0.606	0.531	0.442	0.226	0.062	−0.219
0.70	4.69	4.12	3.87	3.61	3.41	3.26	2.98	2.46	2.27	1.933	1.533	1.228	0.920	0.583	0.494	0.400	0.171	0.007	−0.268
0.75	5.04	4.41	4.13	3.85	3.63	3.45	3.14	2.58	2.37	2.00	1.589	1.239	0.907	0.550	0.456	0.358	0.119	−0.051	−0.325
0.80	5.40	4.70	4.40	4.08	3.85	3.65	3.31	2.69	2.47	2.07	1.625	1.249	0.894	0.516	0.418	0.315	0.069	−0.110	−0.378
0.85	5.78	5.00	4.67	4.32	4.07	3.85	3.49	2.81	2.57	2.41	1.659	1.257	0.880	0.483	0.381	0.272	0.019	−0.165	−0.431
0.90	6.15	5.31	4.95	4.57	4.29	4.06	3.66	2.93	2.67	2.21	1.691	1.264	0.867	0.450	0.343	0.230	−0.030	−0.212	−0.484
0.95	6.55	5.64	5.24	4.83	4.52	4.27	3.84	3.05	2.77	2.27	1.725	1.271	0.852	0.416	0.305	0.188	−0.079	−0.267	−0.539
1.00	6.95	5.97	5.53	5.09	4.75	4.48	4.02	3.18	2.88	2.34	1.757	1.277	0.836	0.383	0.268	0.146	−0.127	−0.314	−0.596
1.10	7.80	6.65	6.14	5.63	5.24	4.94	4.40	3.42	3.08	2.47	1.820	1.285	0.803	0.314	0.191	0.068	−0.215	−0.404	−0.665
1.20	8.70	7.36	6.77	6.19	5.74	5.39	4.78	3.68	3.29	2.61	1.880	1.292	0.766	0.243	0.119	−0.013	−0.305	−0.490	−0.745
1.30	9.63	8.11	7.45	6.76	6.27	5.88	5.17	3.93	3.50	2.74	1.935	1.291	0.727	0.176	0.044	−0.088	−0.386	−0.568	−0.797
1.40	10.60	8.88	8.13	7.36	6.81	6.35	5.58	4.19	3.71	2.87	1.988	1.291	0.684	0.106	−0.028	−0.164	−0.458	−0.636	−0.841
1.50	11.63	9.70	8.85	8.01	7.37	6.87	6.00	4.46	3.93	3.00	2.04	1.284	0.640	0.038	−0.100	−0.237	−0.529	−0.698	−0.887
1.60	12.70	10.54	9.56	8.64	7.94	7.38	6.42	4.72	4.14	3.12	2.08	1.275	0.592	−0.028	−0.168	−0.308	−0.589	−0.750	−0.914
1.70	13.84	11.40	10.36	9.32	8.53	7.92	6.86	4.99	4.35	3.25	2.12	1.259	0.545	−0.096	−0.237	−0.374	−0.648	−0.796	−0.936
1.80	14.99	12.30	11.14	10.00	9.14	8.48	7.30	5.26	4.57	3.37	2.16	1.242	0.495	−0.161	−0.304	−0.440	−0.702	−0.837	−0.959
1.90	16.20	13.24	11.97	10.70	9.77	9.03	7.75	5.53	4.78	3.49	2.19	1.221	0.442	−0.225	−0.365	−0.499	−0.750	−0.867	−0.971
2.00	17.41	14.22	12.81	11.44	10.41	9.59	8.21	5.80	4.99	3.61	2.22	1.195	−0.386	−0.287	−0.425	−0.555	−0.788	−0.897	−0.980

表 B-2 皮尔逊Ⅲ型曲线的模比系数 K_P 值表($C_S=2C_v$)

C_S	P/%																	
	0.01	0.05	0.1	0.2	1/3	0.5	1	10/3	5	10	20	100/3	50	70	75	80	90	95	99
0.02	1.076	1.076	1.063	1.058	1.055	1.052	1.047	1.037	1.033	1.026	1.017	1.009	1.000	0.989	0.986	0.983	0.974	0.967	0.954
0.04	1.156	1.137	1.128	1.119	1.112	1.106	1.095	1.075	1.067	1.052	1.034	1.017	0.999	0.979	0.973	0.966	0.949	0.935	0.909
0.06	1.239	1.209	1.196	1.181	1.170	1.161	1.145	1.113	1.101	1.078	1.050	1.025	0.999	0.968	0.959	0.949	0.942	0.903	0.866
0.08	1.325	1.284	1.266	1.246	1.231	1.218	1.195	1.152	1.135	1.104	1.067	1.033	0.998	0.957	0.545	0.932	0.899	0.872	0.823
0.10	1.415	1.362	1.338	1.312	1.293	1.276	1.247	1.191	1.170	1.130	1.083	1.040	0.997	0.945	0.931	0.915	0.874	0.841	0.782
0.12	1.509	1.443	1.412	1.380	1.356	1.336	1.300	1.231	1.205	1.157	1.099	1.048	0.995	0.934	0.917	0.898	0.850	0.811	0.742
0.14	1.606	1.526	1.489	1.451	1.421	1.397	1.354	1.272	1.241	1.183	1.116	1.055	0.994	0.922	0.902	0.881	0.825	0.781	0.703
0.16	1.707	1.611	1.568	1.523	1.488	1.460	1.409	1.313	1.277	1.210	1.132	1.062	0.992	0.910	0.888	0.864	0.801	0.752	0.666
0.18	1.811	1.700	1.649	1.597	1.557	1.524	1.466	1.355	1.313	1.237	1.147	1.068	0.989	0.898	0.874	0.846	0.777	0.723	0.629
0.20	1.919	1.791	1.733	1.673	1.627	1.590	1.523	1.397	1.350	1.263	1.163	1.075	0.987	0.886	0.859	0.825	0.754	0.694	0.594
0.22	2.03	1.885	1.829	1.750	1.699	1.657	1.582	1.440	1.387	1.290	1.179	1.081	0.984	0.874	0.845	0.811	0.730	0.667	0.560
0.24	2.15	1.982	1.909	1.830	1.773	1.726	1.641	1.483	1.425	1.317	1.194	1.087	0.981	0.862	0.830	0.794	0.707	0.640	0.527
0.26	2.27	2.08	2.00	1.912	1.848	1.796	1.702	1.527	1.462	1.344	1.210	1.092	0.977	0.849	0.815	0.777	0.685	0.614	0.496
0.28	2.39	2.18	2.09	1.997	1.925	1.866	1.764	1.571	1.501	1.371	1.225	1.098	0.974	0.837	0.799	0.760	0.663	0.586	0.465
0.30	2.51	2.29	2.19	2.08	2.00	1.940	1.827	1.616	1.539	1.399	1.240	1.103	0.970	0.824	0.785	0.743	0.640	0.563	0.436
0.32	2.64	2.39	2.28	2.17	2.08	2.01	1.890	1.661	1.578	1.426	1.255	1.108	0.966	0.811	0.769	0.725	0.619	0.537	0.408
0.34	2.78	2.51	2.38	2.26	2.17	2.09	1.955	1.707	1.617	1.453	1.269	1.112	0.962	0.798	0.754	0.709	0.596	0.515	0.381
0.36	2.91	2.62	2.49	2.35	2.25	2.17	2.02	1.753	1.656	1.480	1.284	1.116	0.957	0.785	0.739	0.692	0.575	0.492	0.355
0.38	3.06	2.73	2.59	2.45	2.34	2.24	2.09	1.800	1.696	1.507	1.298	1.121	0.952	0.772	0.724	0.675	0.555	0.468	0.331
0.40	3.20	2.85	2.70	2.54	2.42	2.32	2.16	1.847	1.736	1.535	1.312	1.124	0.947	0.758	0.709	0.658	0.534	0.445	0.307
0.42	3.35	2.97	2.81	2.64	2.51	2.41	2.23	1.894	1.776	1.562	1.326	1.128	0.941	0.745	0.694	0.690	0.514	0.423	0.285
0.44	3.50	3.09	2.92	2.73	2.60	2.49	2.30	1.942	1.816	1.589	1.339	1.130	0.936	0.732	0.679	0.623	0.495	0.402	0.264
0.46	3.66	3.22	3.03	2.83	2.69	2.57	2.37	1.990	1.857	1.616	1.352	1.133	0.930	0.718	0.664	0.606	0.475	0.381	0.244
0.48	3.81	3.35	3.15	2.94	2.78	2.66	2.44	2.04	1.897	1.643	1.366	1.136	0.924	0.705	0.649	0.590	0.455	0.362	0.224
0.50	3.98	3.48	3.27	3.04	2.88	2.74	2.51	2.09	1.938	1.670	1.379	1.138	0.918	0.691	0.634	0.574	0.436	0.342	0.206
0.52	4.14	3.62	3.39	3.15	2.97	2.83	2.59	2.14	1.980	1.697	1.392	1.141	0.912	0.678	0.619	0.557	0.418	0.324	0.189
0.54	4.32	3.76	3.51	3.26	3.07	2.92	2.66	2.19	2.02	1.724	1.404	1.142	0.905	0.664	0.603	0.542	0.401	0.307	0.173
0.56	4.49	3.90	3.63	3.37	3.17	3.02	2.74	2.24	2.06	1.750	1.416	1.143	0.898	0.550	0.588	0.526	0.383	0.289	0.158
0.58	4.67	4.04	3.76	3.48	3.27	3.10	2.81	2.29	2.10	1.777	1.428	1.145	0.891	0.636	0.574	0.509	0.365	0.272	0.144
0.60	4.85	4.18	3.89	3.59	3.37	3.20	2.89	2.34	2.15	1.883	1.440	1.145	0.883	0.622	0.559	0.494	0.348	0.254	0.130
0.62	5.03	4.33	4.02	3.71	3.47	3.29	2.97	2.39	2.19	1.831	1.451	1.146	0.875	0.608	0.545	0.478	0.331	0.239	0.118
0.64	5.22	4.48	4.16	3.82	3.58	3.39	3.05	2.44	2.23	1.857	1.462	1.146	0.867	0.595	0.529	0.463	0.315	0.223	0.107
0.66	5.41	4.63	4.29	3.94	3.69	3.49	3.13	2.49	2.27	1.883	1.473	1.146	0.859	0.581	0.514	0.448	0.300	0.209	0.096
0.68	5.60	4.78	4.43	4.06	3.80	3.58	3.21	2.54	2.31	1.910	1.484	1.146	0.851	0.567	0.500	0.433	0.285	0.195	0.086
0.70	5.80	4.94	4.57	4.19	3.91	3.68	3.29	2.60	2.36	1.936	1.494	1.145	0.842	0.554	0.486	0.417	0.271	0.182	0.077

续表

C_S	P/%																
	0.01	0.05	0.1	0.2	1/3	0.5	1	10/3	5	10	20	100/3	50	70	75	80	90	95	99
0.72	6.00	5.10	4.71	4.31	4.02	3.78	3.37	2.65	2.40	1.962	1.504	1.145	0.834	0.540	0.472	0.403	0.257	0.169	0.069
0.74	6.21	5.26	4.85	4.44	4.13	3.88	3.46	2.70	2.44	1.987	1.513	1.143	0.825	0.526	0.457	0.389	0.242	0.157	0.062
0.76	6.42	5.43	5.00	4.57	4.24	3.98	3.54	2.76	2.48	2.01	1.522	1.141	0.816	0.512	0.443	0.374	0.229	0.145	0.055
0.78	6.63	5.60	5.14	4.69	4.36	4.09	3.62	2.81	2.53	2.04	1.531	1.140	0.806	0.500	0.430	0.360	0.217	0.135	0.048
0.80	6.85	5.77	5.30	4.82	4.47	4.19	3.71	2.86	2.57	2.06	1.540	1.137	0.797	0.486	0.415	0.346	0.205	0.125	0.043
0.82	7.07	5.94	5.44	4.95	4.59	4.30	3.80	2.91	2.61	2.09	1.549	1.135	0.787	0.473	0.402	0.333	0.194	0.116	0.037
0.84	7.30	6.11	5.60	5.09	4.70	4.40	3.88	2.97	2.65	2.11	1.558	1.131	0.777	0.459	0.388	0.320	0.182	0.106	0.033
0.86	7.53	6.29	5.76	5.23	4.82	4.52	3.97	3.02	2.70	2.14	1.565	1.128	0.768	0.446	0.375	0.306	0.170	0.097	0.029
0.88	7.76	6.47	5.91	5.36	4.95	4.63	4.06	3.08	2.74	2.16	1.571	1.125	0.758	0.433	0.361	0.293	0.159	0.089	0.025
0.90	7.99	6.65	6.08	5.50	5.07	4.73	4.15	3.13	2.78	2.19	1.579	1.121	0.747	0.420	0.349	0.281	0.150	0.082	0.022
0.92	8.23	6.84	6.23	5.53	5.19	4.85	4.24	3.18	2.83	2.21	1.585	1.117	0.737	0.408	0.335	0.268	0.139	0.075	0.019
0.94	8.48	7.02	6.40	5.78	5.32	4.06	4.33	3.24	2.87	2.23	1.592	1.113	0.726	0.395	0.323	0.256	0.130	0.069	0.016
0.96	8.72	7.21	6.57	5.92	5.45	5.07	4.42	3.29	2.91	2.26	1.598	1.108	0.716	0.382	0.311	0.245	0.121	0.064	0.014
0.98	8.96	7.41	6.74	6.07	5.57	5.18	4.51	3.35	2.95	2.28	1.604	1.103	0.704	0.370	0.299	0.233	0.114	0.057	0.012
1.00	9.21	7.60	6.91	6.21	5.70	5.30	4.61	3.40	3.00	2.30	1.609	1.099	0.693	0.357	0.288	0.223	0.105	0.051	0.010
1.05	9.85	8.10	7.34	6.59	6.03	5.59	4.84	3.54	3.10	2.36	1.621	1.085	0.665	0.327	0.259	0.197	0.087	0.040	0.007
1.10	10.51	8.61	7.79	6.97	6.36	5.89	5.08	3.67	3.21	2.41	1.631	1.069	0.637	0.298	0.232	0.173	0.071	0.030	0.004
1.15	11.20	9.13	8.24	7.36	6.71	6.19	5.32	3.81	3.31	2.46	1.639	1.051	0.608	0.270	0.207	0.150	0.058	0.023	0.003
1.20	11.90	9.67	8.71	7.75	7.05	6.50	5.56	3.95	3.41	2.51	1.644	1.032	0.579	0.244	0.183	0.130	0.046	0.017	0.002
1.25	12.62	10.22	9.19	8.16	7.41	6.81	5.81	4.08	3.52	2.56	1.641	1.012	0.550	0.219	0.161	0.112	0.037	0.012	0.001
1.30	13.37	10.78	9.67	8.57	7.77	7.13	6.06	4.22	3.62	2.61	1.648	0.990	0.521	0.196	0.141	0.095	0.029	0.009	0.001
1.35	14.13	11.36	10.17	9.00	8.14	7.46	6.31	4.36	3.72	2.65	1.647	0.967	0.492	0.174	0.123	0.081	0.022	0.006	0.000
1.40	14.91	11.95	10.68	9.43	8.51	7.79	6.56	4.49	3.81	2.69	1.644	0.943	0.463	0.154	0.106	0.068	0.017	0.004	0.000
1.45	15.71	12.55	11.20	9.86	8.89	8.12	6.82	4.62	3.91	2.73	1.638	0.918	0.435	0.135	0.091	0.056	0.013	0.003	0.000
1.50	16.53	13.16	11.73	10.31	8.45	8.45	7.08	4.76	4.01	2.77	1.631	0.891	0.407	0.118	0.078	0.046	0.010	0.002	0.000
1.55	17.37	13.78	12.28	10.78	9.65	8.79	7.34	4.89	4.10	2.80	1.622	0.865	0.378	0.103	0.066	0.038	0.007	0.001	0.000
1.60	18.23	14.44	12.80	11.20	10.04	9.16	7.60	5.02	4.19	2.83	1.610	0.836	0.353	0.088	0.055	0.031	0.005	0.001	0.000
1.65	19.10	15.08	13.38	11.67	10.44	9.51	7.86	5.15	4.28	2.87	1.596	0.807	0.326	0.076	0.046	0.025	0.004	0.001	0.000
1.70	19.99	15.73	13.93	12.16	10.85	9.86	8.12	5.28	4.36	2.89	1.581	0.778	0.302	0.065	0.035	0.020	0.003	0.000	0.000
1.75	20.90	16.40	14.49	12.62	11.28	10.18	8.39	5.40	4.45	2.92	1.562	0.749	0.278	0.055	0.031	0.016	0.002	0.000	0.000
1.80	21.83	17.09	15.11	13.09	11.67	10.56	8.66	5.53	4.53	2.94	1.543	0.721	0.255	0.047	0.026	0.012	0.001	0.000	0.000
1.85	22.78	17.79	15.70	13.62	12.12	10.89	8.93	5.65	4.61	2.96	1.525	0.688	0.234	0.038	0.021	0.010	0.001	0.000	0.000
1.90	23.74	18.51	16.25	14.11	12.53	11.29	9.20	5.77	4.69	2.97	1.501	0.660	0.213	0.032	0.017	0.007	0.001	0.0013	0.000
1.95	24.72	19.25	16.87	14.61	12.95	11.64	9.47	5.89	4.77	2.99	1.477	0.629	0.193	0.027	0.013	0.006	0.001	0.000	0.000
2.00	25.71	19.94	17.50	15.13	13.38	12.00	9.73	6.01	4.84	3.00	1.452	0.598	0.175	0.022	0.011	0.004	0.000	0.000	0.000

表 B-2　皮尔逊Ⅲ型曲线的模比系数 K_P 值表($C_S=2.5C_v$)

C_S	P/%																	
	0.01	0.05	0.1	0.2	1/3	0.5	1	10/3	5	10	20	100/3	50	70	75	80	90	95	99
0.02	1.078	1.069	1.066	1.062	1.058	1.055	1.050	1.041	1.035	1.030	1.024	1.018	1.012	1.003	0.999	0.996	0.989	0.984	0.974
0.04	1.157	1.138	1.129	1.120	1.113	1.107	1.096	1.075	1.067	1.052	1.033	1.017	0.999	0.979	0.973	0.966	0.949	0.935	0.908
0.06	1.243	1.212	1.198	1.184	1.172	1.163	1.146	1.114	1.101	1.078	1.050	1.025	0.999	0.968	0.958	0.949	0.924	0.904	0.868
0.08	1.332	1.290	1.270	1.250	1.234	1.221	1.198	1.153	1.136	1.104	1.066	1.032	0.997	0.956	0.945	0.932	0.900	0.873	0.828
0.10	1.426	1.371	1.345	1.318	1.298	1.281	1.251	1.193	1.171	1.131	1.083	1.040	0.996	0.945	0.930	0.915	0.875	0.843	0.786
0.12	1.525	1.455	1.423	1.389	1.364	1.343	1.305	1.234	1.207	1.157	1.099	1.046	0.994	0.933	0.916	0.898	0.850	0.813	0.746
0.14	1.628	1.542	1.503	1.642	1.432	1.406	1.361	1.275	1.243	1.184	1.115	1.053	0.992	0.921	0.902	0.880	0.826	0.784	0.708
0.16	1.736	1.633	1.587	1.538	1.502	1.472	1.418	1.317	1.280	1.211	1.131	1.060	0.989	0.909	0.887	0.863	0.803	0.755	0.673
0.18	1.848	1.727	1.674	1.616	1.574	1.539	1.477	1.360	1.317	1.238	1.146	1.066	0.986	0.897	0.873	0.846	0.780	0.728	0.644
0.20	1.964	1.825	1.763	1.697	1.648	1.608	1.537	1.404	1.355	1.264	1.162	1.072	0.983	0.844	0.858	0.829	0.757	0.702	0.613
0.22	2.09	1.926	1.854	1.781	1.725	1.678	1.598	1.448	1.393	1.292	1.177	1.077	0.980	0.872	0.843	0.811	0.735	0.674	0.577
0.24	2.21	2.03	1.948	1.867	1.803	1.751	1.661	1.493	1.431	1.319	1.192	1.082	0.976	0.859	0.827	0.794	0.713	0.649	0.544
0.26	2.34	2.14	2.05	1.955	1.883	1.826	1.725	1.538	1.470	1.346	1.207	1.087	0.972	0.846	0.813	0.777	0.690	0.626	0.518
0.28	2.48	2.25	2.15	2.05	1.965	1.903	1.790	1.584	1.509	1.373	1.221	1.091	0.968	0.833	0.798	0.760	0.669	0.603	0.493
0.30	2.62	2.36	2.25	2.41	2.05	1.981	1.857	1.630	1.549	1.400	1.236	1.096	0.963	0.820	0.782	0.743	0.648	0.579	0.470
0.32	2.76	2.48	2.36	2.23	2.14	2.06	1.925	1.677	1.589	1.428	1.250	1.099	0.957	0.806	0.767	0.726	0.628	0.556	0.449
0.34	2.91	2.60	2.47	2.33	2.23	2.14	1.994	1.725	1.629	1.455	1.263	1.103	0.952	0.793	0.752	0.709	0.608	0.534	0.428
0.36	3.6	2.72	2.58	2.43	2.31	2.21	2.06	1.773	1.669	1.482	1.277	1.105	0.947	0.780	0.737	0.692	0.588	0.513	0.406
0.38	3.22	2.86	2.70	2.53	2.41	2.31	2.14	1.822	1.710	1.509	1.290	1.108	0.941	0.767	0.722	0.675	0.568	0.493	0.382
0.40	3.38	2.99	2.81	2.64	2.50	2.39	2.21	1.871	1.751	1.536	1.303	1.111	0.934	0.753	0.707	0.69	0.549	0.473	0.365
0.42	3.55	3.12	2.93	2.74	2.60	2.49	2.28	1.920	1.792	1.563	1.316	1.113	0.928	0.739	0.692	0.643	0.532	0.456	0.348
0.44	3.72	3.26	3.06	2.85	2.70	2.58	2.36	1.970	1.834	1.590	1.328	1.114	0.921	0.726	0.676	0.627	0.514	0.438	0.334
0.46	3.90	3.40	3.18	2.96	2.80	2.67	2.43	2.02	1.875	1.616	1.340	1.116	0.914	0.712	0.662	0.611	0.496	0.421	0.219
0.48	4.08	3.54	3.31	3.08	2.90	2.76	2.51	2.07	1.917	1.643	1.352	1.117	0.906	0.697	0.648	0.595	0.478	0.404	0.302
0.50	4.26	3.69	3.44	3.19	3.00	2.85	2.59	2.12	1.953	1.670	1.363	1.117	0.899	0.683	0.633	0.579	0.461	0.388	0.290
0.52	4.45	3.84	3.58	3.30	3.11	2.95	2.67	2.17	2.00	1.696	1.373	1.116	0.891	0.671	0.617	0.565	0.446	0.373	0.281
0.54	4.64	4.00	3.71	3.42	3.22	3.04	2.75	2.23	2.01	1.723	1.385	1.117	0.882	0.656	0.603	0.549	0.431	0.359	0.272
0.56	4.84	4.15	3.85	3.55	3.33	3.14	2.83	2.28	2.09	1.749	1.395	1.116	0.874	0.643	0.589	0.534	0.417	0.346	0.264
0.58	5.04	4.31	4.00	3.67	3.44	3.24	2.91	2.33	2.13	1.775	1.405	1.115	0.865	0.629	0.574	0.520	0.402	0.333	0.254
0.60	5.25	4.48	4.14	3.80	3.55	3.35	3.00	2.38	2.17	1.800	1.414	1.114	0.856	0.615	0.560	0.505	0.388	0.321	0.245
0.62	5.46	4.65	4.28	3.93	3.66	3.45	3.08	2.44	2.21	1.825	1.423	1.112	0.847	0.602	0.546	0.491	0.376	0.310	0.240
0.64	5.68	4.82	4.43	4.06	3.78	3.55	3.17	2.49	2.26	1.850	1.432	1.110	0.837	0.589	0.533	0.477	0.364	0.330	0.234
0.66	5.91	4.98	4.59	4.19	3.89	3.66	3.25	2.54	2.30	1.876	1.441	1.107	0.828	0.575	0.519	0.464	0.352	0.290	0.230
0.68	6.13	5.16	4.74	4.33	4.01	3.77	3.34	2.60	2.34	1.901	1.449	1.104	0.818	0.562	0.505	0.450	0.341	0.281	0.225
0.70	6.36	5.34	4.90	4.46	4.13	3.88	3.43	2.65	2.38	1.925	1.456	1.100	0.808	0.549	0.492	0.437	0.330	0.273	0.220

续表

C_S	P/%																
	0.01	0.05	0.1	0.2	1/3	0.5	1	10/3	5	10	20	100/3	50	70	75	80	90	95	99

C_S	0.01	0.05	0.1	0.2	1/3	0.5	1	10/3	5	10	20	100/3	50	70	75	80	90	95	99
0.72	7.16	5.93	5.40	4.88	4.49	4.18	3.65	2.75	2.44	1.927	1.419	1.051	0.766	0.540	0.495	0.455	0.385	0.356	0.337
0.74	7.43	6.13	5.58	5.03	4.62	4.30	3.75	2.80	2.48	1.948	1.422	1.044	0.754	0.529	0.485	0.445	0.379	0.352	0.336
0.76	7.70	6.35	5.76	5.18	4.76	4.42	3.85	2.86	2.53	1.970	1.425	1.037	0.743	0.518	0.475	0.437	0.373	0.349	0.335
0.78	7.98	6.56	5.95	5.34	4.90	4.54	3.94	2.91	2.57	1.990	1.427	1.029	0.731	0.507	0.465	0.428	0.369	0.347	0.335
0.80	8.27	6.79	6.14	5.51	5.03	4.67	4.04	2.97	2.61	2.01	1.430	1.021	0.719	0.496	0.455	0.420	0.365	0.345	0.334
0.82	8.55	7.01	6.33	5.66	5.18	4.79	4.14	3.02	2.65	2.03	1.431	1.013	0.707	0.486	0.446	0.413	0.360	0.343	0.334
0.84	8.84	7.23	6.25	5.82	5.33	4.92	4.24	3.07	2.69	2.05	1.431	1.005	0.696	0.476	0.438	0.406	0.357	0.341	0.334
0.86	9.14	7.44	6.71	6.00	5.46	5.04	4.34	3.13	2.73	2.07	1.432	0.997	0.684	0.467	0.429	0.399	0.354	0.340	0.334
0.88	9.44	7.67	6.91	6.17	5.61	5.17	4.44	3.18	2.77	2.08	1.432	0.988	0.673	0.458	0.422	0.393	0.351	0.339	0.334
0.90	9.75	7.91	7.11	6.34	5.77	5.31	4.54	3.24	2.81	2.10	1.431	0.979	0.661	0.450	0.415	0.387	0.348	0.337	0.334
0.92	10.07	8.14	7.31	6.51	5.92	5.44	4.64	3.29	2.85	2.12	1.430	0.969	0.649	0.441	0.408	0.382	0.346	0.337	0.333
0.94	10.39	8.38	7.51	6.68	6.06	5.57	4.74	3.34	2.89	2.13	1.428	0.959	0.638	0.433	0.402	0.377	0.344	0.336	0.333
0.96	10.70	8.62	7.73	6.85	6.20	5.70	4.84	3.40	2.93	2.15	1.427	0.949	0.627	0.426	0.396	0.372	0.342	0.335	0.333
0.98	11.02	8.87	7.95	7.02	6.35	5.84	4.95	3.45	2.97	2.17	1.424	0.939	0.615	0.419	0.390	0.368	0.341	0.335	0.333
1.00	11.35	9.11	8.15	7.21	6.51	5.97	5.05	3.50	3.00	2.18	1.420	0.927	0.604	0.412	0.385	0.364	0.340	0.335	0.333
1.05	12.2	9.74	8.69	7.66	6.90	6.31	5.31	3.34	3.10	2.21	1.411	0.901	0.577	0.397	0.374	0.356	0.337	0.334	0.333
1.10	13.1	10.4	9.25	8.12	7.30	6.66	5.58	3.77	3.19	2.24	1.397	0.872	0.551	0.384	0.364	0.350	0.336	0.334	0.333
1.15	14.0	11.0	9.81	8.59	7.71	7.01	5.84	3.89	3.27	2.26	1.380	0.842	0.527	0.374	0.356	0.345	0.335	0.334	0.333
1.20	14.9	11.7	10.40	9.08	8.12	7.37	6.11	4.02	3.36	2.29	1.363	0.813	0.503	0.364	0.350	0.342	0.334	0.333	0.333
1.25	15.8	12.4	11.0	9.58	8.55	7.72	6.37	4.14	3.44	2.31	1.342	0.782	0.482	0.357	0.346	0.339	0.334	0.333	0.333
1.30	16.81	13.1	11.59	10.07	8.96	8.09	6.64	4.26	3.51	2.33	1.318	0.753	0.462	0.351	0.342	0.377	0.334	0.333	0.333
1.35	17.8	13.9	12.2	10.6	9.39	8.45	6.91	4.38	3.58	2.34	1.292	0.723	0.444	0.347	0.340	0.336	0.333	0.333	0.333
1.40	18.8	14.6	12.8	11.1	9.84	8.83	7.18	4.49	3.65	2.34	1.266	0.694	0.428	0.343	0.338	0.335	0.333	0.333	0.333
1.45	19.9	15.4	13.5	11.6	10.2	9.21	7.46	4.60	3.72	2.35	1.237	0.665	0.413	0.340	0.336	0.334	0.333	0.333	0.333
1.50	21.0	16.2	14.1	12.1	10.7	9.61	7.72	4.71	3.78	2.35	1.206	0.637	0.400	0.338	0.335	0.334	0.333	0.333	0.333
1.55	22.0	16.9	14.8	12.7	11.1	9.95	7.99	4.81	3.84	2.35	1.174	0.611	0.389	0.337	0.335	0.334	0.333	0.333	0.333
1.60	23.0	17.8	15.5	13.2	11.6	10.3	8.27	4.91	3.89	2.34	1.140	0.585	0.379	0.336	0.334	0.334	0.333	0.333	0.333
1.65	24.3	18.6	16.1	13.8	12.1	10.7	8.53	5.00	3.94	2.33	1.108	0.560	0.371	0.335	0.334	0.334	0.334	0.334	0.334
1.70	25.5	19.4	16.8	14.3	12.5	11.1	8.80	5.10	3.98	2.32	1.073	0.537	0.364	0.334	0.334	0.334	0.333	0.333	0.333
1.75	26.7	20.2	17.5	14.9	13.0	11.5	9.07	5.19	4.02	2.30	1.039	0.516	0.358	0.334	0.334	0.333	0.333	0.333	0.333
1.80	27.8	21.1	18.2	15.5	13.4	11.9	9.33	5.27	4.06	2.28	1.003	0.496	0.353	0.334	0.333	0.333	0.333	0.333	0.333
1.85	29.1	22.0	18.9	16.0	13.9	12.3	9.59	5.35	4.09	2.26	0.969	0.478	0.349	0.334	0.333	0.333	0.333	0.333	0.333
1.90	30.4	22.9	19.6	16.6	14.4	12.7	9.85	5.42	4.13	2.24	0.936	0.460	0.345	0.334	0.333	0.333	0.333	0.333	0.333
1.95	31.6	23.7	20.4	17.2	14.8	13.1	10.1	5.50	4.15	2.21	0.900	0.445	0.343	0.334	0.333	0.333	0.333	0.333	0.333
2.00	32.9	24.6	21.1	17.8	15.3	13.5	10.4	5.57	4.17	2.18	0.866	0.430	0.341	0.333	0.333	0.333	0.333	0.333	0.333

表 B-4 皮尔逊Ⅲ型曲线的模比系数 K_P 值表（$C_S=3.5C_v$）

C_v	P/%																	
	0.01	0.05	0.1	0.2	1/3	0.5	1	10/3	5	10	20	100/3	50	70	75	80	90	95	99
0.02	1.078	1.069	1.065	1.061	1.057	1.054	1.049	1.039	1.035	1.028	1.021	1.014	1.006	0.996	0.993	0.990	0.982	0.976	0.965
0.04	1.161	1.141	1.132	1.122	1.114	1.108	1.097	1.076	1.067	1.052	1.033	1.012	0.991	0.978	0.973	0.966	0.949	0.936	0.911
0.06	1.250	1.218	1.204	1.188	1.176	1.166	1.149	1.115	1.102	1.078	1.050	1.024	0.998	0.963	0.958	0.949	0.925	0.905	0.871
0.08	1.346	1.300	1.279	1.258	1.241	1.227	1.202	1.115	1.138	1.105	1.066	1.031	0.996	0.956	0.944	0.932	0.900	0.875	0.830
0.10	1.449	1.387	1.360	1.330	1.308	1.290	1.258	1.197	1.174	1.131	1.082	1.038	0.994	0.944	0.930	0.914	0.876	0.846	0.791
0.12	1.557	1.479	1.443	1.406	1.379	1.356	1.316	1.239	1.211	1.158	1.098	1.044	0.992	0.931	0.915	0.897	0.853	0.818	0.758
0.14	1.672	1.575	1.532	1.486	1.452	1.425	1.375	1.282	1.248	1.185	1.113	1.050	0.989	0.919	0.901	0.880	0.830	0.791	0.728
0.16	1.793	1.676	1.623	1.570	1.529	1.495	1.436	1.326	1.286	1.212	1.129	1.056	0.985	0.907	0.885	0.863	0.807	0.764	0.693
0.18	1.921	1.781	1.719	1.657	1.608	1.568	1.500	1.371	1.325	1.239	1.143	1.061	0.981	0.894	0.870	0.845	0.785	0.739	0.662
0.20	2.05	1.892	1.820	1.746	1.690	1.645	1.565	1.417	1.364	1.267	1.158	1.065	0.977	0.881	0.856	0.829	0.763	0.715	0.639
0.22	2.20	2.01	1.925	1.839	1.776	1.723	1.632	1.464	1.403	1.294	1.172	1.069	0.972	0.868	0.840	0.812	0.743	0.693	0.615
0.24	2.34	2.13	2.03	1.935	1.863	1.803	1.700	1.511	1.443	1.321	1.186	1.073	0.967	0.854	0.825	0.795	0.723	0.670	0.594
0.26	2.49	2.25	2.15	2.03	1.952	1.886	1.771	1.559	1.484	1.348	1.199	1.076	0.961	0.841	0.811	0.778	0.703	0.649	0.573
0.28	2.65	2.38	2.26	2.14	2.04	1.971	1.843	1.608	1.525	1.375	1.213	1.079	0.955	0.828	0.795	0.761	0.683	0.630	0.550
0.30	2.82	2.52	2.38	2.24	2.14	2.06	1.916	1.657	1.566	1.402	1.226	1.080	0.948	0.814	0.780	0.745	0.665	0.610	0.534
0.32	2.99	2.65	2.50	2.35	2.24	2.15	1.992	1.707	1.607	1.429	1.238	1.082	0.942	0.800	0.765	0.729	0.648	0.594	0.520
0.34	3.17	2.80	2.63	2.47	2.34	2.47	2.07	1.758	1.649	1.456	1.250	1.083	0.934	0.786	0.750	0.713	0.629	0.577	0.503
0.36	3.36	2.94	2.76	2.58	2.45	2.34	2.15	1.809	1.691	1.482	1.261	1.083	0.927	0.772	0.735	0.698	0.613	0.561	0.492
0.38	3.55	3.10	2.90	2.70	2.55	2.43	2.23	1.860	1.733	1.509	1.272	1.083	0.918	0.759	0.720	0.683	0.598	0.546	0.482
0.40	3.75	3.25	3.04	2.82	2.66	2.53	2.31	1.912	1.775	1.535	1.282	1.083	0.910	0.745	0.706	0.667	0.584	0.533	0.473
0.42	3.95	3.41	3.18	3.95	2.77	2.63	2.39	1.965	1.817	1.560	1.292	1.082	0.901	0.731	0.692	0.653	0.569	0.520	0.464
0.44	4.16	3.58	3.33	3.07	2.89	2.73	2.48	2.02	1.860	1.586	1.301	1.080	0.892	0.718	0.678	0.638	0.556	0.509	0.457
0.46	4.37	3.75	3.47	3.20	3.00	2.84	2.56	2.07	1.903	1.611	1.326	1.072	0.863	0.678	0.637	0.398	0.521	0.481	0.444
0.48	4.60	3.92	3.63	3.34	3.12	2.95	2.65	2.12	1.946	1.636	1.319	1.075	0.873	0.691	0.650	0.611	0.532	0.489	0.448
0.50	4.83	4.10	3.79	3.47	3.24	3.05	2.74	2.18	1.988	1.611	1.326	1.072	0.863	0.678	0.637	0.398	0.521	0.481	0.444
0.52	5.06	4.28	3.94	3.61	3.36	3.17	2.83	2.23	2.03	1.684	1.332	1.068	0.853	0.665	0.624	0.585	0.511	0.472	0.439
0.54	5.31	4.47	4.11	3.75	3.49	3.28	2.92	2.29	2.07	1.709	1.339	1.064	0.842	0.652	0.612	0.573	0.501	0.467	0.437
0.56	5.55	4.66	4.28	3.90	3.61	3.39	3.01	2.34	2.12	1.731	1.345	1.059	0.831	0.640	0.600	0.562	0.493	0.461	0.435
0.58	5.80	4.86	4.45	4.04	3.74	3.51	3.10	2.40	2.16	1.754	1.350	1.054	0.820	0.628	0.588	0.551	0.486	0.456	0.433
0.60	6.06	5.05	4.62	4.19	3.87	3.62	3.19	2.45	2.20	1.776	1.355	1.049	0.809	0.615	0.576	0.541	0.479	0.451	0.432
0.62	6.32	5.25	4.80	4.35	4.01	3.75	3.29	2.50	2.24	1.798	1.359	1.042	0.797	0.604	0.566	0.531	0.472	0.447	0.432
0.64	6.59	5.46	4.98	4.50	4.15	3.87	3.38	2.56	2.28	1.819	1.363	1.036	0.786	0.593	0.555	0.522	0.466	0.444	0.431
0.66	6.86	5.67	5.16	4.65	4.28	3.98	3.48	2.61	2.33	1.840	1.365	1.029	0.774	0.582	0.546	0.513	0.461	0.441	0.430
0.68	7.15	5.90	5.35	4.82	4.41	4.11	3.58	2.67	2.37	1.860	1.368	1.020	0.762	0.571	0.536	0.505	0.456	0.439	0.430
0.70	7.43	6.12	5.54	4.97	4.56	4.23	3.68	2.72	2.41	1.879	1.369	1.013	0.751	0.561	0.527	0.498	0.452	0.437	0.429

续表

C_v	P/%																
	0.01	0.05	0.1	0.2	1/3	0.5	1	10/3	5	10	20	100/3	50	70	75	80	90	95	99
0.72	7.72	6.34	5.73	5.13	4.71	4.36	3.78	2.78	2.45	1.898	1.369	1.005	0.739	0.551	0.515	0.491	0.449	0.435	0.429
0.74	8.02	6.55	5.92	5.31	4.84	4.48	3.88	2.83	2.49	1.916	1.370	0.996	0.728	0.541	0.510	0.484	0.446	0.434	0.429
0.76	8.33	6.79	6.13	5.48	5.00	4.62	3.98	2.89	2.53	1.944	1.370	0.987	0.716	0.533	0.503	0.478	0.443	0.432	0.429
0.78	8.64	7.02	6.33	5.65	5.15	4.75	4.08	2.94	2.57	1.952	1.369	0.978	0.705	0.525	0.496	0.472	0.440	0.432	0.429
0.80	8.95	7.25	6.53	5.82	5.29	4.88	4.18	2.99	2.61	1.968	1.368	0.967	0.694	0.517	0.489	0.467	0.438	0.431	0.429
0.82	9.27	7.50	6.74	5.99	5.44	5.01	4.28	3.05	2.65	1.98	1.366	0.958	0.682	0.509	0.483	0.463	0.437	0.430	0.429
0.84	9.59	7.74	6.95	6.16	5.59	5.15	4.38	3.10	2.68	1.999	1.363	0.947	0.670	0.502	0.477	0.458	0.435	0.430	0.429
0.86	9.91	7.99	7.16	6.34	5.75	5.28	4.49	3.15	2.72	2.01	1.360	0.937	0.659	0.495	0.472	0.455	0.434	0.430	0.429
0.88	10.26	8.23	7.38	6.53	5.90	5.41	4.59	3.21	2.76	2.03	1.357	0.926	0.648	0.489	0.467	0.451	0.433	0.429	0.429
0.90	10.61	8.49	7.51	6.70	6.05	5.56	4.70	3.26	2.80	2.04	1.352	0.915	0.638	0.483	0.463	0.448	0.432	0.429	0.429
0.92	10.95	8.75	7.81	6.88	6.21	5.70	4.80	3.31	2.83	2.05	1.347	0.903	0.627	0.478	0.459	0.446	0.431	0.429	0.429
0.94	11.28	9.01	8.04	7.07	6.37	5.84	4.91	3.36	2.87	2.06	1.341	0.891	0.617	0.473	0.455	0.443	0.431	0.429	0.429
0.96	11.64	9.27	8.26	7.27	6.54	5.98	5.01	3.42	2.90	2.08	1.335	0.880	0.607	0.468	0.452	1.441	0.430	0.429	0.429
0.98	12.00	9.53	8.48	7.46	6.70	6.12	5.12	3.47	2.94	2.09	1.329	0.868	0.597	0.464	0.449	0.439	0.430	0.429	0.123
1.00	12.37	9.81	8.72	7.65	6.87	6.25	5.22	3.53	2.97	2.10	1.322	0.857	0.587	0.460	0.446	0.438	0.430	0.429	0.429
1.05	13.3	10.5	9.32	8.14	7.29	6.60	5.49	3.64	3.05	2.12	1.303	0.826	0.565	0.452	0.441	0.434	0.429	0.429	0.429
1.10	14.3	11.2	9.89	8.63	7.71	6.98	5.76	3.76	3.13	2.13	1.280	0.797	0.544	0.445	0.437	0.432	0.429	0.429	0.429
1.15	15.2	11.9	10.5	9.15	8.13	7.34	6.03	3.88	3.20	2.15	1.255	0.766	0.526	9.400	0.434	0.431	0.429	0.429	0.429
1.20	16.3	12.7	11.1	9.64	8.57	7.71	6.30	3.99	3.27	2.15	1.228	0.738	0.509	9.437	0.432	0.430	0.429	0.429	0.429
1.25	17.3	13.4	11.8	10.1	8.99	8.09	6.57	4.10	3.34	2.16	1.199	0.709	0.494	9.434	0.431	0.429	0.429	0.429	0.429
1.30	18.4	14.2	12.4	10.7	9.45	8.48	6.84	4.21	3.40	2.16	1.167	0.681	0.483	0.432	0.430	0.429	0.429	0.429	0.429
1.35	19.5	15.0	13.1	11.2	9.90	8.85	7.11	4.31	3.46	2.15	1.135	0.656	0.472	0.431	0.429	0.429	0.429	0.429	0.429
1.40	20.7	15.8	13.8	11.8	10.3	9.23	7.38	4.41	3.51	2.14	1.102	0.630	0.463	0.430	0.429	0.429	0.429	0.429	0.429
1.45	21.8	16.6	14.5	12.3	10.8	9.62	7.65	4.50	3.55	2.13	1.067	9.606	0.455	0.430	0.429	0.429	0.429	0.429	0.429
1.50	23.0	17.5	15.1	12.9	11.3	10.0	7.92	4.59	3.59	2.11	1.033	0.586	0.450	0.429	0.429	0.429	0.429	0.429	0.429
1.55	24.2	18.3	15.8	13.5	11.7	10.4	8.18	4.67	3.63	2.10	0.998	0.565	0.445	0.429	0.429	0.429	0.429	0.429	0.429
1.60	25.5	19.2	16.6	14.0	12.2	10.8	8.44	4.75	3.66	2.07	0.964	0.547	0.411	0.429	0.429	0.429	0.429	0.429	0.429
1.65	26.7	20.1	17.3	14.6	12.7	11.2	8.70	4.83	3.69	2.05	0.929	0.530	0.438	0.429	0.429	0.429	0.429	0.429	0.429
1.70	28.0	20.9	18.0	15.2	13.1	11.6	8.96	4.89	3.71	2.02	0.896	0.516	0.435	0.429	0.429	0.429	0.429	0.429	0.429
1.75	29.3	21.9	18.8	15.8	13.6	11.9	9.22	4.96	3.73	1.99	0.862	0.502	0.433	0.429	0.429	0.429	0.429	0.429	0.429
1.80	30.6	22.8	19.6	16.4	14.1	12.3	9.47	5.02	3.74	1.95	0.831	0.491	0.432	0.429	0.429	0.429	0.429	0.429	0.429
1.85	32.0	23.7	20.3	17.0	14.6	12.8	9.72	5.07	3.75	1.92	0.798	0.481	0.431	0.429	0.429	0.429	0.429	0.429	0.429
1.90	33.4	24.7	21.1	17.6	15.0	13.2	9.97	5.12	3.76	1.88	0.769	0.472	0.430	0.429	0.429	0.429	0.429	0.429	0.429
1.95	34.8	25.6	21.9	10.1	15.5	13.6	10.2	5.17	3.76	1.84	0.739	0.464	0.430	0.429	0.429	0.429	0.429	0.429	0.429
2.00	36.2	26.6	22.6	18.8	16.0	13.9	10.5	5.21	3.75	1.80	0.711	0.458	0.429	0.429	0.429	0.429	0.429	0.429	0.429

附录C 皮尔逊Ⅲ型曲线三点法的 S 与 C_S 关系表

(一) $P=1\%-50\%-99\%$

S	0	1	2	3	4	5	6	7	8	9
0.0	0.000	0.026	0.051	0.077	0.103	0.128	0.154	0.180	0.206	0.232
0.1	0.258	0.284	0.310	0.336	0.362	0.387	0.413	0.439	0.465	0.491
0.2	0.517	0.544	0.570	0.596	0.622	0.648	0.674	0.700	0.726	0.753
0.3	0.780	0.807	0.833	0.860	0.877	0.913	0.940	0.967	0.994	1.021
0.4	1.048	1.075	1.103	1.131	1.159	1.187	1.216	1.244	1.273	1.302
0.5	1.331	1.360	1.389	1.419	1.449	1.479	1.510	1.541	1.572	1.604
0.6	1.636	1.668	1.702	1.735	1.770	1.805	1.841	1.877	1.914	1.951
0.7	1.989	2.029	2.069	2.110	2.153	2.198	2.243	2.289	2.338	2.388
0.8	2.440	2.495	2.551	2.611	2.673	2.739	2.809	2.882	2.958	3.042
0.9	3.132	3.227	3.334	3.449	3.583	3.740	3.913	4.136	4.432	4.883

(二) $P=3\%-50\%-97\%$

S	0	1	2	3	4	5	6	7	8	9
0.0	0.000	0.002	0.064	0.095	0.427	0.159	0.191	0.223	0.255	0.287
0.1	0.319	0.381	0.383	0.414	0.446	0.478	0.510	0.541	0.573	0.605
0.2	0.637	0.688	0.699	0.731	0.763	0.794	0.826	0.858	0.889	0.921
0.3	0.952	0.983	1.015	1.046	1.077	1.109	1.141	1.174	1.206	1.238
0.4	1.270	1.301	1.333	1.366	1.398	1.430	1.461	1.493	1.526	1.560
0.5	1.593	1.626	1.658	1.691	1.725	1.770	1.794	1.829	1.863	1.898
0.6	1.933	1.809	2.005	2.041	2.078	2.116	2.154	2.193	2.233	2.274
0.7	2.315	2.352	2.400	2.444	2.490	2.535	2.580	2.630	2.683	2.736
0.8	2.789	2.823	2.901	2.959	3.023	3.093	3.160	3.233	3.312	3.393
0.9	3.482	2.500	3.688	3.805	3.930	4.081	4.258	4.470	4.764	5.228

(三) $P=5\%-50\%-95\%$

S	0	1	2	3	4	5	6	7	8	9
0.0	0.000	0.036	0.073	0.109	0.146	0.182	0.218	0.254	0.291	0.327
0.1	0.364	0.400	0.437	0.473	0.509	0.545	0.581	0.617	0.651	0.687
0.2	0.723	0.760	0.796	0.831	0.866	0.901	0.936	0.972	1.007	1.042
0.3	1.076	1.111	1.146	1.182	1.217	1.252	1.287	1.322	1.356	1.390
0.4	1.425	1.460	1.494	1.529	1.563	1.597	1.632	1.667	1.702	1.737
0.5	1.773	1.809	1.844	1.879	1.915	1.950	1.986	2.022	2.058	2.095
0.6	2.133	2.171	2.209	2.247	2.285	2.324	2.367	2.408	2.448	2.487
0.7	2.529	2.572	2.615	2.662	2.710	2.727	5.805	2.855	2.906	2.955
0.8	3.009	3.069	3.127	3.184	3.248	3.317	3.385	3.457	3.536	3.621
0.9	3.714	3.809	3.909	4.023	4.153	4.306	4.474	4.695	4.974	5.402

(四) $P=10\%-50\%-99\%$

s	0	1	2	3	4	5	6	7	8	9
0.0	0.000	0.046	0.092	0.139	0.187	0.234	0.281	0.327	0.373	0.419
0.1	0.465	0.511	0.557	0.602	0.647	0.692	0.737	0.784	0.829	0.872
0.2	0.916	0.961	1.005	1.048	1.089	1.131	1.175	1.218	1.261	1.303
0.3	1.345	1.385	1.426	1.467	1.508	1.548	1.588	1.628	1.668	1.708
0.4	1.748	1.788	1.827	4.866	1.905	1.943	1.971	2.019	2.056	2.094
0.5	2.133	2.173	2.212	2.250	2.288	2.327	2.367	2.407	2.447	2.487
0.6	2.526	2.563	2.603	2.645	2.689	2.731	2.773	2.816	2.858	2.901
0.7	2.944	2.989	3.033	3.086	3.133	3.177	3.226	3.279	3.331	3.384
0.8	3.438	3.491	3.552	3.617	3.685	3.752	3.821	2.890	3.966	4.051
0.9	4.140	4.235	4.344	4.452	4.587	4.734	4.891	5.131	5.374	5.791

(五) $P=2\%-20\%-70\%$

s	0	1	2	3	4	5	6	7	8	9
0.0	0.291	0.342	0.394	0.446	0.497	0.552	0.607	0.662	0.717	0.774
0.1	0.831	0.887	0.944	1.001	1.060	1.119	1.181	1.241	1.299	1.359
0.2	1.420	1.483	1.543	1.601	1.663	1.724	1.784	1.846	1.907	1.966
0.3	2.029	2.089	2.150	2.211	2.273	2.334	2.394	2.454	2.514	2.576
0.4	2.635	2.694	2.754	2.814	2.874	2.934	2.994	3.056	3.118	3.179
0.5	3.239	3.299	3.360	3.421	3.485	3.548	3.610	3.675	3.739	3.803
0.6	3.868	3.934	4.000	4.069	4.137	4.207	4.279	4.349	4.419	4.494
0.7	4.572	4.649	4.727	4.808	4.871	4.975	5.059	2.148	5.241	5.335
0.8	5.434	5.538	5.646	5.751	5.868	5.982	6.103	6.236	6.379	6.531
0.9	6.693	6.861	7.051	7.214	7.476	7.746	8.063	8.414	8.947	9.757

(六) $P=2\%-20\%-80\%$

s	0	1	2	3	4	5	6	7	8	9
0.0	-0.230	-0.191	-0.150	-0.110	-0.069	-0.028	0.014	0.056	0.099	0.142
0.1	0.185	0.229	0.273	0.318	0.363	0.408	0.455	0.501	0.547	0.593
0.2	0.640	0.687	0.736	0.785	0.834	0.882	0.932	0.983	1.033	1.083
0.3	1.133	1.182	1.233	1.285	1.336	1.386	1.437	1.489	1.540	1.591
0.4	1.643	1.695	1.748	1.802	1.852	1.903	1.957	2.010	2.061	2.113
0.5	2.167	2.220	2.272	2.325	2.379	2.433	2.486	2.540	2.594	2.649
0.6	2.703	2.758	2.814	2.872	2.930	2.988	3.046	3.105	3.166	3.227
0.7	3.288	3.351	3.414	3.477	3.544	3.613	3.681	3.751	3.824	3.902
0.8	3.982	4.062	4.144	4.230	4.322	4.415	4.517	4.618	4.728	4.849
0.9	4.978	5.108	5.261	5.419	5.599	5.821	6.048	6.345	6.747	7.376

附录 D 非黏性土的容许不冲刷平均流速 V_{max}

顺号	土及其特征		土的颗粒尺寸/mm	水流平均深度/m					
	名称	形状		0.4	1.0	2.0	3.0	5.0	10及以上
				平均流速/(m·s^{-1})					
1	2	3	4	5	6	7	8	9	10
1	灰尘及淤泥	灰尘及淤泥带细砂、沃土	0.005~0.05	0.15~0.20	0.20~0.30	0.25~0.40	0.30~0.45	0.40~0.55	0.45~0.65
2	砂，小颗粒的	细砂带中等尺寸的砂粒	0.05~0.25	0.20~0.35	0.30~0.45	0.40~0.55	0.45~0.60	0.55~0.70	0.65~0.80
3	砂，中颗粒的	细砂带土、中等尺寸的砂带大的砂粒	0.25~1.00	0.35~0.50	0.45~0.60	0.55~0.70	0.60~0.75	0.70~0.85	0.80~0.95
4	砂，大颗粒的	大砂夹杂着砾、中等颗粒砂带黏土	1.00~2.50	0.50~0.65	0.60~0.75	0.70~0.80	0.75~0.90	0.85~1.00	0.95~1.20
5	砾，小颗粒的	细砾带着中等尺寸的砾石	2.50~5.00	0.65~0.80	0.75~0.85	0.80~1.00	0.90~1.10	1.00~1.20	1.20~1.50
6	砾，中颗粒的	大砾带砂带小砾	5.00~10.00	0.80~0.90	0.85~1.05	1.00~1.15	1.10~1.30	1.20~1.45	1.50~1.75
7	砾，大颗粒的	小卵带砂带砾	10.00~15.00	0.90~1.10	1.05~1.20	1.15~1.35	1.30~1.50	1.45~1.65	1.75~2.00
8	卵石，小颗粒的	中等尺寸卵石带砂带砾	15.0~25.0	1.10~1.25	1.20~1.45	1.35~1.65	1.50~1.85	1.65~2.00	2.00~2.30
9	卵石，中颗粒的	大卵石夹杂着砾	25.0~40.00	1.25~1.50	1.45~1.85	1.65~2.10	1.85~2.30	2.00~2.45	2.30~2.70
10	卵石，大颗粒的	小鹅卵石带卵石带砾	40.0~75.0	1.50~2.00	1.85~2.40	2.10~2.75	2.30~3.10	2.45~3.30	2.70~3.60
11	鹅卵石，小个的	中等尺寸鹅卵石带卵石	75.0~100	2.00~2.45	2.40~2.80	2.75~3.20	3.10~3.50	3.30~3.80	3.60~4.20
12	鹅卵石，中等的	中等尺寸鹅卵石夹杂着大个的鹅卵石、大鹅卵石带着小的夹杂物	100~150	2.45~3.00	2.80~3.35	3.20~3.75	3.50~4.10	3.80~4.40	4.20~4.50
13	鹅卵石，大个的	大鹅卵石带小源圆石带卵石	150~200	3.00~3.50	3.35~3.80	3.75~4.30	4.10~4.65	4.40~5.00	4.50~5.40
14	源圆石，小个的	中等源圆石带卵石	200~300	3.50~3.85	3.80~4.35	4.30~4.70	4.65~4.90	5.00~5.50	5.40~5.90
15	源圆石，中等的	源圆石夹杂着鹅卵石	300~400	—	4.35~4.75	4.70~4.95	4.90~5.30	5.50~5.60	5.90~6.00
16	源圆石，特大的	—	400~500及以上	—	—	4.95~5.35	5.30~5.50	5.60~6.00	6.00~6.20

黏性土的容许不冲刷平均流速 V_{max}

序号	土的名称	颗粒成分%		土的特征																
		小于0.005/mm	0.005至0.050/mm	不大密度的土壤（孔隙系数1.2～0.9），土壤堆积密度在12.0 kN/m³以下				中等密实的土壤（孔隙系数0.9～0.6），土壤堆积密度在12.0～16.6 kN/m³				密度的土壤（孔隙系数0.6～0.3），土壤堆积密度在16.6～20.4 kN/m³				极密实的土壤（孔隙系数0.3～0.2），土壤容重在20.4～21.4 kN/m³			
				水流平均深度/m																
				0.4	1.0	2.0	3.0	0.4	1.0	2.0	3.0	0.4	1.0	2.0	3.0	0.4	1.0	2.0	3.0
				平均流速/(m·s⁻¹)																
1	2	3	4	5	6	7	8	9	10	11	12	13	14	15	16	17	18	19	20
1	黏土	30～50	70～50	0.35	0.40	0.45	0.50	0.70	0.85	1.10	1.00	1.20	1.40	1.50	1.40	1.70	1.90	2.10	
2	重砂质黏土	20～30	60～70																
3	砂磨的砂质黏土	10～20	90～80	0.35	0.40	0.45	0.50	0.65	0.80	0.90	1.00	0.95	1.20	1.40	1.50	1.40	1.70	1.90	2.10
4	新沉淀的黄土性土	—	—				—	0.60	0.70	0.80	0.85	0.80	1.20	1.30	1.10	1.30	1.50	1.70	
5	砂质土	5～10	20～40	根据砂粒大小采用表9-3的数值																

人工加固工程的容许不冲刷平均流速 V_{max}

编号	加固工程种类	水流平均深度/m			
		0.4	1.0	2.0	3.0
		平均流速/(m·s^{-1})			
1	平铺草皮(在坚实基底上) 叠铺草皮	0.9 1.5	1.2 1.8	1.3 2.0	1.4 2.2
2	用大圆石或石堆积,当石块平均尺寸为 20~30 cm 30~40 cm 40~50 cm 及以上	3.3 — —	3.6 4.1 —	4.0 4.3 4.6	4.3 4.6 4.9
3	在篱格内堆两层大石块,当石块平均尺寸为 20~30 cm 30~40 cm 40~50 cm 及以上	4.9 — —	4.5 5.0 —	4.9 5.4 5.7	5.3 5.7 5.9
4	青苔上单层铺砌(青苔层厚度不小于 5 cm): 1)用 15 cm 大小的圆石(或片石) 2)用 20 cm 大小的圆石(或片石) 3)用 25 cm 大小的圆石(或片石)	2.0 2.5 3.0	2.5 3.0 3.5	3.0 3.5 4.0	3.5 4.0 4.5
5	碎石(或砾石)上的单层铺砌(碎石厚度不小于 10 cm): 1)用 15 cm 大小的片石(或圆石) 2)用 20 cm 大小的片石(或圆石) 3)用 25 cm 大小的片石(或圆石)	2.5 3.0 3.5	3.0 3.5 4.0	3.5 4.0 4.5	4.0 4.5 5.0
6	单层细面粗凿石料铺砌在碎石(或砾石)上(碎石层厚度不小于 10 cm): 1)用 20 cm 大小的石块 2)用 25 cm 大小的石块 3)用 30 cm 大小的石块	3.5 4.0 4.0	4.5 4.5 5.0	5.0 5.5 6.0	5.5 5.5 6.0
7	铺在碎石(或砾石)上的双层片石(或圆石): 下层用 15 cm 石块,上层用 20 cm 石块(碎石层厚度不小于 10 cm)	3.5	4.5	5.0	5.5
8	铺在坚实基底上的枯枝铺面及枯枝铺褥(临时性加固工程用): 1)铺面厚度 δ=20~25 cm 2)铺面为其他厚度时	— 	2.0 按上值乘以系数 $0.2\sqrt{\delta}$	2.5 	—

渠道的不冲容许流速 V_{max}

(一)坚硬岩石和人工护面渠道

岩石或护面种类	渠道流量/(m³·s⁻¹)		
	<1	1~10	>10
1. 软质水成岩(泥灰岩、页岩、软砾岩)	2.5	3.0	3.5
2. 中等硬质水成岩(致密砾石、多孔石灰岩、层状石灰岩、白云石灰岩、灰质砂岩)	3.5	4.25	5.0
3. 硬质水成岩(白云砂岩、砂质石灰碉)	5.0	6.0	7.0
4. 结晶岩、火成岩	8.0	9.0	10.0
5. 单层块石铺砌	2.5	3.5	4.0
6. 双层块石铺砌	3.5	4.5	5.0
7. 混凝土护面(水流中不含砂和卵石)	6.0	8.0	10.0

(二)土质渠道

均质黏性土质	v_{max}/(m·s⁻¹)	说明
1. 轻壤土	0.60~0.80	
2. 中壤土	0.65~0.85	
3. 重壤土	0.70~1.00	
4. 黏土	0.75~0.95	

均质无黏性土质	粒径/mm	v_{max}/(m·s⁻¹)	(1)均质黏性土质渠道中各种土质的干堆积密度为 13~17 kN/m³ (2)表中所列为水力半径 $R=1$ m 情况;如 $R\neq 1$ m 时,应将表中容许流速值乘以 R^α 得相应的不冲容许流速,对于砂、砾石、卵石、疏松的土壤:$\alpha=\frac{1}{3}\sim\frac{1}{4}$;对于密实的壤土黏土:$\alpha=\frac{1}{4}\sim\frac{1}{5}$
1. 极细砂	0.05~0.1	0.35~0.45	
2. 细砂、中砂	0.25~0.5	0.45~0.60	
3. 粗砂	0.5~2.0	0.60~0.75	
4. 细砾石	2.0~5.0	0.75~0.90	
5. 中砾石	5~10	0.90~1.10	
6. 粗砾石	10~20	1.10~1.30	
7. 小卵石	20~40	1.30~1.80	
8. 中卵石	40~60	1.80~2.20	

附录 E 全国分区 C_v 值表

分区编号	分区名称	流域面积/km²							
		100	250	500	1 000	5 000	10 000	25 000	5 0000
1	三江平原区	采用等值线							
2	大、小兴安岭区	采用等值线							
3	嫩江流域区	采用等值线							
4	海拉尔河上游区	采用等值线							
5	图、牡、绥区	1.55	1.40	1.30	1.20	1.01	0.94	0.85	0.80
6	二江、拉区	1.31	1.22	1.17	1.11	0.99	0.94	0.88	0.83
7	鸭绿江区	1.08	1.05	1.02	1.00	0.95	0.92	0.90	0.87
8	东辽河区	1.25	1.22	1.20	1.19	1.14			
9	松嫩平原区	缺观测资料							
10	洮蚊山丘陵区	1.73	1.61	1.52	1.43	1.26	1.19	1.10	1.04
11	霍内上游区	缺观测资料							
12	西辽河下游区	缺观测资料							
13	辽东北部山区	采用等值线							
14	辽东及沿海山丘区	采用等值线							
15	辽河平原区	采用等值线							
16	辽西丘陵区	采用等值线							
17	辽西山丘区	采用等值线							
18	辽西风沙区	采用等值线							
18′	辽河丘陵区		1.06	1.00	0.94	0.82			
19	深山区	采用等值线							
20	沿海丘陵区	采用等值线							
21	浅山区	采用等值线							
22	北部高原区	采用等值线							

续表

分区编号	分区名称	流域面积/km²							
		100	250	500	1 000	5 000	10 000	25 000	5 0000
23	太行山北部区	采用等值线							
24	坝下山区	采用等值线							
25	太行山南部区	采用等值线							
26	东北部草原丘陵区	1.30	1.26	1.24	1.20	1.12	1.10		
27	内陆河草原丘陵区	1.42	1.37	1.32	1.28	1.20	1.16		
28	大青山、蛮汗山、土石山丘陵（北）	1.60	1.52	1.47	1.44	1.37	1.32		
29	大青山、蛮汗山、土石山丘陵（南）	1.40	1.25	1.15	1.07	0.88	0.80		
30	黄河流域黄土丘陵沙丘区	1.40	1.30	1.20	1.13	0.95	0.90		
31	晋北（Ⅰ）（雁北地区）	1.40	1.40	1.40	1.35	1.14	1.04	0.92	
32	晋中（Ⅱ）区	1.40	1.28	1.22	1.16	1.00	0.94	0.88	
33	晋东南（Ⅲ）区	1.22	1.18	1.16	1.12	1.06	1.03	1.00	
34	晋东南（特）（Ⅲ）区（浊漳河水系）	1.05	1.05	1.05	1.05	1.05		1.05	
35	晋东南（Ⅲ）区	1.22	1.18	1.16	1.12	1.06	1.03	1.00	
36	晋西南（Ⅳ）区	1.32	1.22	1.17	1.12	1.00	0.96	0.90	
37	鲁山区	$C_v=0.9018/F^{0.0062}$							
38	苏鲁丘陵区	采用等值线							
39	苏西地区								
40	淮河平原区	采用等值线							
41	黄河流域区	采用等值线							
42	淮河山丘区	采用等值线							
43	长江流域区	采用等值线							
44	南、堵、峦、沮漳、黄柏河区	$F \leqslant 300$ $C_v=1.02$		$F>300$ $C_v=3.84 F^{-0.64}$					

续表

分区编号	分区名称	流域面积/km²							
		100	250	500	1 000	5 000	10 000	25 000	5 0000
45	汉北区	$C_v=1.7F^{-0.115}$							
46	倒、举、巴、倒、蕲、浠水	$F\leqslant 560$ $C_v=1.12$		$F>560$ $C_v=5.68F^{-0.20}$					
47	皖、浙、赣山丘区	$C_v=2.9F^{-0.2}$							
48	瓯江、椒江、奉化江、曹娥江水系区	$C_v=2.15F^{0.08}$							
49	闽浙沿海台风雨区	0.76	0.71	0.67	0.63	0.54			
50	福建沿海台风雨区	0.60	0.57	0.55	0.53	0.48	0.46	0.44	
51	福建内陆峰面雨区	0.60	0.54	0.51	0.48	0.40	0.37	0.34	(0.32)
52	赣江区	0.80	0.71	0.65	0.58	0.47	0.43	0.38	0.34
53	金、富、陆、修水区	$C_v=0.94F^{-0.06}$							
54	湖区								
55	清江山峡区	$C_v=2.4F^{-0.2}$							
56	澧水流域区		0.70	0.50	0.43	0.38	0.34	0.34	
57	沅水中下游区		0.70	0.64	0.60	0.56	0.54	0.51	0.35
58	沅水上游区		0.70	0.64	0.60	0.56	0.54	0.51	0.35
59	资水流域区					0.60	0.40	0.40	0.40
60	湘江流域区		0.59	0.55	0.53	0.45	0.45	0.43	0.36
61	内陆区	0.72	0.64	0.58	0.53	0.44	0.40		
62	沿海区	0.72	0.64	0.58	0.53	0.44	0.40		
63	郁江、贺江区	0.80	0.71	0.64	0.58	0.46	0.42		
64	柳江、桂江区	0.80	0.71	0.64	0.58	0.46	0.42		
65	红水河区	0.80	0.71	0.64	0.58	0.46	0.42		
66	左右江区	0.85	0.78	0.71	0.66	0.52	0.47		
67	沿海区	0.85	0.78	0.71	0.66	0.52	0.47		
68	海南岛区(西北区) 海南岛区(东区)	0.72 0.88	0.64 0.85	0.58 0.83	0.53 0.80	0.44 0.76	0.40 0.74		

续表

分区编号	分区名称	流域面积/km²							
		100	250	500	1 000	5 000	10 000	25 000	5 0000
69	台湾省								
70	阿尔泰区				采用等值线				
71	伊力区				采用等值线				
72	天山北坡区				采用等值线				
73	天山南坡区				采用等值线				
74	昆仑山北坡区				采用等值线				
75	阿左旗荒漠区								
76	贺兰山、六盘山区	1.20	1.10	1.04	0.98	0.84	0.78		
77	吴忠盐池区	1.20	1.10	1.04	0.98	0.84	0.78		
78	河西走廊北部荒漠区								
79	河西走廊西区				采用等值线				
80	河西走廊东区				采用等值线				
81	祁连山区				采用等值线				
82	中部干旱区				采用等值线				
83	黄河上游区				采用等值线				
84	陇东泾、渭、汉区				采用等值线				
85	陇南白龙江区				采用等值线				
86－Ⅰ	黄河上游区				$C_v=3.51F^{-0.21}$				
86－Ⅱ	湟水、大通河区				$C_v=3.10F^{-0.21}$				
86－Ⅲ	青海湖区				$C_v=1.68F^{-0.14}$				
86－Ⅳ	柴达木区								
86－Ⅴ	玉树区				$C_v=0.01F$				
86－Ⅵ	祁连山区								
87	陕北窟野河区	1.55	1.45	1.30	1.23	1.06	1.00	0.92	0.86
88	陕北大理河、延河区	1.55	1.45	1.30	1.23	0.06	1.00	0.92	0.86
89	渭河北岸泾、铬、渭区	1.52	1.42	1.31	1.24	1.09	1.03	0.97	0.92

续表

分区编号	分区名称	流域面积/km²							
		100	250	500	1 000	5 000	10 000	25 000	5 0000
90	渭河南岸秦岭北麓区	0.92	0.87	0.81	0.76	0.67	0.64	0.59	0.56
91	陕南山岭区	1.52	1.42	1.31	1.24	1.09	1.03	0.97	0.92
92	大巴山暴雨区		0.72	0.68	0.62	0.52	0.43		
93	东部盆地丘陵区	0.81	0.72	0.66	0.62	0.51	0.47		
94	长江南岸深丘区		0.70	0.63	0.57	0.45	0.41		
95	青衣江、鹿头山暴雨区		0.38~0.80	0.34~0.72	0.32~0.64	0.25~0.52	0.22~0.45		
96	安宁河区	0.75~1.85	0.56~1.20	0.46~0.88	0.36~0.64	0.25~0.30	0.18~0.22		
97	川西北高原干旱区		0.57	0.52	0.49	0.41	0.83	0.34	
98	金沙江及雅砻江下游区	0.69~1.50	0.52~1.10	0.42~0.92	0.34~0.76	0.21~0.47	0.18~0.38		
99	贵州东南部多雨区	采用等值线							
100	贵州中部过渡区	采用等值线							
101	贵州西部少雨区	采用等值线							
102	滇东区	采用等值线							
103	滇中区	采用等值线							
104	滇西北区	采用等值线							
105	滇南区	采用等值线							
106	滇西区	采用等值线							
107	西藏高原湖泊区	采用等值线							
108	西藏东部区	采用等值线							
109	雅鲁藏布江区	采用等值线							

附录 F 全国分区 C_s/C_v 经验关系表

分区编号	分区名称	C_s/C_v 的经验关系	分区编号	分区名称	C_s/C_v 的经验关系
1	三江平原区	2.5	33	晋北Ⅰ区（雁北地区）	3
2	大小兴安岭区	2.5	34	晋中Ⅱ区	3
3	嫩江流域区	2.0	35	晋东南Ⅲ区	3
4	海拉河上游区	2.0	36	晋东南特Ⅲ区（浊漳河水系）	3
5	图、牡、绥区	2.5			
6	二江、拉区	2.5	37	晋东南Ⅲ区	3
7	鸭绿江区	2.5	38	晋西南Ⅳ区	3
8	东辽河区	3	39	鲁山区	2.5
9	松嫩平原区	无观测资料	40	苏鲁丘陵区	2
10	洮、蚊山丘区	1.5	41		
11	霍内上游区		42	苏西地区	3
12	西辽河上游区		43	淮河平原区	2
13	辽东北部山区	3	44	黄河流域区	2
14	辽东及沿海山丘区	3	45	淮河山丘区	2.5
15	辽河平原区	2.5	46	长江流域区、海河流域区	2.5
16	辽西丘陵区	3	47	南、堵、蛮、沮	3.5~2.5
17	辽西山丘区	3	48	漳、黄柏河区、汉北区	2.5
18	辽西风沙区	3	49	溠、举、巴、倒圻、浠水区	3.5~2.0
19	辽河丘陵区	1.5	50	皖浙赣山丘区（1）	2.0~3.5
20	深山区	2.5		皖浙赣山丘区（2）	2.0~3.5
21	沿海丘陵区	2		瓯江、椒江、奉	2.0~3.5
22	浅山区	2.5	51	化江、曹娥江水系区	
23	北部高原区	3	52	闽浙沿海台风区	2.0~3.0
24			53	福建沿海台风区	3
25	太行山北部区	2.5	54	福建内陆峰面雨区	3.5
26	坝下山区	2.5	55	赣江区	3
27	太行山南部区	2.5	56	金、富、陆、修水区	2.5
28	东北部草原丘陵区	3.5	57	湖区	
29	内陆河草原丘陵区	2.5	58	清江三峡区	2.5~3.5
30	大青山、蛮汗山土石山丘陵区（北）	2.5	59	澧水流域区	2
31	大青山、蛮汗山土石山丘陵区（南）	2.5	60	沅水中下游区	2.5
32	黄土流域黄土丘陵沙丘区	2.5	61	沅水上游区	2.5

续表

分区编号	分区名称	C_s/C_v 的经验关系	分区编号	分区名称	C_s/C_v 的经验关系
62	资江流域区	2	88	陇南白龙江区	3.5
63	湘江流域区	1	89	青海高原区	2～4 一般取 3
64	内陆区	3			
65	沿海区	3	90	陕北窟野区	3
66	郁江、贺江区	3	91	陕北大理河，延河区	3
67	柳江、桂江区	3	92	渭河北岸泾、洛渭区	2.5
68	红水河区	3	93	渭河南岸秦岭北麓区	3
69	左右江区	3	94	陕南山岭区	2
70	沿海区	3	95	大巴山暴雨区	2
71	海南岛区(西北区) 海南岛区(东区)		96	东部盆地丘陵区	2
			97	长江南岸深丘区	2.5
72	台湾省		98	青衣江、鹿头山暴雨区	2.5
73	阿尔泰区	1.5	99	安宁河区	2
74	伊犁区	1.5	100	川西北高原干旱区	
75	天山北坡区	3.5	101	金沙江、雅砻江下段区	2
76	天山南坡区	3	102	贵州东南部多雨区	3.5
77	昆仑山北坡区	3.5	103	贵州中部过渡区	3.5
78	阿尔旗荒漠区	3	104	贵州西部少雨区	3.5
79	贺兰山、六盘山区		105	滇东区	4
80	吴忠盐池区	3	106	滇中区	4
81	河西走廊北部荒漠区	无资料地区	107	滇西北区	4
82	河西走廊西区	3.5	108	滇南区	4
83	河西走廊东区	3	109	滇西区	4
84	祁连山区	3.5	110	西藏高原湖泊区	
85	中部干旱区	3	111	西藏东部区	4
86	黄河上游区	3	112	雅鲁藏布江区	4
87	陇东泾、渭、汉区	3			

附录G 各类河段上桥位总体布设的一般要求

项目 河段类型	桥孔布设	调治构造物
峡谷性河段	1. 桥址的选择应设法满足路线平面的要求，尽量避免接线采用标准下限 2. 采用单跨跨越河槽较合适，避免设置中墩 3. 按地形布孔，一般可不作桥长计算	1. 通常不设调治构造物 2. 如条件所限须在河槽中设置桥墩时，视流速和地质情况对桥墩加以必要的防护 3. 如两岸为风化岩石，桥台视需要设置锥形护坡
稳定性河段	1. 桥孔不宜过多地压缩河槽 2. 墩台基础可以视冲刷深度，置于不同标高上	1. 无漫溢流量，而桥孔又未压缩河槽时，两桥台处一般设置锥形护坡即可 2. 两岸漫溢流量大时，可设置短曲坝，并对桥头引道进行必要的防护
次稳定性河段	1. 桥位宜设在较顺直河段上，并尽量使桥轴线与水流总趋向相垂直，并不宜采用多孔过小的跨径 2. 可以适当地压缩河滩、边滩，促使河段趋向稳定 3. 桥墩基础一般置于同一标高上，墩型的选择应考虑斜流的影响	1. 当桥位位于河湾发展处时，设置必要的丁坝 2. 当河滩河槽受到较多的压缩时，引道作必要的防护，并以曲坝连接锥坡
变迁性河段	1. 桥孔布设位置应根据洪水主流总趋势确定，切不可不顾洪水总趋势，将桥孔放在原泄水面积较大处 2. 采用一河一桥时，主河槽处的小支岔应封闭堵死，引线不宜设置小桥或涵洞 3. 在不引起上游河段淤积时，桥孔可以较多地压缩河槽，但必须注意与农田水处相配合 4. 桥下净高要考虑可能的股流自然涌高和床面淤积升高 5. 桥墩基础应设在同一标高上	1. 必要设置调治构造物 2. 设置调治构造物必须考虑与农田水利相配合 3. 调治构造物应预留足够的高度，注意基础埋置深度，并结合地形、股流变化选择合理的形式
游荡性河段	1. 桥址应选在两岸土质较好、不易冲刷处 2. 同变迁性河段1、2、3、4、5条	1. 同变迁性河段1、2、3条 2. 桥台要做成深基础堡垒式的 3. 桥址上游段需做固岸工程和调治构造物

续表

河段类型＼项目	桥孔布设	调治构造物
宽滩性河段	1. 桥位宜选择在顺直或微弯、河滩地势较高和滩槽洪水流向一致的稳定段 2. 一般对河滩可作较大的压缩，但要注意桥上游的壅水高度，不致危及农田、牧场、堤坝、居民点和其他建筑物等 3. 当河段稳定、河槽扩宽和河滩冲刷较少时，墩台基础可置于不同标高上 4. 一般宜修建一河一桥。当河床宽阔、有比较稳定的分汊河槽，流量分配易控制，又不宜合并一处时，可考虑一河多桥	1. 应作必要的导流防护工程 2. 除桥头设导流构造物外，沿路基可设丁坝将水流挑离，以保持引道路堤的安全 3. 设置调治构造物，应与农田水利相配合
冲积漫流性河段	1. 桥址的选择对线路的总方面影响很大，应特别重视与线路方向的配合 2. 可采用一河一桥或一河多桥。采用一河多桥方案时，各汊流量要给以一定的加大系数 3. 设计桥孔长度对洪水的排水、输沙宽度最好不压缩 4. 桥下净高要考虑可能的股流自然涌高和床面淤积升高	必须设置调治构造物，当一河多桥时，中间段可设置人字分水堤；近岸段可设置封闭式导流堤或梨形坝等

参 考 文 献

[1] 叶振国. 水力学与桥涵水文[M]. 北京：人民交通出版社，2003.
[2] 俞高明. 桥涵水力水文[M]. 北京：人民交通出版社，2002.
[3] 叶振国. 实用桥涵水力水文计算原理与习题解法指南[M]. 北京：人民交通出版社，2001.
[4] 李大美. 水力学[M]. 武汉：武汉大学出版社，2004.
[5] 张学龄. 桥涵水文[M]. 北京：人民交通出版社，1990.
[6] 舒国明. 桥涵水力水文[M]. 北京：人民交通出版社，2002.
[7] 邓爱华，张宇华. 水力学与桥涵水文[M]. 北京：科学出版社，2007.
[8] 顾懋清，石绍甫，等. 公路桥涵手册[M]. 北京：人民交通出版社，1994.
[9] 向华球. 水力学[M]. 北京：人民交通出版社，1993.
[10] 梁忠民，等. 水文水利计算[M]. 北京：中国水利水电出版社，2006.
[11] 桂劲松. 水文学[M]. 武汉：华中科技大学出版社，2008.
[12] 李同斌，邹立艺. 地下水动力学[M]. 长春：吉林大学出版社，1995.
[13] 薛安顺. 公路小桥涵勘测设计与示例[M]. 北京：人民交通出版社，2006.
[14] 中华人民共和国交通运输部. JTG C30—2015 公路水文勘测设计规范[S]. 北京：人民交通出版社，2015.
[15] 中华人民共和国交通运输部. JTG B01—2014 公路工程技术标准[S]. 北京：人民交通出版社，2014.
[16] 中华人民共和国交通部. JTG D63—2007 公路桥涵地基与基础设计规范[S]. 北京：人民交通出版社内，2007.
[17] 中华人民共和国住房和城乡建设部，中华人民共和国国家质量监督检验检疫总局. GB 50201—2014 防洪标准[S]. 北京：中国标准出版社，2013.
[18] 中华人民共和国交通部. JTG D61—2015 公路圬工桥涵设计规范[S]. 北京：人民交通出版社，2005.
[19] 中华人民共和国交通运输部. JTG D60—2015 公路桥涵设计通用规范[S]. 北京：人民交通出版社，2015.